文本拓展阅读课程的
建设、实施与评价

曹海红——著

天津社会科学院出版社

图书在版编目（CIP）数据

文本拓展阅读课程的建设、实施与评价 / 曹海红著.
天津 ：天津社会科学院出版社，2025. 4. -- ISBN 978
-7-5563-1090-6

Ⅰ. G633.332

中国国家版本馆 CIP 数据核字第 2025TX9376 号

文本拓展阅读课程的建设、实施与评价
WENBEN TUOZHAN YUEDU KECHENG DE JIANSHE、SHISHI YU PINGJIA

责任编辑： 柳　晔
责任校对： 王　丽
装帧设计： 高馨月
出版发行： 天津社会科学院出版社
地　　址： 天津市南开区迎水道 7 号
邮　　编： 300191
电　　话：（022）23360165
印　　刷： 天津新华印务有限公司
开　　本： 710×1000　　1/16
印　　张： 16.25
字　　数： 220 千字
版　　次： 2025 年 4 月第 1 版　　2025 年 4 月第 1 次印刷
定　　价： 88.00 元

序

　　"一分耕耘，一分收获"，翻阅着曹海红老师《文本拓展阅读课程建设、实施与评价》这本书，更加深刻地认识到这句话的深义。海红老师是我的徒弟、我的学生，今天看到她的研究成果，心里甚是欣慰。

　　海红老师是一名土生土长的武清人，她深爱着自己的家乡。98 年，怀揣着对家乡教育的无限憧憬，满载着对乡亲父老的一腔热情，她踏上了向往已久的三尺讲台，在农村学校从事一线教学 17 年，她乐在其中，干在其中，以超凡的毅力和永争上游的信念，在教育这片沃土上不断学习、探索、前行，十几年如一日的坚守，十几年如一日的奋斗，使她成长为在全市有一定知名度的语文教师。还记得现代化验收的课堂上，市教研室的秦泽明主任曾这样评价她的课堂教学："没想到在如此偏远的农村学校，竟然有这样生动的课堂，有如此优秀的语文教师，这是农村孩子们的幸福！"2009 年参加 265 农村骨干教师培训期间，本来以学员身份参与学习的她，在没有丝毫准备的情况下临危受命，在江苏海门东洲中学讲了省级展示课，在异地展示了"活动态语文教学"的魅力，更展示了我们天津教师的良好形象。一路走来，她用毅力与拼搏演绎着教师角色，用激情与奉献诠释着人生价值，更用心品味着为人师者的无尽快乐。

　　2015 年 11 月，因为工作需要，我调到市教研室，她不负众望，顺利通过了区教育局的遴选与考核，成为武清区初中语文教研员，多年的培养与历练,让我放心地把这份工作交给海红老师来做。当时我们谈到武清教研前景的时候,她设想自己的工作思路就是:一定要在继承武清传统教研的基础上有所创新和提高。怀抱着这份初心和使命,正赶上 2016 年天津市教研室语文学科开展特色课程建设这一教科研项目,这样一个大的研究平台给基层教研提供了前所未有的机遇,海红老师便以"活动态语文教学"理念为支撑,选取了文本拓展教学这个点开启了学科特色课程建设与实施的研究。

2017 年 8 月 18 日,人民教育出版社中学语文室在河南洛阳举办了第 11 届"人教杯"统编初中语文教材主题论坛暨课堂观摩活动。特别邀请获得"人教杯"统编初中语文教材主题论文评选特等奖的海红老师做了《部编教材背景下的"活动态语文教学"文本拓展有效性研究》的专题发言。此次交流,更坚定了她的研究方向。此后,她带领武清区初中语文学科教研团队以科研课题为引领,先后参与了国家级科研课题"活动态语文教学"课程建设与实施,市级科研课题"活动态语文教学"文本拓展有效性研究,统编教材背景下的"活动态语文教学"课程建设与实施等多项课题研究,通过课题研究引领了老师们的思维转变。另外她还通过系列教研活动的开展,提升教师的认识理念和授课水平。我也多次受邀回武清听课,能够感受到老师们都信服并在课堂教学过程中应用文本拓展教学的理念,文本拓展教学取得了很好的效果。通过无数次的教学研讨、无数次头脑风暴、无数次创新与传统的碰撞……也让海红老师的思路逐渐清晰,逐步创建出具有区域特色的,开放、多元、有序的"文本拓展阅读"课程体系,形成了序列化、操作性强的文本拓展材料汇编,探索出一整套科学的文本拓展阅读课程体系,实施过程中形成了随文拓展阅读、单元拓展阅读、专题拓展阅读等专项阅读课程。

有了之前的思考与研究,她没有停滞不前,而是认真地将教学实践中的经验做了梳理,完成了现在拿在我手中的这本书稿。文本拓展阅读课程建设、实施过程中,是把教材中的课文作为蓝本,教师指导学生选择更多的与教材相类相近相关阅读材料的延展阅读,引领学生自觉进行课外阅读的一种行为。拓展阅读作为教读和自读课文的补充,可以拓展阅读的范围,扩大读者的视野,便于沟通课内、课外阅读,使所学的知识网络化、立体化、综合化,并在知识的相互比较、补充、融合和重新构建中,获取有益信息、形成自身知识积累的阅读过程。文本拓展阅读课程采用"1 + X"的基本方法实现延伸,学习一篇课文,附加若干课外阅读的文章,促进经典诵读与海量阅读与教材阅读同步,并获得最大可能性的拓展;促进学生广读博览,发展智力,为语文素养的提高提供广阔的发展平台。

　　总之,海红老师的研究成果,有高度、有启迪、可复制、可借鉴。我推介她的成果,也是希望她的探索能给大家带来启迪。最后,也要给曹海红老师送上祝贺,也希望所有的教研人都能继续立足区域,关注广域,不断发展,不断取得新的成绩。

目 录

第一章　文本拓展阅读课程建设与实施体系概述

第一节　课程建设提出的背景与价值

一、研究背景

（一）国内外课程改革背景

课程建设与资源开发,二者具有一定学科教学改革的先导性和决定性。随着知识经济和信息化时代的到来,现代人才观内涵发生了显著变化,教育面临着前所未有的挑战。进入 21 世纪,世界发达国家普遍开始以课程改革推动人才培养的进程。2007 年英国发布了《2020 愿景:2020 年教与学评议组的报告》,要求课程要适应每一个学生的需要,与学生的生活实际相联系。美国更是明确表示,教师和学校有权对学校课程进行自主调整与设计。

在国际上普遍开始课程改革的大背景下,我国也在 2001 年由国务院发布了《关于基础教育改革与发展的决定》,同时中华人民共和国教育部印发的《基础教育改革纲要(试行)》(以下简称《纲要》)中明确指出:"改变课程管理过于集中的状况,实行国家、地方、学校三级课程管理,增强课程对地方、学校及学生的适应性。"这表明我国的基础教育课程管理体制,已经由原来过于集中的国家课程管理走向国家、地方、学校三级课程管理,地方和学校将拥有一定的课程自主权,共同参与课程决策并承担相应的责任。《纲要》中已经明确表述出校本课程已经成为国家课程的一部分。

(二)新一轮课程改革的要求

1.课程建设是落实课程标准的需要

《义务教育语文课程标准(2022 年版)》较之前的《义务教育语文课程标准(2011 年版)》,从内容到形式都有较大的调整变化。新课标明确提出"语文课程是一门学习国家通用语言文字运用的综合性、实践性课程",可见,新课标对语文学科的定位已不再是传统意义上的语文课,语文课程的内涵与外延都在不断扩大。认真研读课标,就能深刻体会文本拓展研究的必要性和重要意义。作为语文教师,应该高度重视阅读拓展的开发与实施,创造性地开展各类拓展阅读活动,增强学生在生活的各个领域里学语文、用语文,通过多种阅读途径提高学生的语文素养。

2.课程建设是提升学生发展核心素养的需求

2016 年《中国学生发展核心素养》的颁布,明确了未来基础教育的顶层理念就是要强化学生的核心素养。《义务教育语文课程标准(2022 年版)》也对核心素养的内涵做了深入的解读:"核心素养是学生通过课程学习逐步形成的正确价值观、必备品格和关键能力,是课程育人价值的集中体现。义务教育语文课程培养的核心素养,是学生在积极的语文实践活动中积累、建构并在真实的语言运用情境中表现出来的,是文化自信和语言运用、思维能力、审美创造的综合体现。"核心素养的提出是落实立德树人根本任务的重要举措,也是适应世界教育改革发展趋势、提升我国教育国际竞争力的迫切需要。

从"双基"到"三维目标"再到"核心素养",启示着我们培养未来人,仅凭一支粉笔、一本书是绝对不行的。在学校的层面上必须通过丰富的课程增加学生学习的选择性,进而实现学生生命成长的多样性,也就是说推动核心素养落地也必须思考课程建设。

3.课程建设是中高考改革的需要

新一轮课程改革提出了"增加学生选择权""为学生提供更多的选择机会,促进学生发展学科兴趣和个性特长"的要求,要保障学生的"选择权",就应该以系统思维和整体眼光,根据育人需要创设学校或学科课程,增加课程的多样性和选择性,建立系列化、精品化与连续性的课程。

2016年起国家意欲以新高考制度改革为突破口继续深化课程改革。然而,在教学实践层面,教师普遍存在学科本位意识和教学优先意识,造成了课程观念淡薄。新一轮高考制度改革催生了选课走班的改革举措,不同教学班学生的层次不同,学生的学习方式也由单一、固定逐渐向多元、活跃转变,这样,学校课程建设的多元化与学生学习的选择性,成了我们深化课程改革不得不面对的问题。

(三)统编教材的使用

"阅读"是运用语言文字来获取信息、认识世界、发展思维,并获得审美体验的活动。阅读本身是一种主动的学习过程,是一种理解、领悟、吸收、鉴赏、评价和探究的思维过程。阅读者根据不同的目的加以调节控制,从而陶冶情操、提升修养、改变思想。

2017年秋季学期起,全国所有地区初中一年级开始使用人民教育出版社出版的中学语文统编教材,2018年覆盖初中一年级和初中二年级,2019年所有年级全部使用统编教材,之前的"人教版""粤教版""苏教版""北京版"等版本教材将逐步被取代。这套统编教材在结构、选文、理念等方面都有了历史性的突破,这些突破与创新,可以有效解决学生目前普遍存在的读书少的弊病。统编语文教材的总主编、北京大学中文系教授温儒敏先生强调:"要让中小学生'海量阅读',学会'连滚带爬'地读,中小学生读书得有兴趣,讲究方法,培养浓厚的读书兴趣,促进语文素养的持续提升,为终身学习奠定坚实的习惯基础和能力储备。"那么,我们的语文教学也要随之发生变化,单纯地教授国家课程肯定是不能跟上时代的步伐了。语文教师一定要树立"阅读从教材延伸到课外的拓展",为学生种下"读书的种子",让读书成为学生喜爱的生活方式,进而提升学生的素养,改变学生的命运这样的教育理念。

1. 守正创新,建设语文教材新体系

新教材按照课标要求,充分尊重语文教育规律,精心地安排学习内容,切实做到"守正"。同时,又注意借鉴国外先进的教学思想,吸收课程改革的优秀经验,力求达到"创新"。

为了达到这样的追求,教材编写者为我们提供了切实可行的教学建议:提倡少做题、多读书、多思考、勤练笔;提倡学生多积累、重素养;倡导自主、合作、探究的学习方式;注重大语文学习观,提倡在生活与语文之间建立一条通道,拓展课外阅读,引导学生参加语文实践活动,在生活中学习语文、运用语文。

这些具体建议,恰恰为我们开展文本拓展的阅读课程实践提供了理论支撑。注重积累、培养语感;鼓励阅读、提倡表达;丰富阅读途径、阅读渠道等,充实了文本拓展教学的途径。

2. "三位一体"的阅读教学设计,强调向课外阅读的延伸

新教材特别重视阅读教学,由之前的精读、略读不分的状况,细化分为单元经典选文,辅之以"名著导读"和"课外古诗词诵读"。这样就构成了一个从"教读"到"自读"再到"课外阅读"三位一体的阅读教学体系。这样的创新设计,更好地贯彻了课程标准中"多读书,读好书,好读书,读整

本的书"的倡议。

从教材选择文章组织单元来看,选文注重经典性,篇目缩减,共设计6个单元,由以前每个单元的5篇缩减为3至4篇,其实选文篇目减少了,并不意味着学生阅读量的减少,这反而为我们开展文本拓展阅读教学,留出了更大的空间。

"三位一体"的阅读教学设计,把自读与课外阅读提升到一个显著位置,学生阅读途径的选择,阅读内容的确定等变得更加灵活、丰富。这也为我们开展拓展教学创造了条件。如何扩充阅读篇目,如何选择阅读内容,为教师开展文本拓展教学提供了更广阔的空间。

3. 多层次构建自主助学系统,提升学生的阅读能力

新教材的助学系统设计,充分尊重学生主体,无论是内容和形式,处处为学生考虑,在尊重学生的主体性上下足了功夫。

教读课文助读系统的组成部分:"预习""注释""思考探究""积累拓展""读读写写"(以书法形式体现)"补白"这几大板块。系统中的每一个分支,都在培养学生的核心素养方面上做了充足准备。"预习"环节调动学生阅读兴趣,联系已有的经验,进行背景知识的串联。课后练习分为"思考探究"和"积累拓展"两个层次,充分体现了学生思维的发展过程,从课内所学引向课外延伸,是提升学生语文素养的关键一环。

自读课文助读系统中不设置练习,这就给了学生充分的自主阅读空间。其中"旁批""阅读提示"这两个设计,最见亮点。"旁批",有的是针对文章关键点的精要点评,有的是针对写作手法的引导提示,有的是以问题的形式引发学生的深入思考,处处体现了编辑的匠心。"阅读提示"板块,针对每篇课文的重点和独到之处进行提示引导,培养学生自主阅读,独立思考,尽可能地激发学生的阅读兴趣,向课外阅读延伸,增加学生的阅读量。

从预习提示到积累拓展再到旁批与补白,教材编写者的意图显而易见,我们如何在课堂教学过程中,有意识、有创造性地运用这些板块来帮助学生做好阅读积累,开展丰富多彩的自主阅读活动,如何调动学生的阅读兴趣,勾连起语文学习与生活的外延是每一位语文教师运用好新教材的关键点,而要突破这些关键点,文本拓展教学又会在多个层面、多个维度中发挥效用。

这样的一套教材,教师该如何教,学生该怎样学,已非浅层次停留在国家课程的落实上。每一所学校、每一位教师都有了更大的开发空间,我们要在落实好国家课程的基础上,努力构建起具有区域特色的文本拓展阅读课程,不断丰富学生的阅读内容,提高学生的阅读能力,提升学生的语文素养。

二、天津市中学语文学科课程建设项目的启动

武清区初中语文学科具有良好的教研基础,天津市教研员龚占雨通过多年的研究与实践,提出了"活动态"语文教学模式这一核心理念。在过去的十几年里,武清区的教研员龚占雨一直进行着"活动态语文教学模式"的构建与探索,并在规范常态教学方面做出了很多有益的尝试。2001年,武清区便以作文教学为突破口,开始了"活动态"语文教学模式的初步探索。经历了十几年的教育实践,我们对"活动态语文教学"理念有了更加深刻的理解,还在作文教学、阅读教学、综合性学习、名著阅读等方面积累了一些先进的经验和做法,形成了一系列独具创意的课型,在规范常态教学方面做出了很多有益的尝试。

2015年11月,因为工作需要,龚老师调到了天津市教研室,便由笔者接手了他的工作,当时的工作思路是:一定要在继承武清区传统教研的基础上有所创新和提高。

2016年天津市教研室语文学科启动特色课程建设这一教科研项目,龚占雨老师牵头申报了天津市教育科学研究院"十三五"重点科研课

题——基于生态适应的阅读课程建设与实施。在此基础上,又申报了中国教育学会"十三五"规划课题——"活动态"语文教学课程建设与实施策略研究。希望以课题研究为引领,以科研促教研,将课程建设与资源开发、课程实施紧密联系,全市整体化设计,一体化发展,推进课程的三级建设与管理,把市区校的教研力量统筹起来,引领全市师生充分利用教育信息化资源,创建具有天津特色的"基于生态适应的"课程体系和教学体系。这样一个大的研究平台给语文教师提供了前所未有的机遇,武清区初中语文学科便以"活动态语文教学"理念为支撑,选取了文本拓展教学这一内容开启了学科特色课程建设与实施的研究。

三、课程建设研究的意义

一是体现了课程改革的精神。课程改革提出了国家、地方和学校三级课程管理模式。把更多的课程设置权交给学校,把更多的课程选择权交给学生,校本课程的开发备受关注,"文本拓展"课程的开发顺应了教育发展的需要。

二是有利于推动学校多元特色课程群的形成。我们鼓励各校广泛参与、积极开展课题研究,因此必将推动全区基层校在"三通两平台"建设的基础上,开展课程规划、开发、建设与实施研究,促进本地区多元特色课程群的形成。

三是有利于全面提升学生核心素养。本研究可以有效地革除学校教学内容单一、狭隘的弊端,丰富学生的知识面,为学生终身学习和有个性地发展奠定基础。

四是有助于突显学校特色,形成独特的校园文化。本研究重视学校特色和地域文化特点,强调开发和利用好具有学校和地方特色的课程体系,因而必能突显学校特色,形成独特的校园文化。

五是有助于推动优质教育资源共建共享,促进教育均衡。通过此项研究,为本区域教师搭建一个共同研究、共同分享的平台,充分发挥优质课程资源的示范引领作用,推动教育均衡发展,提高学校课程开发与实施的能力。

第二节　课程建设的概念、目标与方法

一、概念解读

文本拓展阅读课程的实践探索,在国内的研究才刚刚起步。在语文课堂教学中运用"文本拓展"能更好地提高学生的文学鉴赏和创造性思维的能力。"活动态语文教学"是天津市教研员龚占雨通过多年的研究与实践提出的核心理念,并将此理念应用于文本拓展阅读课程的研究,借文本拓展教学,深入开展学科特色研究,在进行文本拓展课程建设、实施与评价体系构建研究的基础上,逐步构建具有区域特色的"活动态语文教学"文本拓展阅读课程体系与相应的评价体系。

(一)课程

课程是指学校为实现培养目标而选择的教育内容及其进程的总和,它包括学校教师所教授的各门学科和有目的、有计划的教育活动。语文学科课程既包括国家设立的体现共同学习基础的语文课程,不同学校开发的适应多层次、不同个体学习需要的个性化语文课程,又包括读书竞赛、读书笔记展评、习作展评等活动性课程。班刊、校刊、墙报、壁报、专栏等隐性课程也应该纳入语文课程建设研究的视野。文本拓展课程属于学校自主开发实践的一类阅读活动课程。

(二)"活动态语文教学"

"活动态语文教学"强调以教师预设为前提,以学生独立、自主、规范的学习活动为主要呈现形态,并贯穿整个学习过程。学生的学习活动分为课前活动板块、课中活动板块和课后活动板块,倡导课下活动板块和课上活动板块有机整合,是在教师引领下,学生以"活动"的方式来学习,进行探索,通过活动和探究获得概念和结论的教学模式。

(三)文本拓展阅读课程

文本拓展阅读课程是在阅读教学过程中,把教材中的课文作为蓝本,教师指导学生选择更多的与教材相关的阅读材料进行延展阅读,引领学生自觉进行课外阅读的一种行为。拓展阅读作为教读和自读课文的补充,可以拓展阅读的范围,扩大读者的视野,便于沟通课内、课外阅读,使所学的知识网络化、立体化、综合化,并在知识的相互比较、补充、融合和重新构建中获取有益信息,形成自身知识积累的阅读过程。

二、课程目标

文本拓展阅读课程采用"1+X"的基本方法实现延伸,即学习一篇课文,附加若干课外阅读的文章,促进经典诵读、海量阅读与教材阅读同步,并获得知识的拓展;促进学生广读博览,发展智力,为提升语文素养提供广阔的发展平台,努力达到以下课程目标:

一是有效整合阅读、综合性学习、口语交际和作文教学,形成序列化、操作性强的课例集,探索初中语文统编教材背景下文本拓展的策略,构建系统的,具有区域特色的,开放、多元、有序的文本拓展阅读课程体系。

二是针对不同水平不同层次的学生创建适合他们的课程库,形成具有区域特色的统编教材单元拓展阅读课程,为教师的文本拓展教学提供有理可循、有据可依的理论与实例支持,推动课程改革的进程。

三是激发教师课程开发的意识,提升教师课程开发的能力,提高教师课堂教学水平,构建具有区域特色的文本拓展阅读课程体系。

四是致力于构建教学新格局,通过系统、开放的文本拓展,使学生主动积累、自由表达,确实为乐于表达而阅读、习作,享受语文学习的快乐,逐步培养学生个性化的语文素养。

三、研究方法

本研究将综合运用文献研究法、调查研究法、行动研究法和经验研究法,力争区、校两级(即教研员、主要参与者、基地校教师、区域内所有学校)多维合作,汇编"文本拓展"阅读课程体系,共同开发学习资源。

一是文献研究法。通过对文献资料的查阅与学习,了解研究前沿的最新动态,提升教师教育教学的理论素养,提高项目研究的针对性与实效性。

二是调查研究法。在项目研究过程中,我们将设置学生问卷,分析研究项目的研究方向,让项目研究切实为教育教学服务。

三是行动研究法。在研究中我们将采取互动研究的方式,在研究中行动,在行动中研究,让"教研"与"项目研究"有机结合起来,提高研究效果。

四是经验研究法。在研究中我们将及时总结成功和失败的经验,不断对教学行为进行反思,及时调整工作思路,保证工作有序、有效地开展。

第三节　课程建设研究理论综述

一、课程研究的理论基础

（一）人本主义理论

现代社会中人本思想已经成为基本价值观。它主导了我们在经济、政治、文化生活中的行为抉择。目前中国社会正处于社会形态剧烈变革时期，社会矛盾在局部集中，构成一些可能引发矛盾冲突的隐患，尤其需要倡导以人为本的执政理念。这也会影响到社会文化和人际交往，强调合作、互助、共赢，已经渗透到教育之中，成了重要的教育价值观。在语文教育中强调人本就是注重以教师和学生发展为本，保护和尊重教师的个性化教学以及带有创造性的教学，并把学生的学习本位落到实处。这在今后很长一段时间应该作为语文教育教学的主要任务。

（二）实用教育理论

杜威在 19 世纪 90 年代提出实用主义教育理论，撰写代表作品《民主主义与教育》，并引领了美国进步主义教育运动。当时美国的现实教育也存在着形式僵化、学生个性泯灭等问题。杜威看到教育和生活的密切联系，提出"教育即生活"的论断，并主张教育应该"站在儿童的立场，并以儿童为自己的出发点"，这种尊重儿童自主发展的思想对于现实处境中的中国现代教育发展依然具有进步意义。重视学生在学习中的自主知识构建和强调学生的知识内化，不用"教师唯一"或"知识唯一"的标准固化学生思维,才能促进学生的自主发展。

(三)建构主义理论

建构主义学习理论认为,学习是建构内在心理表征的过程,学习者并不是把知识从外界搬到记忆中,而是以已有的经验为基础,通过与外界的相互作用来获取、建构知识。学习过程同时包含两方面的建构:一方面是对新信息的意义建构,同时又包含对原有经验的改造和重组。建构主义强调学习者在学习过程中并不是发展起供日后提取出来以指导活动的图式或命题网络。相反,他们对概念的理解是丰富的、有着经验背景的,从而在面临新的情境时,能够灵活地建构起用于指导活动的图式。这就意味着,教学不是仅仅把知识进行迁移,教师先知变成学生后知,知识转化为效能更依赖于学生依据已有经验,在应用情境中进行学习和知识体系建构。这无疑为文本拓展阅读教学奠定了注重能力发展,强调个体知识内化的基础。

(四)生活教育理论

生活教育的理论是陶行知教育思想的主线和重要基石。陶行知的教育理论,主要包括"生活即教育""社会即学校""教学做合一"。他主张教育同实际生活相联,反对死读书,注重培养儿童的创造性和独立工作能力。后又把生活教育的特点归结为生活的、行动的、大众的、前进的、世界的、有历史联系的各个方面。生活教育的基本观点应用于语文教学,便与语文学科学习的实践性,以及语文与生活的联系特点形成契合,告诉我们语文学习是基于生活问题的解决和生活应用能力培养为教学目的。这就意味着,语文教学不能局限于书本里和课堂上,应以多维课程引导学生关注生活并积极参与生活实践,用积极的合作心态进行语文方面的应用。

（五）发展性教学理论

发展性教学理论,强调教学要促进学生的一般发展,既包括智力因素方面,也包括非智力因素方面的和谐发展,而不是仅仅局限于认知能力的发展。发展性教学理论,注重研究学生的学习兴趣、学习动机,注重引导学生对学习方法、学习过程的理解,强调促进全体学生的发展。发展性教学理论应用在语文教学中,主要表现在三个方面:第一,在掌握语文知识与技能的基础上,扩大语文学习的外延,突出语文能力的培养,促进学生语文素养的提升;第二,充分发挥语文学习内因的作用,深刻揭示学生综合发展内因与外因之间的辩证关系,深化了对语文发展的理解。第三,促进了对语文学习条件的创设,有助于促使学生对学习的需要,并积极培植和发展这种需要。

二、本市相关理论的演进过程

（一）"双线、自主、活动"教学理论

1992 年,天津市教研室研究员伊道恩和天津市教育科学研究院史荣光老师牵头开展天津市"八五"重点课题研究——天津市语文教学新体系的调查与研究,并最终由伊道恩提出了"双线、自主、活动"教学理论。这一理论破除了旧式单一的课程结构,实行教材教学线和实践教学线的双线课程结构。在课程结构上,教材教学线,又称子线结构,以学习语言和语言规律为主。实践教学线,又称午线结构,以学生的语言活动和语言实践为主,即运用语言规律进行语言活动实践。双线课程结构不管是教材线还是实践线,都以学生的言语活动实践为主,培养学生的语文创新精神和实践能力、奠定学生全面发展与终身发展基础为目的,进行有序有效的主体实践活动。

1997 年课题组以天津市教研室语文室为依托,又编写了天津市九年义务教育《语文实践》这一教材。语文实践课作为语文学科的补偿性课程,积极拓展学习空间,整合学习资源,并在课堂教学中增强学生的主动性和探究性,体现与生活的高度融合,有效改变了课堂面貌。"双线、自主、活动"教学理论和语文实践思想是项目研究的基础理论。

(二)"生态语文"理论

课改后,语文教学出现了前所未有的危机。一方面语文学科被漠视、被弱化、时间空间被挤压;另一方面,语文教学逐渐走向两个极端:浮躁、务虚的教学改革和以考试为指挥棒的应试教学。语文教育环境建设意识的淡薄、语文教学实施和评价的偏颇,令人忧虑。如何把生态平衡、人际和谐和人本关怀的理念植入语文教学,让学生形成综合语文素养,并提供优良的学业发展环境和条件呢? 如何引导语文教育,做到与社会需求、学生发展、学科建设达成和谐关系,构建良好的语文教学生态呢? 2008 年,时任天津市教研室语文室主任赵福楼提出了"生态语文"的理念,并在以后的研究与实践中逐步成为天津语文教学的共识。

"生态语文"理论强调人与环境的关系,强调让师生在良好的生态环境中构建和谐的师生关系,实现教师、学生、家长、社会之间的多维互动,使各要素在信息交流、沟通与研讨过程中,促进学生自由快乐地成长。"生态语文"则是项目研究的基础理论。

(三)"活动态语文教学"理论

课改之后,语文教学在浮躁的社会风气下走向两个极端:以考试为指挥棒的应试教育和以表演技巧示人的精英教学。面对急功近利的应试教育和浮躁、务虚的教学改革,时任天津市武清区教育教学研究室初中语文教研员龚占雨提出了"不为积习所蔽,勿为时尚所惑"的观点,并摸索出一条既能贯彻课改理念,又能保证效率和实用性的适用于常态教学的学习模式——"活动态"语文教学模式。该经验在天津市产生广泛影响,并在全国推广。

"活动态"语文教学是以构建具有实效性、实践性、创新性、操作性的学生主体活动为主要形式,以鼓励学生主动参与、主动探索、主动思考、主动实践为基本特征,注重多维度、广视角学习内容的开发与灵活运用,关注课堂上师生、生生互动中所生成的新信息、新问题,注重领悟引领和在"生成"中不断调整"预设",从而让语文学习内容丰富,形式多样、灵动。"活动态"语文教学的本质是遵循规律,主要体现在三个方面:第一,遵循语文学科自身的规律。语文是工具性和人文性的统一,在语文教学中既要体现语文的工具性,又要重视语文的人文性。第二,遵循学生语文学习的规律。教师与学生是教学的两个主体,尊重学生在活动中所表现出来的语文学习基础、语文思维现状,以学生主体地位,以语文能力的发展促进学生的综合发展。第三,强调语文学习空间扩大化,语文学习方式多样化,即"语文学习活动化,学习活动语文化"。"活动态"语文教学是项目研究的基础。

三、国外有关本课程的研究成果与思考

(一)国外现代课程理论研究

目前,国外校本课程开发主要有以下四种模式,即目标模式、过程模式、实践模式和情境模式。

"目标模式"是以目标为课程开发的基础和核心,围绕课程目标的确定、实现和评价而进行的课程开发模式。主要代表是美国著名的课程论专家拉尔夫·泰勒。作者在《课程与教学的基本原理》一书中提出了具有普适性、影响深远的"泰勒原理"。泰勒原理被众多的研究者简化为四段渐进式的课程开发模式:确定目标、选择学习经验、组织学习经验、评价。上

述四个基本阶段是一个循环往复、周而复始的过程。在泰勒看来,"教育目标是指导课程研制者所有其他活动的最关键的准则",只有确定了目标,才能选择学习经验(内容)和组织学习经验(方法),才能评价目标的实现程度。这种目标的选择、排列、确定,由课程编制者依据对"教育哲学"和"教育心理学"的认识予以确定。自泰勒原理产生后,目标模式一直在课程研制的理论探究及课程实践领域居主导地位,被认为是"概括了本世纪上半叶课程这一研究领域中最好的思想"。

"过程模式"是由英国著名的课程理论家斯滕豪斯确立起来的。在过程模式中,斯滕豪斯主要论证了课程研制过程中的基本原则及方法:第一,一般目标与程序原则。所谓一般目标,即过程模式不是进行目标预设,而是确立总体教育过程的一般性的、宽泛的教育目标。这个目标是非行为性的,并不构成最后的评价依据。所谓程序原则,即课程研制的指导性规则或总要求,这只是作为课程研制的方法及指导思想而使教师明确教学过程中内在的价值标准及总体要求,而不指向于对课程实施的最后结果的控制。第二,课程设计及课程内容选择的依据。在斯滕豪斯看来,合理的课程设计必须说明课堂上的现实状况,仅仅合乎逻辑是不够的,课程内容的选择必须反映教育目的及教学过程的实际,即课程内容的选择应以教育及知识本身固有的标准为依据。过程模式的主要任务在于反映教育本体功能及知识内在价值的课程内容的选择。第三,开放的课程系统与形成性评价。课程的开放性强调学生的学习不是直线式的、被动的过程,而是一个主动参与和探究的过程,在这个过程中应关注学生个人的理解与判断。因此,教师在学生学习过程及结果评价中,应是一个诊断者,而非打分者,评价应以教育主体及知识内在的价值及标准为依据,而不是预设目标达成度的鉴别。过程模式把发展学生的主体性、创造性作为教育的广泛目标,尊重并鼓励学生的个性特点,把这一目标与课程活动、教学过程统一起来,进而又统一于教师的主体作用之中。它冲破了目标模式"技术理性"的樊篱,把课程开发建立在实际的教育情境基础上,这显然是符合时代潮流的一种取向。

"实践模式"的代表人物是著名的课程理论家和生物学家施瓦布。实践课程模式理论具有以下四个特点:一是强调课程的终极目的是"实践兴趣"。实践课程模式把教师和学生作为课程的有机组成部分和相互作用的主体,把课程理解为相互作用的有机"生态系统"。二是把教师和学生看作是课程的主体和创造者。他们与课程内容和环境一并构成课程审议的第一手信息来源。三是强调课程开发的过程与结果、目标与手段的连续统一。施瓦布认为,脱离具体实践情境的抽象结果是没有意义的,真正有意义的结果是在适应实际的兴趣、需要和问题的过程中实现的,是内化于过程之中的。同时,手段与目的也是密不可分的,目的内化于手段之中,手段是"期望中的目的"。四是强调通过集体审议来解决课程问题。施瓦布建议,以学校为基础成立包括校长、社区代表、教师、学生、教材专家、课程专家、心理学家和社会学家等组成的课程集体对课程问题进行审议,通过审议形成一个学校共同体,集体参与课程审议不仅是做出合理行动决定所必需的,而且是参与者彼此互动、相互启发的教育过程。施瓦布的实践模式使课程实施更具人性化,充分关注具体情境中存在的问题,而集体审议又有利于兼顾多方公共利益,加强各方的合作,使课程实施与设计主体多元化,增加课程实施的有效性和实用性。

"情境模式"的代表人物是英国教育学家斯基尔贝克,他立足于对具体的学校情境进行微观层面分析的基础上,构建学校课程的研发模式。斯基尔贝克的情境模式强调按照不同学校的具体情况,在对学校情境予以全面分析与评估的基础上研制课程方案。课程研制的中心及焦点在于具体的、单个学校和教师,并认为学校本位课程研制是促进学校获得真正发展的最有效的方式。这一模式由分析情境,确定目标,设计方案,解释与实施,检查、评价、反馈与重建五个具体阶段构成。情境模式是校本课程比较常用的模式。情境模式深受文化分析的影响,它吸取了目标模式、过程模式和实践模式的合理成分,是一种灵活的、全面的、适应性较强的模式。它随学校环境的不同而采取不同的对策。这种模式要求课程开发者全面、动态、系统地考虑特定的环境,把课程开发与当地的社会因素、经济因素、文化因素更加广泛、紧密地联系起来。情境模式总结了目标模式、过程模式和实践模式的经验教训,没有死板地把五个组成部分规定为"直线式"的操作过程。而认为这五个部分是一个有机的整体,操作过程可以从一个部分开始,也可以从几个部分同时开始。情境模式与其他课程研发模式相比具有综合性、合理性、灵活性等值得借鉴的特点。

(二)国外有关研究带来的思考

国外有关研究成果为我们提供了充分的理论与实践基础,具有一定的指导意义。

一是课程开发的过程、程序和环节得到重视,表明课程开发的实践性特点;

二是学生、学校、教师、社会等各种需求评价的研究是课程开发的依据;

三是学校和教师在课程开发中发挥着比较重要的作用;

四是注重课程开发与实施之间的关系。

第四节　课程建设探索过程与保障

一、课程建设系统探索过程

本课程采用边研究边实验的方法,经历一个由模糊到清晰,由概念化到具体化、特色化、系统化、序列化的探索过程。

第一阶段:课题准备阶段(2018 年 5 月—2018 年 7 月)

一是 2018 年 5 月,组建课题组,确定研究课题。

二是 2018 年 6 月,分析归纳国内外同类课题研究现状,收集相关资料进行学习、交流,组织教师深刻领悟课题提出的背景和价值意义,确认课题的可行性,学习有关新课程理论,把握正确的研究方向,认真学习有关课题研究方法策略,保证研究活动的规范性、科学性和实效性,掌握研究思路方法,明确研究思路,落实研究任务,撰写实施计划,确定实验学校。在此基础上确定课题研究方案。

三是 2018 年 6 月,做好课题申报工作,申报课题。

第二阶段:课题实施阶段(2018 年 8 月—2020 年 4 月)

一是课题立项、召开开题报告会。

1. 2018 年 9 月本课题被天津市教育科学学会批准立项。

2. 2018 年 12 月 20 日召开课题开题会,研讨课题实施方案,形成全面详细的具有可操作性的研究方案,明确课题组成员的主要职责和工作。

二是观摩学访,提高认识。2018 年 9 月—12 月,课题组骨干教师先后四次进行区外理论学习和课堂实践观摩活动。通过学习观摩活动激发了课题组成员研究热情,积累了研究经验。

三是践行理论,集中研讨。2018 年 11 月—12 月为了用理论指导实践,课题组成员进行了三次文本拓展"说播课"活动。

四是成果转化,展示交流。2018 年 12 月,借助青年教师展示交流活动,在杨村第八中学开展文本拓展专题研讨课活动,课题组成员杜倩、张立伟两位老师分别做了研讨课,展示了在文本拓展课程探索过程中的经验与做法。

五是中期检查,深入研究。2019 年 5 月 22 日课题组负责人曹海红老师,课题组全体成员在杨村第九中学召开天津市教育科学学会"十三五"规划课题中期工作会,来自全区的 150 余名语文教师,天津市教研室龚占雨老师,教科室专家王惠敏老师参加了本次中期检查活动并对课题后期工作提出要求。

本次活动安排周密、形式新颖、理念前卫,呈现了在运用统编新教材的大背景下,如何发挥武清初中语文学科的优势所在,将"活动态语文教学"理念的研究推向深入,借文本拓展教学这个点,深入开展学科特色研究,逐步构建具有区域特色的文本拓展课程体系。

第三阶段:申请结题,请专家论证评价,总结验收、总结。(2020 年 5 月—2020 年 6 月)

一是编写成果集,形成各种研究成果。在总结研究成果的基础上,完成课题研究报告。

二是召开结题工作会,准备结题。2020 年 6 月 5 日召开题组全体成员会,回顾课题研究轨迹。教科室王惠敏、谢瑞佳老师指导课题结题工作。在专家指导下,规范完善研究资料及成果,总结验收。

三是结题。2020 年 6 月全面总结研究成果,各种材料分类归档。

二、课程评价系统研究过程

第一阶段:筹备立项阶段(2021 年 3 月—2021 年 6 月)

一是通过查阅本课题理论的书籍和资料,结合一线教师的教学实践以及学生获取知识的渠道,对"'活动态'语文教学文本拓展课程建设与实施评价体系构建究"这一课题的研究背景、课题研究的必要性和紧迫性进行全面的理论论证。

二是组织本课题组成员开展深入的思想理论学习,共同讨论研究方案、明确研究思路、确定研究制度、完成课题设计,制订切实可行的课题研究实施方案与计划,提高认识,明确分工,责任到人。

三是发放调查问卷,对不同学校的调查数据进行统计分析,同时加强对"课程建设与实施评价理论"的学习与研究,外出学习观摩他人的先进经验。对实验校现有情况进行摸底,以便研究工作能顺利开展,确定下一步研究的具体活动。

第二阶段:深入开展研究阶段(2021年7月—2022年12月)

一是在本课题正式立项后,将根据专家们提出的宝贵建议进行调整。厘清研究的具体方向、研究的具体内容,及时调整研究方案。以学生的发展为本,研究课程标准,深入挖掘互联网上优质的教学资源,尤其是有关于评价体系的相关资源,促进评价手段在语文教学中的运用。确立课题研究的基本理论依据,各成员根据本课题的主要任务,集体确定研究方向和重点,探讨钻研"活动态"语文教学理念下的文本拓展课程建设与实施评价体系的构建。

二是在新理论的引导下收集数据,搜集资料,推进课题研究步调,理论结合实践,验证阶段性理论于课堂评价体系构建方面的可行性,从而进一步指导下一步教学实践。

三是课题组成员及时进行实验的反思和调整。全面系统整理资料和阶段小结。在阶段小结的基础上,使实验逐步规范化、科学化,确保取得阶段性研究成果。召开课题组研讨会,在课题组间、全体教师间进行展示、交流,把成功的经验和失败的经验教训记录并汇编。在教学中进一步验证、完善,形成各种成功的教学案例,并召开课例研讨会和展示会。

第三阶段:课题总结阶段(2023 年 1 月—2023 年 3 月)

对课题报告进行总结并编写收录相关论文、论著等材料。

三、课程建设的保障

(一)课程标准

《义务教育语文课程标准(2022 版)》指出,"语文课程致力于全体学生核心素养的形成与发展,为学生学好其他课程打下基础;为学生形成正确的世界观、人生观、价值观,形成良好个性和健全人格打下基础;为培养学生求真创新的精神、实践能力和合作交流能力,促进德智体美劳全面发展及学生终身发展打下基础。语文课程在推广普及国家通用语言文字、增强凝聚力、铸牢中华民族共同体意识,建立文化自信、培育时代新人,实现中华民族伟大复兴等方面具有不可替代的优势。语文课程的多重功能和奠基作用,决定了它在九年义务教育中的重要地位。"

新课标明确提出,"语文课程是一门学习国家通用语言文字运用的综合性、实践性的课程"。可见,新课标对语文学科的定位已不再是传统意义上的语文课,语文课程的内涵与外延都在不断扩大。认真研读课标,就能深刻体会文本拓展研究的必要性和重要意义。作为语文教师,应该高度重视阅读拓展的开发与实施,创造性地开展各类拓展阅读活动,增强学生在生活的各个领域里学语文、用语文,通过多种阅读途径提高学生的语文素养。

(二)《中国学生发展核心素养》保障

2016 年《中国学生发展核心素养》的颁布,明确了未来基础教育的顶层理念就是要强化学生的核心素养,从"双基"到"三维目标"到"核心素养"的表达,启示着我们培养未来人,仅凭一支粉笔、一本书是绝对不行的,学校层面必须通过课程的丰富性来增加学生学习的选择性,进而实现学生生命成长的多样性,也就是说推动核心素养落地也必须思考课程建设。

(三)统编教材编写理念保障

2017年秋季学期起,全国所有地区初中一年级开始使用人教社中学语文统编教材,2018年覆盖初中一年级、二年级,2019年所有年级全部使用统编教材,之前的"人教版""粤教版""苏教版""北京版"等版本教材将逐步被取代。该统编教材在结构、选文、理念等方面都有了历史性的突破,这些突破与创新点,可以有效解决目前普遍存在的学生读书少的弊病,统编语文教材的总主编温儒敏强调:"要让中小学生'海量阅读',学会'连滚带爬'地读,中小学生读书得有兴趣,讲究方法,培养浓厚的读书兴趣,促进语文素养的持续提升,为终身学习奠定坚实的习惯基础和能力储备。"那么,我们的语文教学也要随之发生变化,单纯地教授国家课程肯定是不能跟上时代的步伐了。语文老师一定要让"阅读从教材延伸到课外的拓展",为学生种下"读书的种子",让读书成为学生喜爱的生活方式,进而提升学生的素养,改变学生的命运。

(四)教研顶层设计保障

近年来,天津市语文教研室在教研工作中,加强了整体工作的顶层设计和统筹管理,强化科学管理,推行协作教研,建立语文教学研究基地,积极促进教师教研方式和学生学习方式的改变,集中解决区域教学研讨及课程建设等方面的重点、难点问题,促进具体工作的实施能够落实到基层学校。此外,在技术保障方面,"三通两平台"建设已经落地,天津市基础教育资源库与多平台的建设初见规模,中小学数字图书馆已建成信息技术方面的硬件设施成了推动课程建设的保障。目前,天津市语文学科已经完成符合天津实际情况的"市、区、校、组"四级教研网络的建构。在进一步实施"四级联动,研训一体"教研工作机制的过程中,注重整体提高语文教师队伍素质、业务能力、创新精神,打造语文学科核心力量努力提高语文学科的科研水平及团队精神。在具体工作的实施中,坚持把工作重点放在教学第一线,以学生发展为本,有效引领研究的发展方向,突破语文教学难题,发挥交流研讨、示范引领的作用,扎扎实实做好每一项工作,为全市语文教学各项工作的顺利展开保驾护航。

第二章 文本拓展阅读课程建设系统研究

第一节 随文拓展阅读课程建设

统编教材从选文组元上来看,篇目缩减,共设计六个单元,由以前每个单元的五篇课文缩减为三至四篇。选文篇目的减少,其实并不意味着学生阅读量的减少,如何扩充阅读篇目,如何选择阅读内容,为我们开展文本拓展教学提供了更灵活、更广大的空间。我们在课堂教学过程中,可以有意识地以教材中的这些文章为本,在单篇文本教学的各个阶段,进行有针对性的拓展实践。

一、在文本作者处拓展,提高阅读兴趣

文本是作者在特定生活情境中思想的结晶,凝聚着作者的心血与情怀。解读文本的一个关键,就是聆听作者心底的声音。在文本教学前引导学生了解、认识作者,能帮助学生正确解读文本,深刻理解文本。

在教学《诫子书》一文时,为了吸引学生的学习兴趣,我们可以在预习环节布置学生搜集有关诸葛亮生平的材料。其中南阳武侯祠对联肯定会

在学生的搜集之列,这副对联是对诸葛亮一生主要功绩的概括。教师指导学生以小组为单位搜集对联中的故事,有助于学生了解诸葛亮这个传奇人物。学生通过收集讲述摆八卦阵,六出祁山,七擒孟获,借东风火烧赤壁等故事,对这一传奇人物有了极大的兴趣,对即将学习的《诫子书》一文充满期待,更想了解诸葛亮对子孙的智慧启迪。

课前做一些关于作者简介、写作背景以及有关课文内容的知识链接,激发学生的学习兴趣,唤起学生的阅读体验。这样的拓展教学目的性强,拓展容量远远超过了文本所呈现的内容,其收益也会超乎寻常。

再如教学《秋天的怀念》这篇经典作品时,我发现学生与作者之间产生了强烈的情感共鸣。面对着学生们沉浸式阅读,我产生了新的想法。阅读本身,就是一件乐事,既然学生对作者史铁生的兴趣这么浓厚,不如专门开设一节拓展阅读课,将作者史铁生的相关文字引到课堂中来,遵循由课内延伸到课外,再由课外回归到课内的原则,走近史铁生,引导学生感悟史铁生的坚强的一面与柔情的一面,使学生更加深入地理解作家情感。

教学过程通过三项主题活动展开:

活动一:"每时每刻我们都是幸运的。"

导语:史铁生虽然无法站立,但是他的灵魂却在奔跑着。接下来,我们就走近这位轮椅作家,开启他的铁汉之旅。进入本课第一项活动:"每时每刻我们都是幸运的。"

师生活动:

1.学生简要概括《秋天的怀念》一文的主要内容。师生共同体会史铁生当时的内心情感,并在《秋天的怀念》第一自然段,找出史铁生此种内心的外在表现。

2.结合搜集的资料,请学生说说他们了解到的史铁生。

3.师生共同赏评《病隙碎笔》中的两段文字,完成任务:从文段中,你看到了怎样的史铁生?体现在哪些词句中?

4.学生在《秋天的怀念》一文中,找出描写史铁生决心走出苦难的语段,正确流利有感情地读出来。

5.学生交流搜集资料,谈谈史铁生在事业上所取得的成就。

拓展阅读资料:

生病的经验是一步步懂得满足。发烧了,才知道不发烧的日子多么清爽。咳嗽了,才体会不咳嗽的嗓子多么安详。刚坐上轮椅时,我老想,不能直立行走岂非把人的特点搞丢了? 便觉天昏地暗。等到又生出褥疮,一连数日只能歪七扭八地躺着,才看见端坐的日子其实多么晴朗。后来又患"尿毒症",经常昏昏然不能思想,就更加怀恋起往日时光。终于醒悟:其实每时每刻我们都是幸运的,因为任何灾难的前面都可能再加一个"更"字。

坐上轮椅那年,大夫们总担心我的视神经会不会也随之作乱,隔三差五推我去眼科检查,并不声张,事后才告诉我已经逃过了怎样的凶险。人有一种坏习惯,记得住倒霉,记不住走运,这实在有失厚道,是对神明的不公。那次摆脱了眼科的纠缠,常让我想想后怕,不由得瞑揖默谢。

——《病隙碎笔》

"史铁生是当代中国最令人敬佩的作家之一。他的写作与他的生命完全同构在了一起,在自己的'写作之夜',史铁生用残缺的身体,说出了最为健全而丰满的思想。他体验到的是生命的苦难,表达出的却是存在的明朗和欢乐,他睿智的言辞,照亮的反而是我们日益幽暗的内心。"

——2002 年华语文学传媒大奖年度杰出成就奖授奖词

活动小结:推荐阅读《我与地坛》《病隙碎笔》《我的梦想》。

本环节设计意图:此项活动,本着由课内延伸到课外,再由课外回归到课内的原则,引导学生学习史铁生的励志文学,体会史铁生乐观坚强的铁汉精神。在把握语段内容的基础上,让学生受到激励和鼓舞,借此激发学生的阅读兴趣,让学生积极主动去拜读史铁生的励志文章,从中得到鼓舞和激励。

活动二:母亲,"你总要捎个信儿来呀"。

导语:史铁生,一位铁骨铮铮的汉子,面对残缺的生命,他如此坚强乐观,这背后,定然有一股强大的力量在支撑着他,这便是母爱的力量! 因此,史铁生大量的文学作品中,都有着母亲的身影。接下来,让我们一起感怀史铁生的念母深情,进入本课的第二项活动:母亲,"你总要捎个信儿来呀"。

师生活动:

1. 师生共同赏评史铁生《我与地坛》中的两段文字。完成任务:说说你从中读出了史铁生怎样的情感。其中,第二段文字采用小组合作探究的学习方式。

2. 学生再次回到《秋天的怀念》一文,找出能体现史铁生对母亲的愧疚的语句。

3. 教师配乐朗读史铁生《有关庙的回忆》一文中的文字。

4. 学生配乐朗读课前搜集到的有关于史铁生怀念母亲的文字。

拓展阅读资料:

她不是那种光会疼爱儿子而不懂得理解儿子的母亲。她知道我心里的苦闷,知道不该阻止我出去走走,知道我要是老呆在家里结果会更糟,但她又担心我一个人在那荒僻的园子里整天都想些什么。我那时脾气坏到极点,经常是发了疯一样地离开家,从那园子里回来又中了魔似的什么话都不说。母亲知道有些事不宜问，便犹犹豫豫地想问而终于不敢问，因为她自己心里也没有答案。她料想我不会愿意她跟我一同去，所以她从未这样要求过，她知道得给我一点独处的时间，得有这样一段过程。每次我要动身时，她便无言地帮我准备，帮助我上了轮椅车，看着我摇车拐出小院；这以后她会怎样，当年我不曾想过。

——《我与地坛》

她的儿子，还太年轻，还来不及为母亲想，他被命运击昏了头，一心以为自己是世上最不幸的一个，不知道儿子的不幸在母亲那儿总是要加倍的。她有一个长到二十岁上忽然截瘫了的儿子，这是她唯一的儿子；她情愿截瘫的是自己而不是儿子，可这事无法代替；她想，只要儿子能活下去哪怕自己去死呢也行，可她又确信一个人不能仅仅是活着，儿子得有一条路走向自己的幸福；而这条路呢，没有谁能保证她的儿子终于能找到。——这样一个母亲，注定是活得最苦的母亲。

——《我与地坛》

（师配乐读）我一直有一个凄苦的梦……在梦中，我绝望地哭喊，心里怨她：

"我理解你的失望，我理解你的离开，但你总要捎个信儿来呀，你不知道我们会牵挂你，不知道我们是多么想念你吗？"但就连这样的话也无从说给她听，只知道她在很远的地方，并不知道她在哪儿。这个梦一再地走进我的黑夜，驱之不去。

——《有关庙的回忆》

活动小结：推荐阅读史铁生的《合欢树》《奶奶的星星》两篇文章。

本环节设计意图:此项活动,依然遵循由课内延伸到课外,再由课外回归到课内的原则,引导学生学习史铁生怀念母亲的文字。在把握语段内容的基础上,让学生体会史铁生对母亲细腻真挚的情感,并受到情感的熏陶。借此提升学生的朗读水平,力求让学生在文字中读出作家情感,读出自己的感受。让学生对史铁生有了更加深入的了解,激发学生阅读其作品的欲望。

活动三:"请别忘记这片天空"。

导语:前两项活动中,我们感悟了史铁生的铁汉与柔情。接下来,让我们一起为史铁生唱响生命的赞歌,进入本课最后一项活动:"请别忘记这片天空"。

师生活动:

1. 同学们分享课前搜集的关于史铁生先生离世的相关资料。

2. 同学们分享搜集到的社会各界人士对史铁生的评价。

3. 请同学们用一两句话来表达对史铁生的看法。

4. 师生齐声朗读史铁生的《遗物》中的一段文字,结束学习活动。

拓展阅读资料:

如果清点我的遗物

请别忘记这片天空

那时我恒久的眺望

我的祈祷

我的痴迷、我的忧伤

我的精神在那儿羽翼丰满

我的鸽子在那儿折断翅膀

我的生命

从那儿来又回那儿去

天上、地下都是我的飞翔

课堂小结:让我们怀着对生命的敬重大声读出他的名字——史铁生!

本环节设计意图:此环节为本课最后一个学习活动,通过搜集史铁生去世的相关资料和社会各界人士对他的高度评价与赞扬,让学生对著名作家史铁生的定位提升一个高度,让学生认识到他不仅是一位伟大的作家,他更是一个伟大的人。从而激起学生阅读史铁生文学作品的欲望,希望学生能够在他的作品中汲取到营养。

本节源自作者史铁生的拓展阅读活动,三项活动标题独树一帜,内容全部来自史铁生的作品,也遵循着文本拓展的原则。其次,每项活动中拓展内容都有明确的划分:史铁生的坚强刚毅篇,史铁生的念母柔情篇,史铁生的生命赞歌篇。史铁生的作品很耐读,这样的拓展课,学生们都非常喜欢。最后,在每项活动小结时,都有同类文章拓展篇目推荐阅读,设计很有针对性。本节拓展阅读课以一篇课内文章为引线,拓展了同作者的多篇散文,并引领学生走向整本书的阅读,开辟出一片阅读新天地,打破了固有的课堂教学模式,很好地将课内与课外相融合,学生受益颇丰。

二、在教学重点处拓展,助力思维发展

教学过程中的文本拓展不是点缀和摆设,而是为教学目标服务的,在阅读教学的过程中,教师要依据教学目标,选择有助于理解课文重点、突破教学难点的关键点、空白点进行拓展,这样能使文本的解读更准确深入。

在教读《湖心亭看雪》一课,教师在引导学生体会张岱的痴情时,教学进入了重点突破的环节,如何引导学生体会张岱之痴呢? 当学生出现困惑之时,教师应适时引导学生体会张岱的"家国之思"这一层"痴情",出示拓展资料:

资料一:少为纨绔子弟,极爱繁华,好精舍,好美婢,好鲜衣,好美食,好

骏马,好华灯,好烟火,好梨园,好鼓吹,好古董,好花鸟。(出自《自为墓志铭》)

资料一的内容引导学生了解张岱并非自幼钟情于山水,而是一个都市生活中豪奢尽享的纨绔子弟,那为何在西湖赏雪中却表现得如此清高自赏?借此引导学生思考:"他为何会发生这样的变化呢?"进而出示资料二、三、四,引发学生的深入思考。

资料二:陶庵国破家亡,无所归止,披发入山……因想余生平,繁华靡丽,过眼皆空,五十年,总成一梦。(出自《陶庵梦忆》)

资料三:崇祯十七年(1644)明灭亡,顺治帝登基,清朝建立;顺治元年(1644)张岱反清复明失败,逃入山中著书;1647年,张岱写《湖心亭看雪》。

资料四:金陵就是现在的南京,明朝开国之初建都于此,称金陵。清朝建立,改金陵为江宁。

首先,原文中写道"问其姓氏,是金陵人",问姓氏,不答姓名答籍贯——金陵,是何原因?再结合材料二、材料四便可以引导学生体会到这是思念故都的体现。其次,结合材料三,写文章时已是顺治三年(1646),开篇却还用"崇祯",也更能引导学生发现并领悟张岱"家国之思"这份痴情。

这样的拓展阅读,有效地突破了教学重难点,使学生对文本的解读更准确深入,思维品质也在潜移默化中得以提升。

再如教学《桃花源记》一课时,课堂流程从"赏桃源之美""寻桃源之奇"到了"悟陶公之情"这个教学重点环节。学生如何在教师的引导下更好地理解陶渊明的政治理想呢?此时,教师适时拓展相关材料,引导学生体会陶渊明对理想社会的追求。

拓展资料一:

陶渊明,名潜,字元亮,自号五柳先生,东晋文学家。年轻时的陶渊明本有"大济于苍生"之志,可他生活的时代正是晋宋易代之际,东晋王朝极端腐败,统治集团生活荒淫,内部互相倾轧,军阀连年混战,赋税徭役繁重,加深了对人民的剥削和压榨。在国家濒临崩溃的动乱年月里,陶渊明的一腔抱负根本无法实现,加之他性格耿直,不愿与污浊黑暗的现实社会同流合污。因此,他毅然决然与官场决裂,过上了"躬耕自资"的隐居生活。

拓展资料二:

公元 405 年秋,陶渊明为了养家糊口,来到离家乡不远的彭泽当县令。这年冬天,到任八十一天时,碰到浔阳郡派遣督邮来检查公务,浔阳郡的督邮刘云,以凶狠贪婪闻名远近,每年两次以巡视为名向辖县索要贿赂,每次都是满载而归,否则栽赃陷害。这次派来的督邮,是个粗俗而又傲慢的人,他一到彭泽的旅舍,就差县吏去叫县令来见他。陶渊明平时蔑视功名富贵,不肯趋炎附势,对这种假借上司名义发号施令的人很瞧不起,但也不得不去见一见,于是他马上动身。不料县吏拦住陶渊明说:"大人,参见督邮要穿官服,并且束上大带,不然有失体统,督邮要乘机大做文章,会对大人不利的!"这一下,陶渊明再也忍受不下去了。他长叹一声,道:"我不能为五斗米向乡里小人折腰!"(意思是我怎能为了县令的五斗薪俸,就低声下气去向这些小人贿赂献殷勤。)说罢,索性取出官印,把它封好,并且马上写了一封辞职信,随即离开只当了八十多天县令的彭泽县。

有了上面两则材料的拓展阅读,学生们自然了解了陶渊明的理想追求,就是因为他生活在东晋末期战乱纷呈的环境里,中年以后他长期隐居农村,对农村的现实有更深的了解,对人民的愿望更有了切身体会,于是构想出他心目中的理想社会——世外桃源。在这个社会里,没有压迫,没有剥削,没有纷扰;人人各尽所能地参加劳动,老人和孩子都生活得幸福、愉快,人与人之间都极其融洽而友好。它借助虚构的故事来表现作者的社会理想,给读者展现了一个风景绮丽秀美,人民安居乐业,丰衣足食的理想境界,反映了古代劳动人民对美好生活的向往。但作者又十分清楚地看到,在当时的条件下这样的理想社会是无法实现的。因此在这篇文章里,他既通过渔人的眼睛把这个理想的社会标本展示出来,又以渔人的复寻而迷失否定了它的存在——至少是不在这个现实世界之中。要寻找它就只能飘然高举,《桃花源诗》最后说的"愿言蹑轻风,高举寻吾契",就是这个意思。不过这也仅仅是意愿而已,谁办得到呢? 由此看来,刘子骥之后而无人"问津",似乎也表达了作者无可奈何的叹惋之情。读这篇名作,既要看到作者的美好理想,又要看出他的无法克服的思想矛盾,才能深刻理解它的内容和写法。因此,本课最后一个环节"悟陶公之情"的设计,重在突破难点,让学生理解陶渊明虚构这一胜境的目的,理解作者寄托的情怀。通过资料链接,师生共同回到陶渊明所处的那个时代,有利于学生认识到作者通过描写"世外桃源"所表达的不满黑暗现实、追求理想社会的思想感情。同时,引导学生回归文本寻找影射社会黑暗的语句,给学生提供了一个提升自我阅读感受的空间,能够让学生更切实地体会到陶渊明的创作用意,真切感悟作家情感。

三、在情感升华时拓展,提升审美能力

教材中的文本字里行间流露着作者的思想感情,如果学生仅停留在阅读文本表层是很难感知作者情感的。在教学过程中,我们不妨借助文本拓展,感染学生的情绪,让学生对文本的情感体验丰满、深刻。

学习《安塞腰鼓》一课时,在感受鼓魂这个情感升华的高点时,适时拓展创作背景资料,以点拨学生体会作者透过安塞腰鼓所表达的对黄天厚土的礼赞和对蓬勃生命力的讴歌!

资料:本文写作的时代背景是中国共产党第十一届中央委员会第三次全体会议召开后不久,改革开放的春风吹遍大江南北,越过太行,飘过秦岭,攀上高原。当改革春风拂过安塞时,当地人民便用他们祖辈流传的技艺——腰鼓表演来庆祝。当改革开放的春风传到高原时,作者刘成章为家乡欢欣鼓舞,那个时期,他接连写了好几篇颇有影响的文章,这些文章都贯

穿着一条红线,那就是讴歌改革开放。因为天地的巨大变化给个人和国家带来了希望,所有人对改革开放都充满了热情。

阅读资料,学生们跟随教师的点拨走进改革开放,体会到作者在写作此文时所贯穿的改革开放这条红线。这篇美文与其说是在描述"安塞腰鼓"的气壮山河,还不如说作者在借"安塞腰鼓"抒发心中不可遏止的激情,那就是:对黄天厚土的礼赞,对蓬勃生命力的讴歌,对改革开放的拥护。这时再读"好一个黄土高原,好一个安塞腰鼓"这句话,学生激情澎湃,情绪到达高点,对美的理解悄然上升到一个全新的高度,受到"大我"的审美熏陶,从感受安塞腰鼓的外在美升华为感受中华民族的精神美。在安塞腰鼓那强劲的鼓点中,学生更深切地感受到强大的祖国在日益壮大,伟大的民族在不断发展,伴随着情感升华时,教师的适时点拨,促进了学生热爱国家、热爱民族这一审美品质的发展。

《紫藤萝瀑布》同样是一篇文质兼美的状物抒情散文,作者以清新隽永的语言,从一树繁盛的紫藤萝花写起,生动形象地描绘了紫藤萝花的美丽姿态。又由眼前的藤萝,自然而然地回想起了十多年前门外的那株紫藤萝,"繁盛"与"伶仃"形成了鲜明的对比。花的情态与内在精神并举,引起了作者对生命的感悟,让读者思考如何正确对待生活中的坎坷与不幸。在教学时,学生们欣赏过藤萝的律动后教师启发引导学生体会人生的生命律动,此时适当拓展阅读材料,丰富学生的认知与感受。

活动:藤萝瀑布之下,生命缓缓流动。

导语:我们这里看到的是生命的流动。那么文章中还有哪些语言让我们感受到这些花朵是富有生命的?(PPT 展示)

师生具体活动:

1.学生圈点勾画,教师巡视。

学生发言,教师归纳总结。引导学生体会文中拟人修辞手法的运用同时进行朗读指导。

预设：

仿佛在流动，在欢笑，在不停地生长。……花朵儿一串挨着一串，一朵接着一朵，彼此推着挤着，好不活泼热闹。"

2. 教师过渡：作者在写流动的藤萝瀑布，却花了很多笔墨在写生命的律动感。我不由得产生了一个疑问，常人赏花，无非是赏它的形色味，但是宗璞却更多地关注花的生命。她为什么对花的生命情有独钟，发出如此多的感慨？她的生活到底被什么困扰着？原文是怎么说的？

预设：流着流着，它带走了这些时一直压在我心上的关于生死的疑惑，关于疾病的痛楚。

3. 那么作者心中的痛苦和疑惑究竟从哪里而来？

学生展示搜集的资料，教师适时补充。

资料：

1. 宗璞一家受到了很多摧残。虽已过去多年，但心灵上的创伤仍无法愈合。作者有个亲弟弟，在特殊时期时为国家付出了很多汗水和心血，为国家的航空事业做出很大贡献。但是后来弟弟却身患绝症。这时正是弟弟展示自己才华的年龄，但是没有机会了。

2. 宗璞自己受到了疾病的折磨。1990 年她就患上白内障，几经手术，情况一直不好，"视网膜多次脱落，因做了修复手术才勉强维持到现在，但总是提心吊胆，就害怕感冒咳嗽。手也不能写字了，只能口述请秘书代劳"。

教师总结：时隔多年，看到曾经稀落伶仃，曾因"生活腐化"而被果树取代的藤萝花盛开得如此旺盛，作者心中积压的情感得到了释怀，作者的情感也在流动。

适时拓展补充文章写作背景的介绍，大大增加了课堂的容量，学生的思考能力和表达能力得到了全面提升。花的情态与内在精神并举，引起了作者对生命的感悟，让读者思考如何正确对待生活中的坎坷与不幸。在情感升华时拓展,引发学生的情感共鸣,告诉学生要对生命的美好保持坚定的信念,鼓舞学生要热爱、珍爱生命。

四、在教学结束后拓展,传承文化内涵

学完一篇课文后,正当学生们意犹未尽之时,教师要有针对性地向他们推荐拓展阅读书目,使阅读向课外、课后延伸,使学生明白教材仅仅是个"起点",要使自己到达"终点"这一路要阅尽"无数的风景",从而引导学生大量阅读,拓宽自己的知识面和视野,丰富自己的修养。

在教读完汪曾祺的《昆明的雨》这篇文章后,教师布置学生分享课前学习任务单中拓展阅读的汪曾祺的《昆明菜》和《翠湖心影》选段,分享读书笔记。通过拓展阅读作者其他作品进一步体会汪曾祺所说的"忘不了的情味",体悟汪曾祺感念客居昆明的时光,感恩昆明城对他的接纳和给予,更加深切体会汪曾祺文字中所蕴含对生活的挚爱和感激。

通过同类作品的推荐阅读,相异相关作品的比较阅读,作者其他作品的拓展阅读等,使阅读向课外、课后延伸。及时组织学生利用读书课进行反馈、交流,不仅有利于学生最大限度地开发课程资源,而且能调动学生学习语文的积极性,提高他们的文学品味和审美情趣,传承中华优秀传统文化。

第二节　单元拓展阅读课程建设

在使用统编教材的过程中随文拓展阅读教学只是学科拓展课程建设的一个初步尝试,是开展文本拓展阅读课程的较低层次。在教读一篇文章的各个关键点上进行文本拓展教学方便易行,但是课程的系统化、序列化不强,课程意识还显薄弱。从 2016 到 2018 这两个学期教学实践中,我们根据学科特点、课时安排、教材内容等因素,从 2017 年开始开发相对独立的文本拓展课程体系,给予文本拓展更大的空间,努力构建文本拓展阅读系列单元拓展阅读课程。

我们以一个学期作为时间单位,依托于教材单元教学,师生推荐相应的文本拓展篇目,分为教师推荐篇目和学生小组推荐篇目两部分。在拓展阅读课程实践的过程中,对于教读课文的拓展篇目根据教学课时的充裕与否,采用课上指导阅读和课下自主阅读两种方式,对于自读课文,建议采用与教材自读文本比较阅读的方式,尽量利用课上时间完成。但是无论利用固定课时还是学生自主安排阅读时间,都要在单元阅读教学完成后采用不同研讨或汇报方式,验收学生的阅读效果,绝对不能只是有布置没检查式的拓展阅读。我们提倡各校语文教师尽量利用语文课已有课时,通过合理规划教材教学内容,从语文课内部实现"拓展阅读课程"的自给自足。到目前为止,现行所用的各册统编教材,我们都已经根据单元教学重点和教材所选文本的特点,自主推荐了拓展阅读内容。

第三节 专题拓展阅读课程建设

《义务教育语文课程标准(2022年版)》在课程理念中提出"构建语文学习任务群注重课程的阶段性和发展性",要求"义务教育语文课程结构遵循学生身心发展规律和核心素养形成的内在逻辑,以生活为基础,以语文实践活动为主线,以学习主题为引领,以学习任务为载体,整合学习内容、情境、方法和资源等要素,设计语文学习任务群"。新版统编教材"三位一体"的阅读教学设计,把自读与课外阅读提升到一个显著位置,学生阅读途径的选择,阅读内容的确定等变得更加灵活,更加丰富。如何扩充阅读篇目,如何选择阅读内容,为我们开展文本拓展教学提供了空间。

为了让拓展阅读的主题性、研究性、活动性更加鲜明,教学中可以依托教材单元教学,但不局限在一个单元,而是在教师对教材文本进行重组或推荐其他篇目的基础上,确立相应的文本拓展阅读主题,在研究周期内完成相应的活动任务,最终以课堂活动的方式呈现活动效果。

一、基于作家的专题拓展阅读课程

统编教材中所选文本的作者有很多是现当代著名作家,阅读教材中的一篇作品,学生很难窥见这位作家的系列作品及内心世界。如果每个学期,在文本教学的基础上,开展专题阅读活动,选取学生比较感兴趣的作家,拓展名家的其他作品指导学生阅读,通过一个阶段的拓展阅读,引导学生了解作家的经历人生、创作风格、精神世界,这对于学生而言,收获要远远大于教材中的一篇作品。

学习了《老王》一文后,学生们对杨绛先生的语言风格和生活经历产生了浓厚的兴趣,基于此设计"感受百岁杨绛之美"拓展阅读活动,通过推荐阅读杨绛的《我们仨》《丙午丁未年记事》《干校六记》《隐身衣》等作品,感受百岁老人杨绛身上那份精神美质。

教学过程中通过三个主题活动来分享展示阅读体会:

活动一:见字如面,了解语言风格。

本环节以小组为单位,分享在阅读杨绛作品时,给人留下深刻印象的文字,用最真挚的情感读出来。通过分享,让学生基本了解杨绛作品真实、细腻而又幽默的语言风格。

小组1:我们组选择的是《下放记别》中的文字,记录的是杨绛的女儿阿瑗送她下乡的故事,下面由我分享给大家。"我们连是1970年7月12日动身下干校的,上次送默存走有我和阿瑗还有得一。这次送我走只剩了阿瑗一人,得一已于一月前自杀去世。阿瑗送我上了火车,我也促她先归,别等车开,她不是一个脆弱的女孩子,我该可以放心撇下她。可是我看着她踽踽独归的背影,心上凄楚,忙闭上眼睛,闭上了眼睛,越发能看到她在我们那破残凌乱的家里,独自收拾整理,忙又睁开眼,车窗外已不见了她的背影。我又合上眼,让眼泪流进鼻子,流入肚里。火车慢慢开动,我离开了北京。"

我们选择这段文字的原因是,这段文字中作者并没有用过多有力量的文字写出离别时的伤感,而是用平淡的语言记录下对女儿的不舍,在杨绛老人的笔下,总是把离别与伤感用平淡的文字向我们娓娓道来。

教师评价:这种平淡的文字没有着力去描写离别的大悲大恸,而是以淡淡的语言,透露出复杂的心情。既担心女儿,又怕她担心自己,用这种朴素的语言,流露出对家人的关爱,反而感人至深。

小组2:我们组选择的是《我们仨》中钱锺书即将去世的一段文字。"古驿道上夫妻相失老人的眼睛是干枯的,只会心上流泪。女儿没有了,锺书眼里是灼热的痛和苦,他黯然看着我,我知道他心上也在流泪。我的手是冰冷的。我摸摸他的手，手心很烫，他的脉搏跳得很急促。锺书又发烧了。我急忙告诉他，阿圆是在沉睡中去的。我把她的病情细细告诉他。她腰痛住院，已经是病的末期，幸亏病转入腰椎，只那一节小骨头痛，以后就上下神经断连，她没有痛感了。她只是希望赶紧病好，陪妈妈看望爸爸，忍受了几次治疗。现在她什么病都不怕了，什么都不用着急了，也不用起早贪黑忙个没完没了了。我说，自从生了阿圆，永远牵心挂肚肠，以后就不用牵挂了。"

我被这段文字深深地感动，杨绛与钱锺书的爱情，没有轰轰烈烈的誓言，也没有年轻人的狂热和浮躁，而是用冷静淡雅、细腻的语言来描述这种真挚的情感，这种感情是细腻的，远胜过山盟海誓，显得真实而又珍贵，读起来给人一股暖意。

教师评价：这是选自《我们仨》中的一段文字，每次老师在读这段文字的时候，都感觉到一种撕心裂肺的痛，淡淡的文字，深深的忧伤。

小组3：我们组选择的是《我们仨》中的一段文字。"我觉得我的心给捅了一下，绽出一个血泡，像一只饱含热泪的眼睛……""我的心上盖满了一只一只饱含热泪的眼睛，这时一起流下泪来。""胸中的热泪直往上涌，直涌到喉头。我使劲咽住，但是我使的劲儿太大，满腔热泪把胸口挣裂了。只听得劈嗒一声，地下石片上掉落下一堆血肉模糊的东西。迎面的寒风，直往我胸口的窟窿里灌。我痛不可忍。"

在这段文字中，我看到的是一个普通的母亲对女儿的不舍与牵挂，这样一位普通的老人，用他细腻朴实的文字描绘出人间最真挚的情感，每次阅读都让我联想起自己的母亲，让我倍加珍惜和母亲相处的每一天。

教师总结：通过这段阅读，让我们感受到杨绛的文字是这样的真实、细腻而又幽默，她把内心深处的情感用平淡的语言向我们娓娓诉说。

活动二：言行指引，理解作者品格。

本环节，主要谈阅读杨绛的作品，在杨绛老人的言行中，你感受到了哪些方面的优秀品格,她的生活轨迹对你学习生活的影响。展示活动中各组选择不同的主题:拆床打包时手口并用的坚韧;让污垢不堪的厕所旧貌换新颜的从容;连夜缝制假发的乐观、豁达……透过杨绛老人的一言一行,学生深切感受到百岁杨绛身上太多的优秀品质。在她的身上,学生学会了在磨难面前的坚韧,困难面前的从容,责任面前的担当,前进道路上的追求……读完她的作品,学生的感悟感想感动油然而生,更收获了精神上的成长。

小组1:我们组选择的主题是坚韧。我喜欢您笔下的《干校六记》,记录的本来是一段辛酸的往事,但您的笔下没有愁,没有怨,更没有恨,记录的反而是闲,是趣。《下放记别》里那段描写拆床打包的文字,让我对您生出无限的敬佩。身体弱小如您,从小有保姆照顾的您,却将手口并用,成功地拆开并分三部分捆好那只床,其中的辛苦只有您最懂。而那辛苦,您写来呈现给我们的却有另外一番滋味。您虽年老力薄,但在凿井时却并不吝惜力气,只可惜那地硬如"风磨铜",您一锹下去,只留下一道白痕;从您的身上,我明白了,真正的高贵是困难面前的坚强挺立,不退缩,敢担当。作为一名中学生,我们将承担着中华民族伟大复兴的重任。崇德向善,奋发向上,不仅是我们的责任,更应该是我们的追求。在这条前行的路上,我们任重而道远。

教师评价:语言非常出彩,用到了比喻、排比,为文章增色了很多,铿锵有力,掷地有声,充满了激情与希望。

小组2:我们组选择的主题是豁达。我喜欢杨绛先生的乐观和豁达的性格,在那样一个风云变幻的时代,您是如何豁达从容地面对种种磨难。剃成"阴阳头",您自己连夜缝制假发,每天胸前挂着罪犯的牌子,在群众的唾骂声不去解释又懒得表白。让您打扫厕所,您就拿起工具认真打扫,而且将污垢不堪的厕所迅速换了新颜,甚至可以偶尔躲在里面背诗词。从您身上,我学会了在磨难面前的坚韧,困难面前的从容。希望我能像您那样,以乐观、豁达的态度对待生活,为社会贡献自己的一分力量。

教师评价:听了你的发言,让我对豁达有了更深刻的了解,这样的胸襟必定让杨绛成为一代才女,致敬杨绛。

小组 3:我们组选择的主题是从容。我喜欢读您笔下的《我们仨》,让我感动的是,当生活给予她如此大的磨难时,她仍然选择从容面对:92 岁高龄的您,在丈夫和女儿相继去世的情况下,仍然怀着巨大的悲痛,整理丈夫的作品,完成女儿未完的心愿,安静从容地回忆着这个特殊家庭曾经的点点苦难与滴滴幸福,在您心中,金钱只是一个虚幻的字眼,于是您将全部的稿费捐赠给自己的母校清华大学。千金散尽,只为让醉心学问的年轻人圆一个梦。希望我也能如您一样,保持着优雅从容,努力去探索人生的价值,更加用力地生活,永不放弃对幸福的追求。

教师评价:思路清晰,语言流畅,评价深刻,从你的语言中,感悟感想感动油然而生,钦佩仿效之心油然而生。

活动三:浸润内心,唱响生命赞歌。

本环节,在课前已经布置学生运用多媒体、海报、书信等形式对杨绛老人表达怀念和敬意,课上以小组为单位进行展示。展示活动中有的小组用钟表记录杨绛先生坎坷不平的一生,有的小组用整理语录的形式表达对杨绛先生的敬意,有的小组用书信诉说对杨绛先生的怀念,有的小组用花语表达对杨绛先生的赞颂。

学生 1:我们组是以整理语录的形式来纪念杨绛先生的。我们分别整理了杨绛先生的作品《我们仨》《走在人生边上》《干校六记》。里面有很多杨绛先生细腻的文字语言。文字间的杨绛让我们看到了一个知识分子的人生智慧,生活中的杨绛更让我们看到一位妻子的生死坚守,好在一切都随着杨绛先生的离开而变得不再重要,最后,我想对杨绛先生道一句:你们仨又在一起了,真好!

教师评价:他们组用了一种很传统的纪念方式,通过文字作品去纪念她。而老师也觉得阅读作家的作品，是对她最好的纪念。

学生2：在拜读了杨绛先生的这些作品以后，我不知道该用什么样的语言来诉说心中的感受，因此我给她写了一封信，想分享给大家：亲爱的杨绛先生，您好，最近读了您的好多作品，深深地喜欢上了您的文字。您的内心如湖面一样平静，但这种平静之中，却有一波波水纹，这便是您的写作之道，叙事中常插幽默，而在油墨中，没有伤感和别离，只有回忆和怀念。还记得1932年春天，您第一次与锺书先生相遇，相遇的时间，正是在春天。这是一种幸运，一种无法解释的偶遇。第一次见面，钱锺书告诉您他没有订婚，而您也戏剧性地回答："我也没有男朋友。"就这样，在一段平淡无奇的对话中，一场世纪佳缘就此展开。读了您们的爱情，我才发现，这种爱情，来得很快，却不会离开，您们的爱情不像偶像剧一般轰轰烈烈，也不像古装剧一般缠缠绵绵，它就像落叶与大地，落叶飘落在大地中，如果没有外因干扰，它就会和大地紧紧拥抱在一起，永不分离。您的爱情很平淡，却深入人心。执子之手，与子偕老的爱情，很美丽，更是一种无法表达的感情，您说对吗？您与钱锺书留学海外，一品人生的酸甜苦辣，在那，有了你们爱情的结晶——钱瑗。一场人生的快乐之路由此展开。但正在此时，你们却作出决定——回到中国！当时的中国正处于水深火热之中，但您的炽热之心却在不断为自己和新中国积蓄这份力量。在中国的苦难，你们也想叫喊，只是用为数不多的馒头平塞着自己想要嘶吼的嘴巴。那段苦难的日子，您挺过来了，在1949年10月1日的晚上，我可以想象您是多么激动，因为这一天，您已经等了好久，我可以想到激动的泪水充满了您的眼眶，您仿佛看到了新中国的太阳。但是，一场突如其来的风暴摧毁了一切，您和钱老一起下乡当知青，在僻静的小村中，您并没有感受到悲痛，您在书中给了我们一种坚强的外表，殊不知您的内心承载着多么沉重的压力。日子一天天过去，痛苦的记忆流入时间的长河中，慢慢消失不见，而您，似乎已在这种悲剧中看透了人生。也许在某一天的夜晚，您独自走出院子，在冰冷如暗灰般的死寂当中,仰望辽阔无际的天空,也许您的内心得到了释放,思绪和晚风一起刮入了黑暗之中。不得不说,在您曲折的一生当中,遇到了很多真正的男人,从您的父亲到您的丈夫,他们前赴后继地保护着您。您做的所有,我想,不是为了改变世界,而是不想让世界改变您。一生的坚持,最终保留了您高尚不屈的灵魂。在那个午后,在那个秋天,微风吹过地面,地面上的树叶如同金色精灵般在天空中飞舞,也许在那一瞬间,您有了一个想法,不妨把我们的前半生记录下来,当回忆,也当留念,震撼心灵的作品由此产生。从童年到青年,您抛弃了旧生活,选择了新生活;从青年到中年,您暂时抛弃了家人,为了选择更好的学业远走他乡;从中年到老年,您舍弃了优越的生活,选择了回到中国;从老年到晚年,您失去了丈夫,失去了女儿;从晚年到离开,您选择了奉献,抛弃了所有财产,这是一位伟大女性的选择,更如一抹绿色记在每个人的心头。如今的您,离开了我们,但我相信,天空中那颗最闪亮的星一定就是您,您永远不会忘记,在这个世界上,有一个叫中国的国家,在中国有一个叫江苏的省份,有一个叫无锡的城市,在那座城里,有一大户人家,在那个家里,有一扇红色的大门,您永远不会忘记它,因为那是您的梦开始的地方。

教师评价:老师不知道用什么语言去形容我听完的感受,你的文字功底令我折服,你的真情流露让我感动,你给了我们一场听觉盛宴,谢谢你!

学生3:我们小组是以花语的形式来纪念杨绛,我用花语谈杨绛。心境的淡泊宁静造就了杨绛生命力的淡泊与绵长,那些充满诗意的语言,那些让人感动的事迹更道出了她生命长寿的秘诀。下面我们来看第一种植物:仙人掌。仙人掌的花语是坚强。1997年,五十九岁的钱瑗因脊椎癌去世,永远地离开了杨绛。钱瑗的离开让杨绛十分痛苦,可是她的痛苦并没有就此结束。在女儿去世的第二年丈夫钱锺书又因为病重无法医治而离开了人世。她和丈夫从大学相识到相爱,二人相伴了几十年,可是就在她还没有从失去女儿的痛苦中走出来的时候,丈夫就这样离开了她,尽管内心有着巨大的悲伤,杨绛承受丈夫和女儿去世的痛苦后,依旧坚强地走了下去。第二种植物是:蔷薇。杨绛在《一百岁感言》中曾经这样写道:一个人经过不同程度的锻炼,就获得不同程度的修养、不同程度的效益。好比香料,捣得愈碎,磨得愈细,香得愈浓烈。我们曾如此渴望命运的波澜,到最后才发现:人生最曼妙的风景,竟是内心的淡定与从容……我们曾如此期盼外界的认可,到最后才知道:世界是自己的,与他人毫无关系!第三种植物是:向日葵。特殊时期,杨绛跟丈夫和其他知识分子被打压、被叫成"牛鬼蛇神",杨绛被剃"阴阳头"。面对如此羞辱,杨绛的反应却出奇地乐观,连夜赶制假发,翌日如常生活。当革命群众以为派杨绛去洗厕所就能羞辱她,杨绛偏偏尽心尽力将厕所清洁得一尘不染,间时坐在厕所里看书,自得其乐,百辱不侵。杨绛以乐观和智慧面对逆境,不愿群众得偿所愿,表现出她的聪明与乐观。

这样以作家为依托的专题拓展活动,让学生真正地走近了一位作家,感受到这些大家身上独有的人格魅力,这样的拓展活动已不仅仅局限在阅读本身了!

二、自选主题的研究性拓展阅读课程

阅读是语文学习的核心,也是人类精神成长、文化传承的重要手段。新课程理念明确要求:初中阶段的课外阅读总量不少于 260 万字。而学生在此阶段还远远达不到新课程理念的要求。那么这就要求作为教师的我们,应积极指导学生进行拓展阅读,扩大阅读面,增加阅读量。同时要培养学生广泛的阅读兴趣,鼓励学生自主选择阅读材料,要努力建设开放而有活力的语文课程的教学理念。

就目前而言,语文教学过程中文本阅读拓展形式比较单一,拓展阅读的篇目也相对随意,缺乏计划性和主题性。在这一过程中,就出现了学生盲目阅读,随意拓展的情况,这样无形中浪费了学生的阅读时间。作为教师,我们就要在课堂教学过程中有意地引导学生找寻课文与课文之间的联结点,找寻课文与课外文本之间的联系点,从而自主确定主题,开展探究性阅读,通过某一个主题,探究某一个内容,提升问题意识,引发深入思考。下面以"名人笔下的老师"为例谈活动开展情况:

第一步:找探究主题。

在统编教材中,有很多名人大家都用不同的笔触叙写了自己的老师,"名人笔下的老师"探究性拓展阅读活动便由此开展起来。通过近一个月的阅读准备,教师帮助学生搜集名人写老师的文章共 6 篇(整合课内作品、拓展课外作品),包括萧红的《回忆鲁迅先生》节选、鲁迅的《藤野先生》、冰心的《我的老师》、海伦·凯勒的《再塑生命的人》、张中行的《叶圣陶先生二三事》、汪曾祺的《沈从文先生在西南联大》。引导学生以这几篇文章为主,开展探究性阅读活动。

第二步:挖核心问题——确定探究性阅读活动主题之后,引导学生挖掘作品的核心问题。

问题一:同样都是名人写老师的文章,素材选择上有什么异同点?

问题二:同样都是名人写老师的文章,写作手法上有什么异同点?

问题三:通过此次拓展阅读活动,你在写作上有哪些启发和收获。

第三步:展探究效果——通过交流,展示学生对核心问题的探究成果。

经过探究性阅读,我们不难发现,同样都是名人写老师的文章,素材的选择不尽相同:鲁迅先生在萧红眼中既是思想上的导师,又是生活上的长者;藤野先生伟大的性格令鲁迅深情怀念;T 女士的去世让冰心继母亲死后第一次流泪;安妮· 莎莉文老师再塑了海伦凯勒的生命;叶圣陶先生待人厚、律己严让张中行深受感动。

同样都是写老师的文章,但是文章写作方法、叙述视角却各不相同。《回忆鲁迅先生》撷取生活琐事展现人物真实、富有人情味的个性和气质;《藤野先生》则运用白描手法,叙述交往过程展现人物品质;《我的老师》用极为朴实的语言展现 T 女士为教育事业所奉献的全部青春;《再塑生命的人》通过具体的语言动作神态描写,展现莎莉文老师对海伦的爱与教育;《叶圣陶先生二三事》则通过若干小事,写出人物的节操和风范;而《沈从文先生在西南联大》则以纪实的笔法,条分缕析、井然有序地回顾了沈从文先生在西南联大的教学和生活情况。这样的探究性阅读开展下来,学生对"名人笔下的老师"这一主题阅读,不管是内容还是写法上都有了更全面而深刻的认知,对学生写作的指导也在潜移默化中进行着。

在不同作家笔下,塑造的母亲形象同中有异,引导学生阅读这些作品,分析作品中的相同点以及不同点,学习多种角度塑造人物形象的方法。于是"母爱"主题文学作品拓展阅读活动便由此开启。我们首先要求学生整理搜集"母爱"主题文学作品;阅读这些"母爱"主题文学作品,分析作者勾勒的母亲形象;分析几篇文学作品,都是抒写母爱作品,了解相同之中的与众不同;分析几篇文学作品在写作手法上的特点。课堂活动由此展开:

活动一:悠悠慈母心,真情比海深。

同学们,在之前的学习经历中,你读过哪些抒写母爱的文章或者诗?

预设:

1.《游子吟》

师总结,在你的真情诵读中,我们感受到了母亲密密麻麻的针脚,对即将远游的孩子的祝福、期盼、牵挂。

2. 朱德《回忆我的母亲》

师总结:戎马一生的朱总司令在这篇文章中流露出丰富细腻、朴实纯真的感情,使我更加佩服他伟大而平凡、广阔而无私的高尚情操。在这篇文章中我们读出了一位勤劳俭朴、坚强不屈的母亲。

3. 史铁生《秋天的怀念》

师总结:这是用心良苦、坚韧无私的母亲。他没有对病痛屈服,病痛反而使他写出这样字字珠玑的文章。

师总结:同学们,在孟郊的笔下,母爱是那纤纤细线,母爱是那密密针脚;在朱德笔下,母爱是清晨忙碌的身影;在史铁生的笔下,母爱是那病榻前的关切与相伴。天下的母亲千千万万,母爱的表达方式各有不同,但是无论用何种方式表达,母亲对子女的爱却是这世上至真至浓的情感,歌颂母爱、怀念母亲便成为许多文学作品的主题,许多文人墨客以自己的切身体会抒写母子情深。

设计意图:这是对于学生所学的,关于母爱主题的诗歌、课文进行回忆。

教师过渡:同学们和老师在课余时间搜集了有关母爱的文章,通过同学们的推荐,我们整理了以下五篇文章,作为我们本节课研读的内容。

预设:(随机挑选各组)

1. 老舍《我的母亲》

师总结:我们在作者深沉而炽热的情感世界中感悟到一个朴素的人生哲理:母亲是爱的源泉,她珍藏于儿女的心底,永不枯竭。

2. 肖复兴《忆母亲》

师总结:从这部书中,我们认识到了母亲作为继母的光辉形象。

3. 三毛《永恒的母亲》

师总结:母亲是一位真真实实的守望天使。老师在阅读这篇文章时也深深感动其中。下面让我们深情地朗诵作者直接抒情的语句。

4. 胡适《我的母亲》

教师拓展胡适的家庭背景,引导学生体会母亲的明事理知分寸。

5. 琦君《母亲的书》

生:母亲用言传身教影响着我。每日早起诵经念佛,对小动物也是充满怜悯之心的。

教师过渡:同学们,你们知道为什么母亲会每日诵经念佛吗?

出示拓展资料:父母的婚姻是一段典型的旧式婚姻,父亲任职军界,母亲相貌平平。身为官太太的母亲,从早到晚一直为家庭操劳。而且父亲常年不在家,母亲长久性地没有得到父亲的关爱,只有靠诵经念佛来排解内心的苦闷。所以母亲也是充满佛心的。除此之外,还有一个秘密要告诉大家,出示 PPT,文中的我的父亲母亲是她的伯父和伯母。

从这个材料中,我们看到她虽然不是亲生的母亲,却胜似亲母。

设计意图:通过阅读相关作品,感知文章的主要内容。每一篇文章都是写母爱的无私与伟大,但是相同中也有不同,通过小组合作的方式,探讨这些作品的同中有异。

活动二:平淡中显真情,随意处见匠心.

导语:同学们,同样都是抒写母爱的作品,不知大家发现没有,作者的落笔之处,文章的写作手法是不是也不尽相同啊?

屏幕展示:请同学们以小组合作的方式,探讨一下,这些作品写法上各自的特点。

师生具体活动:

1.学生讨论,教师巡视,个别指导。

2.学生代表发言(同学们这次我们换一种交流方式,每组派一名学生抽签,抽到哪一篇文学作品,我们就汇报交流哪一篇作品。)

教师总结:母爱很朴素,没有领袖的丰功伟绩,没有明星的光彩夺目,没有英雄的豪言壮语。母亲为我们所做的也许都是平凡小事,但也正是这些小事包含着浓浓的母爱。

设计意图:这些作品都是写母爱的作品,但是作者的落笔之处不尽相同,写作的手法也是不同的。通过小组合作探讨的方式,总结每一篇文章作者的写作手法。

活动三:平凡小事显真情　母爱悠悠言不尽

导语:同学们,通过本节课我想你们肯定有很多话对母亲说,有很多事要为母亲做,下面用你们自己喜欢的方式,来表达对母亲的爱。

学生发言。教师总结:同学们,你们说得真好,从你们的言语中,可以看出你们已经深深地感受到母爱的深厚与强烈。只有用心去体察,才能感受到它的绵绵不绝,用心感受母亲的伟大与甜美,并用自己力所能及的方式,回报母亲。

三、以古诗文为载体的经典阅读拓展课程

根据中华人民共和国教育部颁发的《完善中华优秀传统文化教育指导纲要》的精神,统编教材加大了古诗文的比重,注重对优秀传统文化的学习和传承。全套初中教材一共选编古代诗文 130 余篇(首),约占总篇目数的 52%。教材将古诗文提升到一个高度重视的层面,这就要求每一位语文教师也要提高自己的重视度,可以将教材古诗文进行有效的整合,并做合理的拓展。

在学习苏轼的《水调歌头》《记承天寺夜游》之后,引导学生开展"千古有情人之苏轼"经典诵读活动。

活动一:我是朗读者。

请用你的深情,带我们跨越时间的长河,邂逅千古一人——苏东坡。各组展示苏轼经典诗文的诵读。

活动二:我是好读者。

读东坡与其兄深深手足情,与其妻悠悠生死情,与家国拳拳爱国情。各组通过讲故事、表演课本剧、诗词品读基础上体会手足情、生死情与爱国情。

(一)我们读出东坡与其兄,深厚的手足情

苏轼苏辙兄弟二人,志同道合,无话不谈,做官前,他们不曾有一日分离,做官后,二人聚少离多,但苏轼每到任一处,都会给弟弟写信,以弟弟"子由"为题的诗词,就超过 100 首,千古传唱的《水调歌头》中开篇即是

"丙辰中秋,欢饮达旦,大醉,作此篇,兼怀子由"。

乌台诗案,苏轼凶多吉少,在狱中,给弟弟写下绝命诗"是处青山可埋骨,他年夜雨独伤神,与君世世为兄弟,更结来生未了因",诗的内容发自肺腑、感人至深,苏辙看后嚎啕大哭,冒死请求革去官职替哥哥赎罪,他们患难与共,生死相依。此生,若有兄如轼,有弟如辙,足矣!

点评:古来兄弟相亲相爱相知相念之乐,未见有过"二苏"者,他们是兄弟,是师生,是良友,是知己,手足情深令人动容。

(二)我们读出东坡与其妻,悠悠生死情

东坡的结发妻子王弗,聪慧貌美,知书达理,他们举案齐眉,琴瑟和鸣,可王弗年仅 27 岁就病逝了,这对东坡打击很大,心中的沉痛,不言而喻,他把王弗葬在母亲坟旁,并围植三万棵青松,这是怎样的一份深情啊,妻子去世已 10 年,想来依旧肝肠寸断,于是写下《江城子·乙卯正月二十日夜记梦》。

下面我把这首词带给大家:《江城子·乙卯正月二十日夜记梦》。

十年生死两茫茫,不思量,自难忘。千里孤坟,无处话凄凉。纵使相逢应不识,尘满面,鬓如霜。

夜来幽梦忽还乡,小轩窗,正梳妆。相顾无言,惟有泪千行。料得年年肠断处,明月夜,短松冈。

恩爱夫妻,阴阳相隔,转瞬十年,东坡"不思量",不思量,是因为思念的愁苦无法排遣,东坡无处可以诉说自己的孤独寂寞,在梦中,他又回到两人共度甜蜜岁月的地方,夫妻相见,千言万语,却不知从何说起,只有任凭泪水倾落,思妻之情是如此凄婉哀伤,这番痴情实可感天动地。

点评:夫妻情深,阴阳相隔,魂牵梦绕,老师情不自禁,写下情伤千古悼亡词,人去楼空泪凄凄,可怜情深东坡怨,如今梦依稀。

（三）我们读出东坡与家国,拳拳爱国情

苏轼心怀天下,平生就有报国立功的信念,他任密州知州时,西夏多次进攻西北边境,次年,东坡与同僚出城打猎,猎后,他开怀畅饮,壮心不已,希望能承担起卫国守边的重任,射杀贪婪成性的"天狼星",将西北边境上的敌人通通一扫而光,在这样的豪情壮志下,东坡写成此词,《江城子·密州出猎》。

《江城子·密州出猎》

老夫聊发少年狂,左牵黄,右擎苍,锦帽貂裘,千骑卷平冈。为报倾城随太守,亲射虎,看孙郎。

酒酣胸胆尚开张。鬓微霜,又何妨！持节云中,何日遣冯唐？会挽雕弓如满月,西北望,射天狼。

出猎对于东坡这样的文人来说,或许是偶然的一时豪兴,但他平素报国立功的信念却因这次出猎得到鼓舞,东坡左牵黄犬,右架苍鹰,好一幅出猎的雄姿！出猎的队伍千骑奔驰,腾空越野,全城的百姓万人空巷,好一幅声势浩大的行猎图。东坡备受鼓舞,气冲斗牛。他自比孙权,虽有了白发,但是老当益壮,还可射杀猛虎;他自比魏尚,如果有朝一日,皇上派我赶退西夏军队,我定把握好机会,不负众望。把我的家仇国恨凝聚在那拉的圆如满月的弓弦上,对准西夏的侵略者,呼啸射去,刺进他们的胸膛。拳拳爱国之心,强国之愿,报国之志,令我们热血沸腾。

点评:好一幅威武的出猎图,好一腔豪情洋溢的壮志,通过你们的赏析,我看到一个雄心勃勃、英勇豪迈、渴望征战沙场的东坡。

活动三:我是品读者。

引导学生透过苏轼的诗作来排解学习的压力,生活的烦恼。各组说出想对苏轼说的话,引导学生体会"心有东坡词,人生无难题"的精神主旨。

学生在课前已经做了充分的准备,用给苏轼写信,写读后感、古诗词推荐评语,制作读书小报,对名篇名句进行仿写、扩写等多种方式品味人格魅力,铸逆境坚韧精神。其人、其品、其思,置于百代之后的今天仍是熠熠生辉,让人不得不仰而视之且满怀崇敬之情。

四、拓展教学与写作教学融合课程

"读写结合"一直是语文教学中提倡的实践做法。在作文教学中,我们要引导学生把从阅读中学到的基本功,运用到自己的作文中去。通过有针对性地读写训练,达到以读促写、以写促读,提高学生的语言感悟能力和表达能力的目标。2016 年天津市中考语文考试变化内容中也明确指出:要收窄命题开口,尝试运用"读写结合"的方式,逐步解决考场作文宿构问题。

面对中考改革的现状,我们开始谋划各自的作文教学,如何在学生读书与写作之间搭建一座桥梁,让读书与写作有机地结合在一起呢?"榜样的力量是无穷的",作文也是一样,《背影》《紫藤萝瀑布》《秋天的怀念》《散步》这些文质兼美的文章,不知打动过多少人的心灵,唤醒了多少读者内心深处的记忆。因此,我们可以在课堂教学中有意识地以这些文章为蓝本,让学生在阅读中汲取营养。在写作指导过程中,教师们形成了"以读促写,以写促读,读写结合"的作文指导方式,在常规文本阅读教学过程中,随时随地穿插进行作文指导。

(一)借助教材来布局谋篇

七年级上册第四单元的写作主题就是思路要清晰。思路清晰,就是要在布局谋篇中做到结构完整、层次分明,清晰地表达作者的思想感情。那我们怎么才能做到叙述思路清晰呢——回归文本。

在《植树的牧羊人》中,我们就可以引导学生梳理文章的行文思路,填写示意图,来体会作者是怎样让叙述的思路清晰的。1913 年"我"偶遇牧羊人——借宿时对其生活深为敬慕——亲见牧羊人种树的情景——战后重访,见其仍在种树——最后一次相见,高原大变样。通过以上梳理,我们可以总结出要做到思路清晰需要注意几个步骤:(1)要厘清事情发展的经过,把事情分为几个阶段。(2)找出每个阶段的关键词,排好顺序,并按事情发展的顺序进行叙述。(3)围绕关键词确定详略安排,并对主要过程展开生动具体的描述。(4)可以运用多种表现手法来生动形象地展示事情发展的过程。其实所谓思路是否清晰就是看学生有没有布局谋篇的意识,教材中第 87 页给出了让作文思路清晰的方法,在"写作实践"部分也有三个配套练习并且在每个练习的后面都有详细的提示,我们在教学过程中就可以针对学生的特点有针对性地进行指导练习。练习内容不求全面,要学有所得,学有所获。

(二)借助教材提升专项写作技巧

老舍先生曾经说过:"只有描写动作,人物才能立起来。"我们在教学《从百草园到三味书屋》时,其中有一段中写寿镜吾老先生读书时的动作:"我疑心这是极好的文章,因为读到这里,他总是微笑起来,而且将头仰起,摇着,向后面拗过去,拗过去。"寥寥几笔,几个连续的动作,就把一个可爱的"宿儒"形象呈现在读者的眼前。在教读这段文字的过程中,我们就可以由阅读拓展到写作,引导学生在作文中也要恰如其分地使用表示动作的动词,让文章内容更充实,让人物形象更丰满,这就有效避免了学生写作的空洞。教学生动作描写最好的方式之一就是在课堂上直接设置动作情境,由简到繁,由易到难,逐步训练学生的观察与描写的能力。

例如我们可以演示老师进教室的行为来让学生写,让学生在观察后回忆老师的动作顺序,怎么做的,思考应该使用哪些动词更合适。学生能写出"老师轻轻地推开门,转身把门关严,大步走到讲桌前,抬头微笑着环视教室一周,又轻轻地把书本放在了讲桌上"。学生能够比较准确地写出一个和蔼可亲的老师的动作,那如果换成"老师撞开门,转身把门一摔,抬头瞪了我们一眼,把书本扔到了讲桌上",老师的上课态度就完全不一样了。通过这种比较,让学生学会描写人物的动作,并有意识地运用合适的动词来反映人物状态。

七年级上册第十八课梁实秋的《鸟》在第三和第四自然段就细腻地描摹了鸟的叫声、刻画了鸟的美妙身躯。描写细致入微,生动形象,形神兼备,加上古诗词的巧妙使用,更为文章增添了诗意和韵味。教读本课时可以向学生渗透:作者笔下的鸟儿之所以如此传神,首先就是作者通过长期细致的观察,积累了大量的有关鸟的声音、形态及生活习性方面的感受和印象,再加上作者的知识渊博,自然就不难将文章写得细致生动了。

我们在深挖教材里写作拓展点的过程中,进行有计划性的写作指导,让作文教学不再是没头苍蝇一样乱撞,而是系统性与计划性的统一,从而不断提升学生的写作技巧。

(三)优美文句,可借鉴模仿

语言积累是语文学习的基础内容,应该贯穿语文课堂始终。俗话说:"书读百遍,其义自现。"我们在教读第一单元朱自清先生的《春》和第三单元鲁迅先生的《从百草园到三味书屋》时,首先要求学生背诵文中精妙文段甚至全文。在教师和学生各种形式的诵读中体会作品的意境、风格和美感,进而分析作者的写作手法。我们可以在教读中让学生积累语感,懂得欣赏用比喻的修辞手法给文章带来的美感,逐步学会灵活运用到自己的写作当中去。同时还要有意识地引导学生想象文中描写的景象,并用自己的话描述出来,让文字在学生的脑海中转换为形象生动的画面。实际上,学生并不缺乏形象思维能力,只是缺乏有效的训练和提升,没有将潜在的形象思维转化到语文学习方面。教师可以通过各种画面的生成来训练学生的联想和想象能力。

教读百草园这部分内容时,可以培养学生学习鲁迅先生细致入微的观察能力,准确生动地描写事物的方法以及遣词造句的精妙,还可以尝试着让学生进行鉴赏分析,同时加以积累,还可以开展仿写的写作活动来加以巩固。例如开展"我要这样用"为主题的活动,以教材中的语言为出发点仿写化用,学以致用,既巩固了教材内容,又提升了写作技巧。

五、拓展教学与综合性学习融合课程

"语文学习的外延与生活的外延相等。"这句话一语道出了语文教育与生活关系的真谛,也成为语文教育界的共识。但长期以来,语文学习的空间却在不断萎缩,语文学习与上语文课画上了等号,更有一部分教师狭隘地认为上语文课就是学习语文课本。语文学习逐渐变得内容单调,学习资源匮乏,学习方式单一,不但学生逐渐丧失了语文学习的兴趣,而且语文学科在学校的地位也岌岌可危。

2001年《全日制义务教育语文课程标准(实验稿)》(以下简称《标准》)首次提出"综合性学习"这一全新的学习方式。《标准》中指出:"语文综合性学习有利于学生在感兴趣的自主活动中全面提高语文素养;是培养学生主动探究、团结合作、勇于创新精神的重要途径,应该积极提倡。"《标准》中还强调要努力建设开放而有活力的语文课程。这些为开展综合性学习奠定了良好的理论基础。

紧接着,我们也看到了教材的变化。统编教材也专门设置了"综合性学习"的学习内容。我们不难发现:语文综合性学习已经成了我国语文课程体系中不可分割的一部分,并且是"课改"的一大亮点。

伊道恩先生于十几年前就提出了"语文实践"理论,他倡导把"语文实践"纳入语文教学,改变了过去封闭、单一的语文课堂模式,提倡开放式教学,并在语文与生活之间开辟一条通道,鼓励学生在生活中学习语文、运用语文。

从课标到教材的变化,无不在提醒着教师,综合实践活动这一全新的学习方式已经走进了我们的语文课堂,这就要求我们必须静下心来思考,潜下心来研究,要让综合实践活动发挥它应有的魅力。在平时下校指导教研的过程中我们发现,尽管在思想意识上,综合性学习已经引起广大教师的足够重视,然而面对全新的课程,面对中考的压力,还是不少教师有一种无从下手的茫然。我们发现部分教师还没有深刻理解综合性学习的真正含义,对综合性学习课程的认识还存在着误区,操作过程中还存在着一些问题,这些问题主要表现在以下几个层面:

(一)活动主题过分依赖课本,唯教材是从

现行的统编教材由原来的每册六次综合性学习变成了每册三次,如果教师不再自主开发的话,每学期的整体性综合性学习活动仅有三次。如果教师不能联系本校、本地区的实际开展形式多样、生动活泼的综合性学习活动,过分依赖课本,唯教材是从,把综合性学习活动当作课堂作业来完成,只做些收集资料、积累素材的工作,不能自主开发活动主题的话,这样的综合性学习就变成了语文课本的附属品,失去了它应有的魅力与色彩。

(二)活动过程草率,缺少教师必要的指导

有的教师认为综合性学习课程是语文教学的"附属品""添头",因而在教学中重视程度不够,缺少必要的指导。或者是在教学过程中只是布置相应的活动任务,羊吃碰头草,学生活动的随意性强。我们知道,中学生尤其初中生的心智发展还处于不稳定状态,如果没有教师适时适度的活动指导,学生们很难在众多的活动资源中自由取舍,也很难保障最终的活动效果。

(三)活动内容热闹,丧失语文味道

综合性学习课程必须以语言文字为载体,以语文综合实践活动为中心,以语文知识、技能的习得以及学习兴趣、习惯、方法的培养为落脚点。有的教师设计了语言交际实践活动却为了追求内容的丰富多彩,在展示的过程中热闹有趣,但没有考虑综合性学习课程语文性的特点;有的变成了影视欣赏课;有的变成了活动表演课……这样的综合性学习课程语文性的特点全无,丧失了语文的味道。

(四)活动资源匮乏,缺少必要整合

有的教师在开发综合性学习课程活动资源的过程中,思想比较保守,他们狭隘地认为综合性学习课程就只能运用语文学科的资源,不会根据活动的主题以及本地区、本学校的实际自主开发课程资源,尤其是在课程资源的整合上缺少思考,导致的结果就是学生只会就事论事,思路过窄,所学习的内容比较单一,收获也随之减少。

(五)活动有重读写能力,轻听说能力的现象

很多时候,教师对综合性学习课程的关注度主要集中在学生读写能力的提升上,他们将综合性学习活动当作训练学生阅读和写作能力的一种形式和手段,将综合性学习上成阅读课或写作课,更有甚者把综合性学习课程当作课文来讲,由教师介绍相关知识,学生只是单纯地做记录,根本不考虑学生整体素养的提升情况,尤其是对学生听说能力的培养上还有待提升。

基于以上的问题,依据综合性学习课程的特点,通过研究活动的开展,我们逐步确立了"以学生为主体,以课上课下的语文活动为主线,以系列

化的语文专题活动为载体,以独立探索和合作学习为基本形式"的指导思想,摸索出了以"项目设计""过程实施""成果展示"为基本过程的适合语文综合性学习特点的文本拓展阅读与综合性学习融合课程。

（一）以教材为依托,自主开发活动主题。

根据综合性学习课程的内容特点,我们以教材为依托,但没有停留在教材的框架中,而是结合本地区各校的实际情况,自主开发,开展形式多样,生动活泼的学习实践活动,不再过分依赖课本,唯教材是从,通过自主开发活动主题,归纳整理了综合性学习课程的诸多学习方式及成果展示方式,并探索出了不同形式的活动专题。

1. 课前导学法

在学习教材文本之前引导学生搜集资料、观察生活,充分挖掘课程资源,开发形式多样的活动主题。如:在学习八年级上册第五单元《中国石拱桥》之前,要求学生通过书籍或网络,搜集整理有关桥的诗文,培养学生对诗歌和散文的鉴赏兴趣。同时让学生在日常生活中观察桥的形态,了解桥与人们生活的关系,激发学生对桥的兴趣以及桥与人们生产生活的关系。这样就有效开发了课程资源,优化了课堂教学,对本单元新课的学习也奠定了坚实的基础。

举例:《说不尽的桥》的教学活动。

活动一:异彩纷呈展雄姿——海河上的桥。

请大家介绍一些你搜集的海河上的桥梁的相关情况。各小组出示搜集的图片,派代表介绍相关桥梁信息。

活动二:以桥为媒话发展——祖国建设成就辉煌。

请大家以桥梁为媒介,通过我们搜集到的古今桥梁信息对比,认识祖国悠久灿烂文化的同时,更深刻地了解中国桥梁建设取得的骄人成绩。

活动三:管中窥豹知世界——世界名桥博览。

方式:大屏幕播放的世界名桥图片。哪组同学认识此桥,争取抢先发言,介绍你了解的这些名桥。

活动四:古韵今声诵华章——文学作品中的桥。

不同组别派代表讲述文学作品中的桥或是背诵有关桥的诗文。

通过一系列的课前搜集整理和课上展示交流,学生们对桥梁文化有了一定的理解,在接下来学习《中国石拱桥》的过程中,学生们会对所学内容有了更深刻的认知。

2. 课后拓展法

学完一篇课文后,正当学生意犹未尽时,教师有针对性地向孩子们推荐拓展阅读书目,使阅读向课外、课后延伸。如:学习完《黄河颂》一课后,有的教师组织学生开展了"黄河,母亲河"的综合性学习课程,同时也恰恰紧扣本单元的人文主题——家国情怀,引导学生们关注中华优秀传统文化,激发他们内心厚重的家国情怀。

3. 阅读延伸法

目前统编教材所选文本的作者有很多是现当代的著名作家,阅读教材中的一篇作品,学生很难窥见这些作家的系列作品及内心世界。如果每个学期,我们在文本教学的基础上,选取学生比较感兴趣的作家,由此拓展其他作品指导学生阅读,通过一个阶段的拓展阅读,了解作家的经历人生、了解作家的创作风格、了解作家的精神世界,这对于学生而言,收获要远远大于教材中的一篇作品。

(二)辩证处理师生关系,加强教师指导

在开展综合性学习的过程中,师生之间是民主平等和谐的伙伴关系。综合性学习课程开发的自主权主要在学校和教师。任何一门国家课程之外的校本课程必须以学校为依托,必须得到学校领导的认可,必须得到强大的行政支持。有了学校支撑后,课程的开发权就落到了教师身上。课程

的开发权既是一种权利,更是一种义务。语文教师作为综合性学习课程开发的主力军,必须认真研读课程标准,认真研究统编教材,同时必须结合学校实际以及学生特点来开发相应的综合性学习课程体系。在具体实施过程中,我们还要求学生参与到开发过程中。采用此种方式,一方面锻炼学生自主开发、自主选择学习内容的能力,另一方面让学生真正成为课程开发的一员,不再一味地接受式学习,学生们的学习主动性也会得到很大的提升。

(三)活动内容突出语文学科特点

综合性学习课程必须以语言文字为载体,以语文综合实践活动为中心,以语文知识、技能的习得以及学习兴趣、习惯、方法的培养为落脚点。把语言交际实践活动作为语文综合能力锻炼的契机和平台。决不能为了课堂的热闹而忽视了语言交际实践活动的语文性特点。在具体的实施过程中,既要通过多种形式丰富活动途径,又要始终坚守语文学科的特点,努力凸显语文味。

例如,"探索月球的奥秘"这节专题综合性学习课程,课前让学生收集有关月亮的资料,如我国各族人民过中秋的一些习俗,有关月亮和中秋的传说、故事、诗歌,甚至有关月球知识的资料。

活动过程:一是"诗情画意诵明月"。第一组同学自主展示本组搜集的与月亮有关的诗词歌赋。二是"成语对联齐分享"。第二组同学自主展示本组搜集的与月亮有关的对联、成语。三是"传说风俗我知道"。第三组同学自主展示本组搜集的与月亮有关的传说、风俗。四是"对月当歌赏美文"。第四组同学自主展示本组搜集的与月亮有关的歌曲、美文。五是"月亮文化我思考"。教师组织各小组思考讨论,分析古诗词以及现代散文中作者是怎样借月来抒写内心情感的,把握借月抒怀的艺术表现手法,谈谈对月文化的理解并体会月文化久盛不衰的原因。通过这样的专题综合性学习活动,学生对月亮的认知已经远远不只停留在积累层面,而是开始思考、分析、评价,学生的思维能力也得到了不断地提升。

纵观"探索月球的奥秘"这节专题综合性学习课程,始终不离语文学科的特点,学生们的诗词积累量,语言表达能力都得到了不同程度的提升,同时,这节课的收获还远远不止停留在积累层面,尤其是最后一个活动的开展,引发了学生对月亮文化的深入思考,这种类型的活动,学生们就对月文化的内涵有了更加深刻的思考,培养了学生的文学鉴赏与品评能力。

(四)开发课程资源,加强学科整合

综合性学习课程不仅要整合课内与课外的资源,也要整合语文学科与其他学科的资源,整合各种资源为我所用。比如"戏曲大舞台""乘着音乐的翅膀"等可以在音乐老师的帮助下实现艺术的熏陶。比如"黄河,母亲河""关注我们的社区"可以在道德与法治老师的协助下完成对学生价值观的引导和对生态环境关注。

如学习完毛泽东的《沁园春·雪》之后,结合诗词中的名句"数风流人物,还看今朝"这一句,引导学生以教材中的名人为主,并在此基础上根据自己的兴趣拓展,开展综合性学习"话说千古风流人物"这一活动,组织学生通过学习历史、地理,或查阅历史、地理书籍等方式了解历史人物以及所处的时代背景,了解人物所处的地理环境和当时的风土人情。这样就实现了语文学科与历史、地理学科的融合。

(五)创新活动形式,提升学生听说读写的综合能力

综合性学习的开展在尊重语文学科特质的基础上,教师要与学生一道努力创新活动形式,以促进学生听说读写能力的全面提升。

1.课前练说

语文学科要培养学生听说读写的综合能力,可是,就目前的语文教学

而言,教师们往往要更多关注学生阅读能力和培养写作能力,真正锻炼学生听与说的能力。那么怎样训练学生的说话能力呢? 其实,课前练说这一语言交际实践活动就是一种行之有效的方法。每节语文课正式上课之前,教师利用5分钟的时间,就一个话题开展说话训练,这不仅能提高学生的说话能力,还能活跃课堂气氛,激发学生学习语文的兴趣,促使学生自觉扩大阅读面、留心观察生活等。而且一节课抽出五分钟又不是什么难事,我们何乐而不为呢?

在组织课前练说这项综合性学习的过程中,一定要对练说有一个阶段性的要求(要求学生一要说得准确,二要说得清楚,三要说得巧妙,四要说得优美),在这四点阶段要求的基础上,要注意关照全体学生,采用循环往复的形式,让每一个学生都有说话的机会,通过多轮训练,不断提高练说的要求,从而全面提升学生的语言表达能力。

2. 情境表达

初中学生具有较强的自我表现意识。把表演的形式引入课堂,给学生设置展示自我的舞台,是综合性学习活动的一个主要表现形式。"情境表达"可以极大地调动学生参与语文学习的积极性,在互动过程中把课本语言变成自己的语言,再加之合理的想象以及适当的表情动作,就能有意识有步骤地营造一种与教学内容相适应的课堂教学氛围,使学生从情绪上受到感染,从而激发学习兴趣,产生求知欲望。情境表达类实践活动的基本形式,是结合课文中某些词句或情节,用动作、神情配合自己的理解,用语言形象地表现出来。通过语言交际实践活动,有利于学生准确理解人物,把握作品的内涵。

例如,在教学七年级上册《世说新语》后,要求学生完成两个独幕剧《咏雪》和《陈太丘与友期行》,学生们可以根据角色选择合适的同学进行表演,在排练中揣摩人物的语言、动作、心理、神态等。通过情境表达,选出最佳的"谢道韫"和"元方"两个角色,从而准确体会"未若柳絮因风起"的妙语,体会古代儿童的聪慧机智和良好的家庭教养。学习八年级下册第四单元时,结合活动探究单元的特点,可以组织学生还原闻一多先生《最后一次讲演》现场的实践活动,在闻一多的演讲中体会强烈的爱国情感,在听众热烈的掌声中,体会民众心声。

初中学生的思维特点,虽然是理性思维有所发展,但依然以形象思维为主。所以在教学中,教师应适当地设计表演情境,把课文中的文字符号转为感官符号,符合学生年龄特点,有助于对文本的深入理解。

总之,综合性学习课程作为一种全新的教学形态,作为培养学生创新精神和实践能力,提升学生语文素养的一条重要途径,已经成为教育教学改革中一项新的研究课题。有不少问题需要我们改变观念,不断探索,真正发挥综合性学习课程应有的功能。

六、拓展教学与名著阅读融合课程

《义务教育语文课程标准(2022 年版)》在课程内容组织与呈现方式中首次提出"学习任务群组织与呈现"的方式,在拓展型学习任务群系列下的"整本书阅读"学习任务群中提出:"引导学生在语文实践活动中,根据阅读目的和兴趣选择合适的图书,制订阅读计划,综合运用多种方法阅读整本书;借助多种方式分享阅读心得,交流研讨阅读中的问题,积累整本书阅读经验,养成良好阅读习惯,提高整体认知能力,丰富精神世界。"

统编教材也特别重视阅读教学,由之前的精读、略读不分的状况,细化为单元经典选文,辅之以"名著导读"和"课外古诗词诵读"。这样就构成了一个从"教读"到"自读"再到"课外阅读"三位一体的阅读教学体系,这样的创新设计,贯彻了课程标准中"多读书,读好书,好读书,读整本的书"的倡议。

"名著导读"进入了初中语文课堂,使学生与经典对话,引导学生品读中国文化之精髓,陶冶情操,塑造健康人格。随着教材的改革,与人教版原有的课标教材相比,统编初中语文教材中的名著导读又有了新面貌,不仅推荐阅读的名著篇目有了调整,而且其编写体例也发生了较大变化。具体来说,有以下几点显著变化:

一是位置提前。原课标中,名著导读附在全书后面,在统编教材中,名著导读穿插在第三单元和第六单元之后,不再是可有可无的附录,而是成为教材中正式的教学内容;二是增设了"阅读方法指导"。每一次名著导读,都设计"阅读方法指导"内容,根据作品体裁等方面的特点和初中学生的学习需要,有针对性地介绍一两种读书方法,引导学生在读书过程中有意识地运用、掌握读书方法,以提升学生的读书能力;三是增设了"专题探究"。针对每一本名著的具体内容,设计了 3 至 4 个探究的专题,作为可供选择的读书任务,以此驱动学生的个体阅读和群体共读活动。

"名著导读"的这些变化,反映的是教材编者高屋建瓴的指导思想,是落实"三位一体"阅读教学体系的具体体现,同时也给我们教学以明确的指导作用。

除了教材上的蓝本,我们还在教学过程中有意识地引导学生阅读名家名著,在具体操作过程中主要进行以下几个方面的探索:

(一)引导教师读名著,用心悟

语文教师要像研读课文那样来研读推荐名著,用心阅读,获得丰富的阅读体验,发现名著的魅力。同时注意收集与名著有关的研究、赏析资料,形成自己对作品的独特认识和评价。最好能够用心记录自己的阅读体验,系统整理有关研究资料,建立每一本名著的阅读档案。我们只有自己先读起来,才有可能用自己在阅读中获得的体验、发现和乐趣去影响学生,引导学生,点燃学生的读书热情,在学生心中播下读书的种子。

(二)制订名著阅读计划

在学期教学计划中安排适当的课时,从时间上保证、落实名著导读。

每一本名著的教学计划,要做好读书活动的整体规划,兼顾课内和课外。如升入九年级后首先接触到的就是《朝花夕拾》,这也是期中考试的考查重点,同时更是中考六部名著之一。开学初就要求学生每周阅读两篇作品,边读边做读书笔记,并写读后感,周一利用一节课交流,先布置学生没学过的《狗·猫·鼠》等七篇作品,把《从百草园到三味书屋》《阿长与〈山海经〉》《藤野先生》三篇学习过的篇目放在最后,这样五周下来,《朝花夕拾》的十篇就有计划地完成了。以往的教学经验告诉我们,九年级的名著复习一定要提早着手,今年自开学初就额外给学生布置了《水浒传》的阅读任务,每节课抽出 3—5 分钟让学生复述故事,先从学生们熟悉、感兴趣的故事着手,培养阅读兴趣,之后再向不太熟悉的章节过渡,预计再有5 周左右可以完成。九年级的教学时间紧、任务重,但七、八年级则不同,七、八年级每周可以安排一节名著阅读课,带领学生在校图书馆内有计划地阅读,老师进行有针对性的指导,既营造了良好的阅读氛围,又把名著阅读教学落到了实处。

(三)教给学生阅读方法

"授之以鱼,不如授之以渔。"初中语文名著导读中,我们只有教给学生阅读的方法,才能真正引领学生走进名著的海洋,让学生在名著的海洋中自由地遨游。名著通常篇幅较长,所以教会学生略读和精读尤为重要。精读就是对于那些文质兼美的文学作品,对名著作品重要环节等进行细读,并且慢慢体会立意构思、揣摩布局谋篇、欣赏妙词佳句等,精读重在质量,汲取知识的精髓。而略读法是通过对作品中的非重要情节,以快速阅读的方法浏览,获取一定的信息。在设计《朝花夕拾》名著阅读复习课时,第一个活动根据《朝花夕拾》的内容梳理鲁迅的成长经历,着重训练学生略读的能力进行概括;第二个活动是品析人物形象,考查学生精读的能力,有无关注到作品的细节。此外,统编版语文教材里每篇名著都有方法的讲解,要切实地教会学生针对不同名著用切实有效的方法进行阅读。

（四）培养"不动笔墨不读书"的阅读习惯

在阅读过程中,学生与作者、文本与生活之间实现着多种视界的融通。因此,要鼓励学生随时记下"智慧的火花"。一是批注摘抄。这基本是与阅读同步完成的,可建议学生准备阅读记录本以便识记和整理,书读得越多,摘抄也越多,教师每星期检查,帮助孩子逐渐养成习惯。二是写读后感。读完一篇作品,总有自己的感悟,鼓励学生把这些想法及时记录下来,即读后感,或是写对名著中某一人物形象的赏析,这是批注摘抄的深入和细化,是实现学生与文本、学生与作者之间的对话。在课堂上让学生分享、交流,在分享与交流的过程中增长自己的见识,补充自己的不足。

（五）研究推出名著阅读活动系列课型

为了规范名著阅读课,我们研究推出了一系列的课型,以展示阅读成果。要求名著阅读课须以小组为单位,以活动为主要呈现方式,强调参与的广泛性、流程的有序性和高效率。

1. 读书汇报课

流程:作家背景介绍——书籍内容介绍——精彩语段赏析——感想评议。

2. 名著知识竞答课

流程:宣读竞赛规则——必答题——抢答题——风险题——多元解读题——宣布比赛结果。

3. 名著故事分享课

宣布要求——小组推荐代表(必须保证人人有机会)——比赛——评选最佳选手。

4. 名著阅读活动课

内容可包括：手抄报展示、诵读大比拼、评书、情景剧等。

5. 阅读方法指导课

略读法、速读法、筛选阅读法、鉴赏阅读法、圈点勾画阅读法等。

6. 读书笔记品评课

流程：组内交流——推荐分享——评议争鸣——评选优秀。

(六) 推出了一系列名著阅读活动方式

我们要求教师，充分利用各种资源，与校团支部、学生会、教务处等部门联合，利用一切契机，组织开展班级间各种生动有趣的竞赛活动。如：

1. 名著知识竞赛活动

普及名著知识，激励学生阅读名著。

2. 读书报告会

学生可自由展示自己的阅读成果、阅读心得，引发共鸣，从而促使学生进行深入阅读探究。

3. 撰写颁奖词

情辞恳切表达对名著的赞美，升华对名著的理解，学生的读和写都会得到锻炼。

4. 手抄报展览

图文并茂地表达阅读收获，学生能体会到创作的乐趣。

5. 名著片断表演

直观再现故事情景，激发学生兴趣。

6. 名著故事分享会

学生在绘声绘色地讲述中关注人物命运，熟悉了名著章节，领悟作品高超技法。

七、微课拓展课程

"微课"源自"一分钟"学会的理念。从 2009 年开始,一种短而精的微型网络视频受到了国内的关注,一些教育实力雄厚的学校纷纷效仿,国内的微课浪潮由此发端。广东省佛山市教育局胡铁生老师在自己十多年的一线区域教育资源建设与应用实践研究的基础上,于 2011 年率先提出并定义了一个新概念——"微课"。"微课"是根据新课程标准和课堂教学实际,以教学视频为主要载体,记录教师在课堂教学中针对某个知识点或教学环节而开展的精彩教与学活动中所需各种教学资源的有机结合体。"微课"既是一种由常规教学资源组合而成的新资源类型,也是一种信息化教学资源新的表现形式,它是区域教育信息化资源建设和应用发展的新方向。它具有"主题突出、指向明确,资源多样、情景真实,短小精悍、用途广泛,结构化、易于扩充,交互性强、使用方便"等区别于传统教学资源的显著特点,因而一经推出就受到师生的喜爱和媒体的关注,应用前景非常广阔。

笔者认为微课的核心特征有五:聚焦于一个问题"点";精准的切入口;简明的结构主线;信息技术的适度融合;学习效益的有效增值。

一是聚焦于一个问题"点"。微课与传统课堂的核心区别在于微课的立意是聚焦在一个问题点上的。重点的凸显、难点的突破、疑点的解答以及美点的品鉴都是微课的核心教学价值方向。往往一节微课只能聚焦一个点,最多不超过两个点,而且这两个点之间必然存在密切的内在关联。选点过大、过多、过杂都会使微课的力量发散,难以聚焦一点,教学的核心教学价值就会大打折扣。

二是精准的切入口。短小精悍,精微有力是其外在的特征。5 分钟微课、10 分钟微课、15 分钟微课是常见的微课时长,如此短促的时长,不能设置冗长的导入环节。因此,找准问题的切入口,快速简明进入问题的探讨是微课设计的首要问题。实践中以问题点为标靶设置主问题,是我们常用的切入微课主线的方式。把问题作为整堂微课的逻辑起点,以问导思,促使微课的主要内容快速展开。

三是简明的结构主线。摆问题,说方法,做训练,紧收束,这四个环节是微课设计主线上的四个关键节点。四个节点一线串珠,构成微课的结构主线。摆问题,是明确微课的问题点,找准切入口,快速进入微课。说方法,是微课的主体板块。在这个板块中,微课制作者可以操作演示,可以说明阐释,主要以"演说"的形态进行知识的传输和方法的指导。做训练,是进一步巩固内化所学方法,达到纯熟掌握的目的。紧收束,其要义在一个"紧"字:第一层涵义是收束要及时,不拖沓;第二层涵义是收束要扎实,落地生根;第三层涵义是收束要升华,举一反三。

四是信息技术的适度融合。信息技术的融合是微课制作及应用的天然属性,是微课独特教学价值的原因之一。信息技术的发展日新月异,深刻改变着课堂的面貌和师生的学习方式甚至是思考方式。这是大势所趋,我们要做的是顺势而为,守正融新。应强调的是"适度"。在微课的开发及应用中,要紧紧抓牢语文学科的本质特征,高度关注师生的现实情况以及微课应用的实际场景。遵循"实事求是,适度融合"的原则是让微课发挥更大作用的前提。

五是学习效益的有效增值。如果没有统一的标准和背景去比较微课教学与传统教学的优劣是无意义的。应该说这两种教学的形态都有不可替代的优势。微课学习的自主开放学习、资源丰富多元、网络移动学习都是传统课堂教学所欠缺的。因此,保持微课学习的有效增值是微课的特征之一,没有增值的微课,不是一节合格的微课。

武清区语文教师也紧跟时代脉搏,认真开展微课研究,他们在教学中把发现问题、提出问题研究问题、解决问题的过程制作成微课,以完成教学知识的积累、共享和交流。我们已于 2015 年 4 月,在全区召开了"微课教学经验交流研讨会",2016 年 3 月在武清区陈咀镇中学举办了"活动态"作文教学观摩研讨会,整个展示活动呈现处在信息技术飞速发展的今天,在天津市中考改革的大背景下,如何引领语文教师将作文教学活动化,以作文微课、微型作文为突破口,精选作文教学角度,运用读写结合的方式,将作文教学在规范的基础上引向深入和提高。

之后我们又引导教师将微课与文本拓展课程相结合,进行有益的尝试。从文本拓展材料的适切性、拓展内容的适度性、拓展时机的恰当性等层面引导教师开展研究,具体实施过程中进行各类微课拓展课程的开发与实践。

(一)知识拓展类

标点符号是天津中考必考题型之一,但是教材知识体系中基本没有涉及此类知识。这时我们可以引导语文教师以此为契机,制作相应的知识拓展微课程;再如学习诗词的时候,学生都知道"沁园春""水调歌头"等是词牌名,但是词牌身后的故事他们一无所知,为了调动学生学习的积极性,丰富他们的知识储备,教师可以制作教材内常见词牌故事微课,给学生讲解词牌来历;另外,学生在诗词鉴赏方面存在一定的不足,我们可以紧密结合诗词教学的实际情况,设计并制作一系列诗词鉴赏拓展微课程。这些微课程将涵盖诗词中的常见意象及其含义、意象与意境之间的关系、诗词中的用典手法以及如何进行情感体味等内容。

(二)解决问题类

病句也是必考题型之一,教材仅仅在补白系统中给出了如"语序要合理""句子成分搭配要恰当"等常见语病的简要分析,这远不能满足学生学习的需求,我们可以制作常见语病辨析及修改的微课,以解决学生在处理病句时的疑惑;大家都知道,教材内的选文侧重文学类文本阅读,对实用类文本阅读安排不多。例如说明文,教材仅在八年级上册和八年级下册各设置了一个说明文单元,且并没有将说明文知识全覆盖。针对这个问题,制作微课《说明文知识梳理》时,教师系统全面地介绍说明文文体常识及阅读方法归类;还有在训练学生口语交际的过程中,特别是在八年级上册的"讲述"和八年级下册的"即席讲话"模块,我们发现部分学生受地域的影响具有严重的"地方特色"语言或误读现象。比如"剖腹产"等错误的说法,于是我们制作了微课《找出潜伏在你身边的"杀手"》,专门解决学生口语交际中的误读问题。

(三)方法点拨类

初中教材内有多篇回忆性散文,我们根据这些文章梳理出回忆性散文的共性特征,制作微课《回忆性散文的情感解读》。由课内向课外拓展,为学生解读回忆性散文的情感提供一些方法。此外,还有多面解读文言文,培养批判性思维的微课。

(四)写作训练类

在写作教学中,教师应根据学生的实际情况制作如何积累写作素材、审题、立意、布局谋篇等微课。

第三章　文本拓展阅读课程实施系统研究

第一节　拓展阅读课程教学设计

随文拓展

《诫子书》拓展阅读教学设计

【教学设想】

《诫子书》是修身立志的名篇,文章短小精悍,辞约意丰,字字珠玑,有谆谆告诫之语,更溢满殷殷期盼之情。主旨是劝勉儿子勤学立志,修身养性要从澹泊宁静中下功夫,最忌荒唐险躁。学习本文重在引导学生理解内容,把握主旨,开阔视野,体会情感,感受诸葛亮的人格魅力,提升自己的品德素养情趣。本节教学设计按课堂教学和课外拓展阅读活动两条线索组织开展。本着由课内延伸到课外,再由课外回归到课内的原则来阅读,分别从课堂教学中的文本拓展、依托教材中的文本进行课外阅读拓展两个方面开展,让教材为我所用,发挥最大的效益,真正实现从"教教材"到"用教材"的转变,利用拓展阅读材料辅助学生理解课堂知识,更好地提高学生文学鉴赏能力和创造性思维,拓宽学生的阅读视野,培养学生的语文核心素养。

【学情分析】

对于文言作品的阅读,由于文本与学生在时空上的距离较大,学生在了解大意、体会意境、情感把握上都有一定困难。此时需要追本溯源或延伸拓展有关资料来帮助学生介入阅读情境,缩短读者和作者之间的距离;借助拓展材料,助力学生对文本的理解。语文教学中的重点和难点,七年级学生理解起来也可能有一定的困难,如果只靠教师的讲解,是难以让学生完全弄懂的,在突破重难点时进行文本拓展,能引发学生的深入思考,打开学生自主学习的大门,用"文本的延伸与拓展"带给学生"文本解读"的穿透力。

【教学目标】

知识与技能:朗读课文,背诵课文,在理解重点词语的基础上理解文义。

过程与方法:引导学生理解成才的三个条件,领会文章的思想意义。

情感态度价值观:引导学生理解文中深刻的人生理念和父对子的殷殷期望。

【教学重点】

背诵课文,积累警句。理解主旨:勤学励志,修身养性,体会作者深切的教子之心。

【教学难点】

引导学生理解成才的三个条件以及《诫子书》的现实意义。

【教法】

朗读背诵法、讨论法、点拨法、拓展阅读法。

【学法】

小组合作探究。

【教学过程】

导入:你说我说,了解一代蜀相。

同学们,千古良相诸葛亮是文人笔下的精英忠魂,更是后人眼中智慧的化身。那么,我请同学们说一说,你搜集到了关于诸葛亮的哪些故事?

学生自由发言,预设:火烧博望,草船借箭,火烧赤壁,空城计。

老师与大家分享:

"丞相名垂汗简青,书台犹在谁复登。"(陆游《诸葛书台》)

"出师一表真名世,千载谁堪伯仲间。"(陆游《书愤》)

"汉贼明大义,赤心贯苍穹。"(文天祥《怀孔明》)

这些都是历代文人对他的高度评价。推荐同学们课下将这几首诗整理出来,理解赏析。诸葛亮一生立志"兴复汉室,还于旧都",为此鞠躬尽瘁,死而后已;他更以淡泊明志,宁静致远的高风亮节言传身教,惠及子孙。今天就让我们一起完成诸葛亮《诫子书》的拓展阅读课,感受他修身治学的智慧和优良家风。

【设计意图】

新课的导入是语文教学的一个重要环节。要使学生在上课的短短几分钟便把注意力集中到所学课文上,并产生跃跃欲试的感觉,导入课文的技巧至关重要。在导入时教师应拓展诸葛亮的事迹,让学生感受到诸葛亮的神机妙算、意志坚定、忠心耿耿。这种做法不仅能激发学生的学习兴趣,而且对新知识的学习,也具有重要的指导作用。

活动一:身教言传中感受谆谆教诲。

(一)请同学们和老师一起回归到这封家书中,同学们齐读课文,在身教言传中感受谆谆教诲。

师生活动:

1. 师生齐读课文。

2. 引导学生体会这封家书中,诸葛亮是从哪些方面来告诫儿子的?

师生共同明确:在这封家书中,诸葛亮是从"修身""治学"两个方面来告诫自己儿子。

(1)如何才能修身养德?

预设:方法是"静"和"俭"。

静以修身:"静"就是淡泊、宁静,只有内心宁静,方能自查自省。文中哪几句是对"静"的具体阐释?

"俭"用原文表述就是"俭以养德",强调俭朴的生活习惯对个人品德修炼的关键性作用。

(2)如何才能学有所成?

预设:立志、学习、惜时。学生分别用原文填充这三部分家训:要想学有所成,必须先有"志",抱定了志向,静心学习,勤劳刻苦,珍惜时间才能成才。

(3)通过对文章的理解,我们发现诸葛亮的教子之心非常明确,其实这也是他自己学习修养经验的结晶、修身治家之道的概括。那么生活中的诸葛亮是怎样的一个人呢?我已经把同学们搜集到的几则阅读材料整理出来了(出示故事名称)各组同学,介绍你们的推荐材料,并说明推荐理由

(诸葛亮用行动诠释了他哪方面的家训)。

拓展阅读推荐展示:

第一组:第一名同学朗读材料,第二名同学翻译短文,第三名同学说明推荐理由。

《诸葛亮言家事》

初,亮自表后主曰:"成都有桑八百株,薄田十五顷,子弟衣食,自有余饶。至于臣在外任,无别调度,随身衣食,悉仰于官,不别治生,以长(增加)尺寸(微薄的利益)。若臣死之日,不使内有余帛,外有赢财,以负陛下。"及卒,如其所言。

教师总结:诸葛亮年轻时隐居田园,亲自耕作,深知衣食来之不易,所以一生俭朴,为官清廉。"俭以养德"是诸葛亮严于律己的人生写照,他也以节俭约束兄弟子孙的行为。他不但以勤俭修身、齐家,更以此治国,在他治理下的蜀国能够达到路不拾遗、夜不闭户的局面,这不得不让人肃然起敬。

第二组:简单复述小故事,并说明推荐理由。

《诸葛亮喂鸡求学》

诸葛亮少年时代,从学于水镜先生司马徽,诸葛亮学习刻苦,勤于用脑,不但司马徽赏识,连司马徽的妻子对他也很器重,喜欢这个勤奋好学、善于用脑的少年。那时,还没有钟表,记时用日晷,遇到阴雨天没有太阳。时间就不好掌握了。为了记时,司马徽训练公鸡按时鸣叫,办法就是定时喂食。为了学到更多的知识,诸葛亮想让先生把讲课的时间延长一些,但先生总是以鸡鸣叫为准,于是诸葛亮想:若把公鸡鸣叫的时间延长,先生讲课的时间也就延长了。于是他上学时就带些粮食装在口袋里,估计鸡快叫的时候,就喂它一点粮食,鸡一吃饱就不叫了。过了一些时候,司马先生感到奇怪,为什么鸡不按时鸣叫了呢? 经过细心观察,发现诸葛亮在鸡快叫时给鸡喂食。先生开始很恼怒,但不久还是被诸葛亮的好学精神所感动,对他更加关心和器重,对他的教育更加毫无保留。而诸葛亮通过自己的努力,终于成为一个上知天文,下识地理的饱学之人。

教师总结:年与时驰,但诸葛亮的意志却随着岁月的流逝愈发坚定,学识愈发渊博。他在草庐中不是悲叹时光流逝,而是与刘备三分天下谋划社稷,他不但能够做到"接世",而且成为两朝丞相,为蜀汉基业鞠躬尽瘁。

第三组:《出师表》节选。

臣本布衣,躬耕于南阳,苟全性命于乱世,不求闻达于诸侯。先帝不以臣卑鄙,猥自枉屈,三顾臣于草庐之中,咨臣以当世之事,由是感激,遂许先帝以驱驰。后值倾覆,受任于败军之际,奉命于危难之间,尔来二十有一年矣。

教师总结:这段节选,我们感受到诸葛亮的淡泊名利。他未得到明主赏识前耕作于山间,不追求显贵,不受乱世干扰,以淡泊明确自己的志向。刘备三顾茅庐,诸葛亮在"隆中对策"中开启了他的政治生涯,很好地诠释了"非淡泊无以明志,非宁静无以致远"。

(二)有这样一个父亲做榜样,诸葛瞻肯定能受到良好的教育,但是诸葛亮为什么还要写这封《诫子书》呢?我为同学们链接两则材料。

师生活动:

1.教师拓展链接两则材料。

2.学生听读,分析诸葛亮写《诫子书》的背景。

出示阅读材料:

(1)诸葛亮为完成统一中原,兴复汉室的大业,效忠先主,辅佐后主,外联东吴,内修政理,南征平叛,北抗强魏,先后五次北伐魏国,日夜操劳,顾不上亲自教育儿子,在五丈原军营里重病不起,深知自己时日不长,用颤抖的手写下这篇书信告诫诸葛瞻。

总结原因一:诸葛亮无暇教育儿子。

(2)瞻(诸葛瞻,诸葛亮儿子)字思远。建兴十二年,亮(诸葛亮)出武功,与瑾(诸葛瑾,诸葛亮兄弟)书曰:"瞻今已八岁,聪慧可爱,嫌其早成,恐不为重器耳。"(《诸葛瞻传》)。

"少不入川"讲的就是这天府之国,好山好水、好吃好喝,少年当胸怀天下,若早年入川,意志不坚定者难免流连忘返,乐不思归,如此则一生平淡,难成大事。

总结原因二:诸葛瞻很聪慧,但父亲担心他意志不坚定,难成大事。诸葛亮47岁得子,仅此一子,所以对他寄予厚望。

设计意图:在本活动中,为了让学生感受诸葛亮的人格魅力,引导学生勤学励志,修身养性,安排学生分组搜集并展示分享关于诸葛亮的相关故事,加深对诸葛亮关于成才的三个条件的理解,帮助他们充分理解诸葛亮对孩子的良苦用心。同时拓展的两则材料帮助学生理解诸葛亮写《诫子书》的意图。

活动二:绵竹之战见证《诫子书》的力量。

可是天不假年,诸葛亮写这封诫子书的那一年终因积劳成疾去世,享年54岁,当时诸葛瞻年仅8岁。不久,诸葛瞻的母亲也去世了。小小的诸葛瞻没有了父母的管教后,是否能成长为父亲期望的人呢?让我们一起进入活动的第二环节,在绵竹之战中见证《诫子书》的力量。

师生活动:

1. 教师出示拓展链接阅读材料。

2. 学生分析《诫子书》对诸葛亮子孙后代的教育与影响。

出示阅读材料:

六年冬,魏征西将军邓艾伐蜀,自阴平由景谷道旁入。瞻督诸军至涪停住,前锋破,退还,住绵竹。艾遣书诱瞻曰:"若降者必表为琅邪王。"瞻怒,斩艾使。遂战,大败,临陈死,时年三十七。众皆离散,艾长驱至成都。瞻长子尚,与瞻俱没。(《三国志·诸葛瞻传》)

诸葛瞻父子死得十分壮烈,践行了儒家"文死谏,武死战"的格言。诸葛瞻做到了父亲在《诫子书》中期望的淡泊明志,和父亲一样成为受人景仰的忠烈英雄。

今天在四川省成都市武侯祠的大殿内就供奉有诸葛亮祖孙三代于一堂的塑像,而绵竹双忠祠原有的塑像也是祖孙三代。这都展示了他们忠贞无二,"鞠躬尽瘁,死而后已"的高风亮节。后人景仰,多有题咏。在武侯祠的殿壁上嵌有清代安岳令洪成鼎题《乾隆壬辰秋月过绵竹吊诸葛都尉父子双忠祠》诗碑:

> 不是忠臣独少谋,苍天有意绝炎刘。
>
> 当年诸葛留嘉胤,节义真堪继武侯。
>
> 国破难将一战收,致使疆场壮千秋。
>
> 相门父子全忠孝,不愧先贤忠武侯。

在绵竹之战和此诗中可见,诸葛亮虽然无暇教育儿子,但他的优良家风以及他充满殷切期望的《诫子书》对诸葛瞻甚至孙子诸葛尚的思想和品德的形成,都起到了特别重要的作用。

设计意图:本活动中拓展诸葛瞻在高官厚禄的诱惑下淡泊明志的文段及后人对诸葛亮父子的评价,对学生理解《诫子书》对诸葛亮的儿子思想品德形成产生了积极作用。

活动三:传承古今诫子书优良家风。

《诫子书》全文短短八十六字,却是诸葛亮对其一生的总结。诸葛亮这位品格高洁、才学渊博的父亲,对儿子的谆谆教诲与无限期望尽在言中。古今天下为人父母者都是一样对孩子寄予厚望。所以很多人都给后辈留下了不同内容的《诫子书》,我们一起进入下一环节,传承古今优良的家风。

师生活动：

1.教师出示古今先贤不同内容的诫子书。

2.师生合作交流,共同传承古今优良家风,体悟中国传统文化的魅力。

《训子孙》:"有德者皆由俭来也,俭则寡欲,君子寡欲则不役于物,可以直道而行;小人寡欲而能谨身节用,远罪丰家。故曰:俭,德之共。侈则多欲,君子多欲则贪慕富贵,枉道速祸;小人多欲则多求妄用,败家丧身,是以居官必贿,居乡必盗。故曰:侈,恶之大也。"

教师设问:司马光的《训子孙》中,训诫子孙应具备怎样的品质? 和《诫子书》中哪些内容相似?

学生讨论后发表观点:司马光从"俭"和"侈"正反两方面论述了有地位的人和老百姓注重节俭的重要性,并以俭朴自律。这也是对《诫子书》中"俭以养德"的具体诠释。

推荐同学们课后阅读以下文段:

1.《诫外甥书》诸葛亮

夫志当存高远,慕先贤,绝情欲,弃凝滞。使庶(shù)几之志,揭然有所存,恻然有所感;忍屈伸,去细碎,广咨问,除嫌(xián)吝(lìn),虽有淹留,何损于美趣? 何患于不济? 若志不强毅,意不慷慨,徒碌碌滞于俗,默默束于情,永窜伏于凡庸,不免于下流矣。

2.《诫子书》羊祜

吾少受先君之教,能言之年,便召以典文;年九岁,便诲以《诗》《书》,然尚犹无乡人之称,无清异之名。今之职位,谬恩之加耳,非吾力所能致也。吾不如先君远矣! 汝等复不如吾。咨度弘伟,恐汝兄弟未之能也;奇异独达,察汝等将无分也。恭为德首,慎为行基,愿汝等言则忠信,行则笃敬,无口许人以财,无传不经之谈,无听毁誉之语。闻人之过,耳可得受,口不得宣,思而后动。若言行无信,身受大谤,自入刑论,岂复惜汝,耻之祖考。思乃父言,篡乃父教,各讽诵之!

3.《陆游家训》

后生才锐者,最易坏。若有之,父兄当以为忧,不可以为喜也。切须常加简束,令熟读经学,训之以宽厚恭谨,勿令与浮薄者游处。自此十许年,志趣自成。不然,其可虑之事,盖非一端。吾此言,后生之药也,各须谨之,毋贻后悔。

4.《曾国藩家训》

求业之精,别无他法,日专而已矣。谚曰:"艺多不养身。"谓不专也。吾掘井多而无泉可饮,不专之咎也。诸弟总须力图专业。如九弟志在习字,亦不必尽废他业。但每日习字工夫,断不可不提起精神,随时随事,皆可触悟。四弟、六弟,吾不知其心有专嗜否?若志在穷经,则须专守一经;志在作制义。则须看一家文稿;志在作古文,则须专看一家文集。作各体诗亦然,作试帖亦然。万不可以兼营并骛,兼营则必一无所能矣。切嘱切嘱!千万千万!此后写信来,诸弟各有专守之业,务须写明;且须详问极言,长篇累牍,使我读其手书,即可知其志向识见。凡专一业之人,必有心得,亦必有疑义。诸弟有心得,可以告我共赏之;有疑义,可以问我共析之。

相信通过这些智慧理性、简练谨严的文字,我们定会受到他们优良家风的感染。其实,在几千年后的今天,这样的"好家风、好家训"也一直被传承,我们的家里一定也有优良的家风。同学们,把你的好家风分享给大家。

预设:

1.我们家也有许多家规,如"食不言,寝不语",东西不能乱扔乱放,吃有吃相、坐有坐相,这些都是要求我养成良好的生活习惯。

2.爸爸妈妈从小就教育我对人要有礼貌,对长辈要尊敬,对父母要孝顺,做人做事要讲诚信。

3. 我家的家风就是:孝敬父母、诚信、勤俭。

听着同学们讲述自己的好家风,我想起了二十一个字,同学们和老师看大屏幕。(分组齐读)

国是家、善作魂、勤为本、俭养德、诚立身、孝当先、和为贵。

中国梦(我的梦),让我们传承古今优良的家风,砥砺品德,静心学习。圆我中国梦,美德满中华!

设计意图:活动中拓展了其他名人的家风家训。通过对这些智慧理性、简练严谨文字的理解,使学生受到这些优良家风的感染。同时,这些家书中的内容也是对《诫子书》的有力补充。最后让学生分享自己的好家风,在声声家训中前行,使社会主义核心价值观的培育和践行,真正落细、落小、落实在家规家训的传承和发展中。

【拓展点设计反思】

语文课堂应该是开放且富有创新活力的,教师应拓宽语文学习的范围,使学生在不同内容的学习中开阔视野,提高学习效率,初步获得语文实践能力。所以,教师在课堂教学中要转变观念,做到由"教教材"到"用教材"的转变,以教材中的经典内容为基础,寻找适当的切入点,合理安排语文材料的适当拓展,文本资料的适当链接,加深学生对教材的理解,开启学生的语文思维,丰富学生的文化底蕴。学习本文重在引导学生理解内容,把握主旨,开阔视野,体会情感,感受诸葛亮的人格魅力,提升自己的品德素养情趣。

课前,安排学生阅读《三国演义》中记叙诸葛亮的精彩片段"摆八卦阵""六出祁山""借东风火烧赤壁"等故事,学生感受到了诸葛亮的神机妙算、意志坚定、忠心耿耿。之后安排学生分组搜集整理诸葛亮的其他故事,学生通过搜集、阅读、整理、讲述，对诸葛亮有了更加全面的了解。学生在阅读"火烧博望"后，引用《三国演义》原文评价诸葛亮："博望相持用火攻，指挥如意笑谈中。直须惊破曹公胆，初出茅庐第一功！"学生在阅读了"挥泪斩马谡"后，感受到了诸葛亮的军纪严明，以身作则。学生在阅读"七擒孟获"后，纷纷评价诸葛亮是一个以德服人的人。学生对这一传奇人物有了极大的兴趣，对他的《诫子书》充满期待，更想了解诸葛亮对子孙的智慧启迪。通过这样的导入，使学生既能了解到相关的背景知识，认识相关的作者；又可以丰富自己的感性认识，拉近了与文本及作者间的距离，起到"未成曲调先有情"的作用。

在教学过程中，为了让学生感受诸葛亮的人格魅力，引导学生勤学励志，修身养性，我安排学生分组搜集关于诸葛亮的相关故事。学生搜集到了《诸葛亮言家事》《诸葛亮喂鸡求学》《出师表》等相关材料。全班同学一起阅读理解这几则材料。

通过阅读《诸葛亮言家事》发现，诸葛亮年轻时隐居田园，亲自耕作，深知衣食来之不易，所以一生俭朴，为官清廉。"俭以养德"是诸葛亮严于律己的人生写照，他也以节俭约束兄弟子孙的行为，更以此治国，在他治理下的蜀国能够达到路不拾遗、夜不闭户的局面，这些内容让学生立刻对诸葛亮肃然起敬。在阅读了《出师表》后，学生发现诸葛亮在未得到明主赏识前耕作于山间，不追求显贵，不受乱世干扰，以淡泊明确自己的志向，刘备三顾茅庐后，诸葛亮在"隆中对策"中开启了他的政治生涯。这是对《诫子书》中"非淡泊无以明志，非宁静无以致远"最好的诠释，不用对文章内容再做过多的讲解，学生都已明白诸葛亮对儿子的殷殷期望其实也是他一生的写照。

活动二中教师拓展《诸葛瞻传》和武侯祠中洪成鼎的诗碑，引导学生体会《诫子书》对诸葛亮后代子孙的教育与影响；又在活动三中丰富拓展材料，引导学生阅读古代先贤的"诫子书"，激发学生传承中华优秀传统文化的信心与决心。

课堂是一个动态的教学过程。在这灵动的过程中,总会有新的内容生成,如果抓住了新的资源进行拓展,必然会使课堂教学呈现更生动的局面。

在教学重点处拓展

《回忆鲁迅先生》(节选)拓展阅读教学设计

【教材分析】

《回忆鲁迅先生》是统编语文新教材七年级下册第一单元的第三篇课文。这个单元主要讲述名人的故事,这些文章人文内涵丰富、各有侧重地写出了名人的品格气质,篇章结构、语言形式等方面也各有特色。

萧红的《回忆鲁迅先生》属于"怀人散文",内容涉及鲁迅的饮食起居,待人接物,读书写作,休闲娱乐。在阅读中读者眼前可以浮现出一个真实的、富有人情味的、生活化的鲁迅形象。作者通过女性视角的细心体察,敏锐捕捉到了鲁迅先生许多有灵性的生活细节,表现出鲁迅的个性,情趣、魅力、气质,从细微处显示了鲁迅的伟大思想和人格。文章的核心就是让读者从这些生活小事中看到鲁迅先生的平凡,但我们又在这些平凡琐事中感受到鲁迅先生精神品质的不平凡,让我们能深刻地走近鲁迅、理解鲁迅。

【学情分析】

七年级的学生对鲁迅先生及其作品了解较少,又有一定的时代隔膜,对鲁迅只有模糊的、碎片化的认识和理解。但基于七年级上学期课内文本的学习和课外名著阅读的文本拓展,对鲁迅在中国文学史上的影响有所了解,通过课前预习收集资料加强对鲁迅和作者萧红相关知识的了解,更好地解读文本。

本文是一篇自读课文,篇幅虽长但文本用词浅显,学生可以自主阅读,梳理文本内容。赏析本文撷取生活细节来展现人物丰富性格的写作方法是重点,全面、深刻地理解鲁迅先生崇高的人格魅力是难点。教师对学生进行相关阅读指导,引导学生有目的、讲方法地品读文本,课上要充分发挥学生们的自主学习和探究意识,通过拓展阅读,有效突破本课的重难点。

【教学目标】

知识与能力:梳理文章内容,把握人物形象,感受鲁迅先生人格魅力,体会作者真挚的情感。

过程与方法:学习本文善于撷取生活细节来展现人物丰富性格的写作方法,品味作者独特细腻的语言特点。

情感态度与价值观:感受鲁迅先生待人温和宽厚,工作忘我执着的美好个性品质。

【重难点】

品读语言,抓住人物细节描写,丰富人物形象,感受鲁迅先生宽厚爱人的崇高品质。

【教法】

情境法,激发学习兴趣。
朗读法,整体感知文意。
品读法,学习刻画人物的方法。

【学法】

课前预习,了解作者和写作背景。

圈点批注,抓取关键信息,品味语言。

自主思考结合小组合作,提高语言表达能力。

【教学过程】

导入:诗意导入,创设情境

同学们,正式讲课前,先跟老师一起,走进一个女子的世界。她从遥远的关外走来,带着冰冷的童年记忆,背离离乡;她带着一颗破碎的心走来,稀薄的羽翼无力抵挡风雨。那一年上海的冬季,阴冷晦暗一如往昔。一位明朗的老人给予她生命新的希望,为她斩断荆棘。曾经那双对人间充满怀疑的眼睛,一下子变得明亮起来;那个孤立无援的贫弱女子,又变得拥有一丝活力。正是这位老人的培育,让她在文学世界里留下了属于自己的唯一。

师生具体活动:教师深情导入,引入新课。

设计意图:教师用声情并茂的语言,激发了学生的听读兴趣,渲染课堂氛围,巧妙引出新课。

活动一:走近文坛佳话,感受师徒情谊。

萧红与鲁迅先生二人之间的动人情谊,创造了最美的相遇。鲁迅先生逝世三周年时,萧红从悲痛中沉淀,用全部心力写下《回忆鲁迅先生》,也就是今天我们要一起学习的课文。让我们进入本节课活动一——走进文坛佳话,感受师徒情谊。

师生具体活动:

1.课前收集、阅读萧红的生平资料,学生发言,补充萧红相关文学常识及二人相识际遇。

2.回顾鲁迅先生相关作品,学生发言谈对鲁迅先生的印象。

预设:萧红生平简介,萧红与鲁迅先生相处经历,学生用简单词语概括对鲁迅先生的印象,如外貌、文字、身份、精神……

萧红(1911—1942),原名张迺(nǎi)莹,民国四大才女之一。笔名萧红、悄吟等。她出生黑龙江省呼兰县一个地主家庭,幼年丧母。父亲并不疼爱她,她和家人之间的感情十分淡薄。后因反抗包办婚姻离家出走,各地流浪。她的成名作《生死场》,中篇小说《马伯乐》,长篇小说《呼兰河传》。萧红创作的中篇小说《生死场》,引起了鲁迅先生的注意,并得到他的指导和鼓励。1934年萧红从哈尔滨辗转到上海,正式拜访了这位恩师。鲁迅一家人给予萧红关怀照拂,萧红也成了鲁迅先生家中的常客,亲密得宛如一家人。她是鲁迅先生精心培育的文学青年之一,受鲁迅影响很大。

过渡语:作为"民族魂"的鲁迅先生,在大众印象里,早已获得了固定的评价称谓,"文学家""思想家""革命家""斗士""战士"诸如此类,鲁迅先生似乎是高居文坛的神让我们仰视、赞誉。今天,我们借着的萧红的笔墨,一起走进鲁迅的生活,是不是能看到一个不一样的鲁迅?让我们一起进入活动二——回眸一段往事,撷取生活花絮。

设计意图:了解萧红相关知识以及萧红与鲁迅先生的师生情谊,为下面梳理文本内容,把握人物形象,体会作者深情做铺垫;学生浅谈对鲁迅的印象,与深入文本内容后挖出更生活化、更有人情味的鲁迅形成一个反差,从而体会鲁迅在萧红心目中的形象。

活动二:回眸一段往事,撷取生活花絮。

请同学们浏览课文,边读边梳理文中萧红描写的鲁迅先生的生活场景。不知同学发现没有,文中出现的隔行现象其实就是一个独立描摹的片段。本文一共描摹了多少个鲁迅的生活片段?给每个片段拟一个小标题。

PPT(幻灯片)展示:梳理萧红笔下鲁迅先生的生活场景,给每个片段拟一个小标题。

师生具体活动:学生浏览课文,归纳概括事件,拟出小标题。

预设:鲁迅的笑,走路的姿态,热情留客,吃饭场景,调侃玩笑……

过渡语:我们发现,作者描写的这些片段都是鲁迅先生日常生活中的小事,平凡而琐细。正是这些平凡的小事,让读者觉得先生竟然是这样的亲切、鲜活。就让我们近距离接触这真实的鲁迅先生,一起进入本节课活动三——领略人格魅力,丰富伟人形象。

设计意图:检测预习成果,梳理文本内容。引领学生发现作者笔下平凡而真实的鲁迅,激发学生研读文本的兴趣,认识"凡人"鲁迅。

活动三:领略人格魅力,丰富伟人形象。

萧红将自己与鲁迅先生的相处经历娓娓道来,竟让我们一时忘了那个印象中"横眉冷对千夫指""我以我血荐轩辕"的民族战士,忘了那些冷峻犀利的文字。她把先生从神坛上请下来,让先生回归到普通的生活场景,正是这些动人的场景,吸引我们走进富有人情味的鲁迅,领略先生的人格魅力。

PPT 展示:

1. 任务提示:选取动人片段,圈点勾画关键词语,抓住人物细节描写,做好批注,概括人物形象。

2. 化身萧红,还原当时的场景,告诉我们你眼中的先生是什么样的人?

师生具体活动:

1. 学生速读文章,教师巡视,个别指导。

2. 学生先自主思考,对动人的生活场景,加以圈点批注,关注细节描写,把握人物形象,体会作者感情。

3. 组内交流见解,代表发言。

预设:我们组重点关注的是片段一:"鲁迅先生的笑声是明朗的,是从心里的喜欢。若有人说了什么可笑的话,鲁迅先生笑得连烟卷都拿不住了,常常是笑得咳嗽起来。"

生:您在我们面前,笑声总是明朗的,您有时甚至笑得连烟卷也拿不住,笑得咳嗽起来,您总是那样的乐观爽朗,让人亲近。我们都被您的开朗率真所感染。

　　我们组关注的是鲁迅先生走路的姿态:先生每次出门,把帽子往头上一扣,同时伸出腿就走出去了。他总是这样干练敏捷,雷厉风行的。正如他不顾一切、勇往直前的精神。"抓""扣""伸"一连串的动作描写,写出鲁迅的习惯性动作,让我们看到先生干练敏捷的性格特征以及义无反顾的坚毅、果敢的精神。

　　过渡语:我们看到先生为人夫对妻子的尊重与体贴,看到他为人父对孩子的疼爱与教导有方,看到他为人师他对进步青年的关爱与支持,看到他为人友对客人的真情热情。恰恰是这些平凡的小事,让我们感受到先生精神的"不平凡",形象的高大。先生崇高的人格魅力是永恒的,永远激励着人们。可以说,先生是萧红生命中的精神支柱,而这篇回忆录也是萧红用心血为鲁迅先生谱写的赞歌。接下来让我们一起进入活动四——抚慰流浪心灵,共鸣诚挚深情。

　　设计意图:让学生在自主阅读和思考的基础上,捕捉细节描写,通过关键词句,丰富人物形象,在平凡的小事中感受先生不平凡的伟人品质。

活动四:抚慰流浪心灵,共鸣诚挚深情。

　　其实萧红与鲁迅一家相处的时间不到一年,为什么这段时光会让萧红铭刻于心? 为什么萧红对先生有如此深情?请同学结合课外拓展资料,走进萧红的生命世界,感受这份深情。

　　PPT 展示:课外拓展资料。

　　师生具体活动:

　　1.学生阅读课外拓展资料,教师适时补充。

　　2.师生共同探讨萧红对鲁迅先生如此深情的原因以及先生人格伟大之所在。

　　资料:

　　1.《遇见你,遇见不变的纯真》:"父亲常常为着贪婪而失掉了人性,他对待仆人,对待儿女,以及对待我的祖父,都是同样吝啬而疏远,甚至无情的……父亲打了我的时候,我就在祖父的房里,一直面向着窗子,从黄昏到深夜。"

2. 萧红曾这样解读自己:"半生尽遭白眼冷遇……身先死,不甘,不甘。"

3. 萧红临死前写下的绝笔:"我一生最大的痛苦和不幸,都是因为我是一个女人。"

4. 萧红的感情经历可以说是"坎坎坷坷人生路,恩恩怨怨不了情",她经历了四段感情,三段都是无疾而终。为了自由和有妇之夫陆哲舜逃婚离家最终无奈妥协,寄希望于懦弱男汪恩甲惨遭遗弃,与萧军相见恨晚,陷于热恋,最后也只是与花心男感情破裂。哪怕是最后跟端木蕻良结婚,也没有摆脱被抛弃的命运。萧红的感情经历一直被人诟病,甚至遭人诋毁。

5. 名家点评:(林贤治)萧红确实是一个不折不扣的理想主义者。在中国现代文学史上,萧红是继鲁迅之后的一位伟大平民作家。(张耀杰)萧红有文学才华但做人不及格。

预设:

生1:无法想象一个孩子,独自一人在屋子里面向窗子,从黄昏到深夜,内心是怎样的孤独和绝望。萧红的记忆里,父亲冷漠无情,她几乎没有享受过家的温暖,离家出走后也一直是颠沛流离。读完这些文字,我们会感觉,萧红的一生是苦痛悲惨的。

生2:在父亲眼中,萧红是"败坏门风"的女儿,她逃婚、非法同居、未婚先孕……被世人指责为人性的不洁和过错。而鲁迅先生却能给孤立无援的萧红经济上的帮助,文学上的引领。对萧红来说,鲁迅先生不只是良师益友,更是救命稻草和精神支柱。而萧红在文学方面的努力与成就,也没有辜负恩师的评价:"萧红是当今中国最有前途的女作家。"

教师点评:萧红自小失去家庭温暖,之后的婚恋不顺,屡遭抛弃,让她尝尽人情冷暖、遭人非议。可是鲁迅先生呢,对她没有丝毫的蔑视、指责。

鲁迅先生是包容的,不管出身怎样,经历如何,只要这个人寻求进步,他就愿意在荆棘满地的前面为青年们开路。鲁迅先生对她的照拂,满足了她对亲情的向往;鲁迅先生对她的栽培,给她悲苦的生活带来希望。可以说,这份大爱,是萧红灵魂的助力。

设计意图:通过课外拓展资料,走进萧红的人生经历,体会鲁迅先生对可怜可悲却又追求进步的青年的悲悯情怀和无私奉献、辛勤哺育的崇高品质,感受作者与恩师的深情,与作者产生共鸣。

【小结】

与鲁迅先生相处时光虽然短暂,却是她一生中最温情的日子。鲁迅先生对萧红的关怀呵护,如同一双温暖的手,托起的是萧红一直寻觅的爱和温暖。先生对她的辛勤培育,让她拥有更丰满的羽翼,从悲痛中振作起来。得遇鲁迅先生,是她生命中最大的幸运与福祉。这一份幸运与福祉,让她成为现代文坛中一抹亮丽的虹彩。

【布置课后活动】

学习本文的写人记事的写作技巧,选择你身边最熟悉的人,写一篇抒发真情的文章。

设计意图:学以致用,一课一得,单元写作训练中运用写人记事的写作方法。

【板书设计】

回忆鲁迅先生(节选)

萧红

(绘制翅膀和彩虹图,契合本堂课结束语,总结升华文章主旨。)

【拓展点设计反思】

初读文章,我们最深刻的感受就是作者笔下具体生活场景下的鲁迅平常如普通人,温情如平凡人,这个鲁迅竟是鲜活饱满、吸引人心;研读文本后,我们眼前浮现的是一个作为一家之长对家人体贴爱护的鲁迅,作为师长对青年学生温和宽厚的鲁迅,作为朋友对亲朋情深义重的鲁迅,这个鲁迅依旧是那个宽厚仁慈、果敢坚毅的伟人形象。文章从一个鲜为人知的角度,为鲁迅先生形象增添了真实亲切的一笔,使鲁迅成为更完满、更丰富的"人"。因此这节课的核心就是通过阅读走进鲁迅的平凡生活,透过这些生活琐细感受先生崇高的精神品质,这也是我们这节课要教学的重点。

本课立足教材,抓住"平凡与不平凡"这条主线,从教学重点层面寻找拓展点,本节课设置了"走进文坛佳话,感受师徒情谊""回眸一段往事,撷取生活花絮""领略人格魅力,丰富伟人形象""抚慰流浪心灵,共鸣诚挚深情"四项学生活动,引导学生通过搜集阅读萧红和鲁迅相关资料,充分了解作者,认识鲁迅先生,走进师徒二人交往经历,为接下来细读文本,丰富人物形象,体悟作者深情打好基础。通过课外拓展资料,走进萧红颠沛飘零的人生经历,学生更能体会出鲁迅先生对可怜可悲却又追求进步的青年的悲悯情怀和无私奉献、辛勤哺育的崇高品质,进而感受作者与恩师的深情,与作者产生共鸣。

在拓展阅读活动中,学生收集资料,走进人物内心,丰富认知;在拓展链接中,润物无声地引导让学生自主发现,准确地体悟作者情感,理解作者匠心,实现学生与文本之间的情感互动,从而突破本节课的教学重点。

在情感升华时拓展

《湖心亭看雪》拓展阅读教学设计

【教学设想】

《湖心亭看雪》是统编版语文教材九年级上册第三单元第十一课。本单元所选诗文在描写景物、抒发情感的同时,也表达了作者的政治理想、志趣抱负。本单元的主要教学目标是了解古代写景记游散文的文体特点,积累一定数量的文言词语,养成自觉诵读的习惯,在反复诵读、整体感知的基础上深入品味诗文中的优美意境,学习借景抒情的写法,体会古人寄托于山水名胜的思想感情,感受他们的忧乐情怀。阅读这类诗文,可以激发灵性、陶冶情操、丰富文化积累。

本文是张岱的代表作,出自回忆录《陶庵梦忆》,写于明王朝灭亡之后,是一篇笔调淡雅流畅,写景与写人相映成趣的山水小品。作者对故国往事的怀恋,以浅淡的笔触融入了山水小品,看似不着痕迹,但作者的心态可从中窥知一二。

【学情分析】

九年级学生有一定量的文言积累,掌握基本的文言文学习的方法,基本能够借助工具书、课文注释积累掌握文言词语含义和用法,初步具备自主阅读浅易文言文的能力,但文言词语的积累不够,古代山水游记散文的鉴赏接触较少,文言语感有待提高。

【教学目标】

知识与能力:反复朗读课文,把握文章内容,了解作者经历。

过程与方法:欣赏写景的句子,学习白描的手法。

情感态度与价值观:感悟作者超凡脱俗的闲情逸趣。

【重难点】

重点:把握文意,深入理解写景的特点。

难点:理解作者的精神世界。

【教法】

以活动态教学模式统领整个教学流程,以诵读为主,在合作探究、思考感悟中完成各个教学环节。

【学法】

1.朗读法,整体感知文意,激发文化自豪感。

2.圈点勾画法,筛选有效信息。

3.对比阅读,提升鉴赏能力。

4.拓展型阅读,挖掘作品内涵。

【教学过程】

导入:展示图片,激趣导入。

古往今来,咏雪诗文数不胜数,"忽如一夜春风来,千树万树梨花开"让我们看到了边塞雪景之奇丽;"北国风光,千里冰封,万里雪飘"让我们品到了北国雪景之雄浑;"微黄的阳光斜射在山腰上,那些薄雪好像忽然害了羞,微微露出点粉色"让我们想到了济南冬天雪景之秀气……这些雪景在文人眼中呈现出不同的特点,与作者的情怀、精神境界有关,明末清初的文人张岱眼中的雪景是什么样的呢?

师生具体活动:

师生共同回顾咏雪的诗文作品。

设计意图:课前回顾性拓展,展示关于咏雪诗作名句及雪景图片,很好地激发了学生的学习兴趣,让学生形成阅读期待,巧妙导入新课。

师:这节课,我们随着张岱一起去冬日西湖的"湖心亭看雪"。

活动一:朗读,感知文意。

自由朗读课文,请你用最简洁的字眼概括张岱是个怎样的人?

师生具体活动:

1. 学生自由朗读,圈点勾画信息点。

2. 指名朗读,教师指导字音、停顿等。

3. 学生交流,教师指导。

预设:

生:(时间)崇祯五年十二月,大雪三日之后这天的更定时分,(人物)张岱(事件)独自一人前往(地点)西湖的湖心亭看雪,在亭中偶遇两人,强饮三大白而别。

设计意图:从学生的实际出发,以朗读为切入口,交流指导字音、停顿,通过明确叙事要素初步对课文内容进行整体感知。

活动二:精读,欣赏西湖奇景。

导语:通过刚才的交流,相信同学们对课文内容有了初步的了解,这令张岱不顾天气严寒非要一睹为快的西湖雪景是什么样的呢?请你结合自己的阅读感受和文中的插图试着用语言来描绘。

师生具体活动:

1. 学生描述雪景。

2. 学生思考、交流。

3. 学生发言,教师点拨归纳。

预设：

生1:湖上冰花弥漫,天云山水,浑然一体茫茫一片,湖上影子,只有一道长堤的淡淡痕迹,一点湖心亭的朦胧轮廓,和我的如小草一样轻飘飘的小舟,与舟中的两三粒人影罢了。

生2:"雾凇沆砀,天与云与山与水,上下一白""一白"突出浑然一体,白茫茫一片,写出雪景的空阔广袤(苍茫辽阔)。

生3:"惟长堤一痕、湖心亭一点、与余舟一芥,舟中人两三粒而已""惟"是副词,"而已"是助词,用来突出广漠雪景中长堤、湖心亭、舟、舟中人的渺小。连用了三个"一"突出少。原文量词突出"小",突出长堤、湖心亭、舟、舟中人的小,直至微乎其微,更能衬托雪景的寥阔。这个苍茫一片的冰雪世界与如沧海一粟的人,对照鲜明又和谐统一,共同构成了悠远脱俗艺术画面。这也是作者推崇的人格品质,这是人与自然在精神上的统一与和谐,这就是天人合一的境界吧。

设计意图:通过引导学生运用删除法、同义词替换法进行比较进行赏析,在反复吟诵中体会语言文字的精妙传神之处。进而体会张岱悠远脱俗的人格品质,初步走进张岱的内心世界。

过渡:作者写景时的语言有什么特点? (简练质朴)没有用修饰性的词语,寥寥几笔勾勒出景物特点,就像文章的插图,不加色彩,而只用墨线在白纸上勾勒景物,这种手法叫白描。

PPT展示:(生朗读)白描是中国画的一种技法,不加色彩或很少用色彩,而只用墨线在白底上勾勒物像。作为一种文学表现手法,是指抓住事物特征,以简练朴质的文字,寥寥几笔勾勒出事物形象的正面描写方法,不同于浓墨重彩的渲染。

师生具体活动:

1.学生朗读、观察、体会、辨析。

2.教师引导。

预设:

生:并无高下之别,选用哪种完全源自作者不同的心境际遇。文中的白描简练自然,不事雕琢,与作者眼中上下一白、广漠空阔冷寂的雪景相得益彰,这样才能更好地展现作者悠远脱俗的形象,所以不可能选择浓墨重彩的手法。

设计意图:通过对绘画这种与语言文学不同的艺术形式的鉴赏,直观又形象地解释白描手法的特点,课中辅助性拓展既明确了文章写作特点,又培养学生的鉴赏能力,在比较辨析中深刻体会情景交融的手法中情是景的灵魂,景是情的载体这一特点。

活动三:悟读,体会张岱痴情。

导语:我们一起背诵写景的句子,脑海中想象西湖雪景画面。(学生齐声背诵)随着我们的吟诵,我们离张岱越来越近了。他确实是一个痴人,痴迷于广漠辽阔悠远脱俗的奇景的人。文中还有哪些行为展现了他的"痴"?

PPT展示:你认为哪些行为能体现他的"痴"?

师生具体活动:

1.学生导读文章,圈点勾画,教师巡视,个别指导。

2.学生组内交流,教师组织讨论、组代表发言。

3.教师适时拓展背景资料。

链接一:明万历二十五年(1597),张岱出生于江南繁华地绍兴山阴县。祖上四代为官,家世显赫,自小才学过人,被誉为奇才。过着精舍骏马、鲜衣美食、弹琴吟诗的富足生活。他具有广泛的爱好和审美情趣,他喜游历山水,深谙园林布置之法;懂音乐,能弹琴制曲;善品茗,茶道功夫颇深;好收藏,具备非凡的鉴赏水平;精戏曲,编导评论追求至善至美。明朝灭亡之后,不与清王朝的统治者合作,参加抗清斗争,失败后他满怀沉痛,以遗民身份隐居山中,穷困潦倒,坚持写文著书。张岱一生落拓不羁,淡泊功名,经历了从锦衣玉食、华灯骏马到破床碎几、折鼎病琴的巨大变故,将自己对故国的一片痴情寄托于阔大宁静清寒灵动的山水,在山水中寻找心灵的归依。

链接二:作者到"湖心亭看雪"发生于崇祯五年(1632);崇祯十七年(1644)明朝灭亡,顺治帝登基,清朝建立;顺治元年(1644)张岱反清复明失败,隐入山中著书;1647年张岱写《湖心亭看雪》,开篇依然用"崇祯五年"的年号。

链接三:"金陵"即南京,明太祖朱元璋定其为国都,后迁都北京,"金陵"为明朝故都。

预设:

1.生:"独往":寒冬腊月,大雪三日,寒冷异常。冬雪寒威体现在:湖中人鸟声俱绝。湖山封冻,人鸟瑟缩,不敢外出,寒噤得不敢出声。更定时分,这样的时间本应是围炉夜话或者解衣欲睡的时候,可作者却拥毳衣炉火独往湖心亭看雪,表现出与众不同的、不随流俗的闲情逸致和遗世独立的高洁情怀。

2.生:"强饮":在湖心亭上偶遇了两个和他一样的痴迷西湖雪景的人。偶遇两人后作者什么心情? 从哪可以看出来?

师:"湖中焉得更有此人!"惊喜;"莫说相公痴,更有痴似相公者!"困惑不解。

生:强饮是本不能饮,但此时此景逢此有共同闲情逸致人,却连饮三大杯,可见"酒逢知己"的惊喜。这种情怀不是谁都能懂,比如说舟子,"若云作者痴,不解其中味"。

过渡:他把对故国往事的痴情寄托在山川景物中,人生在世不称意,张岱选择弄一叶扁舟,在湖光山色中寻求精神寄托。作者在文章开篇仍然使用明代年号纪年,是在表明自己对故国的一片丹心,一份痴情。最后让我们齐声朗诵课文,再次品味张岱对天人合一的山水之乐痴迷,对故国的一片痴情。

设计意图:用补充介绍背景的方式辅助性拓展,通过寻找作者的"痴行"来挖掘行为背后作者孤独的情怀,体会作者作为明朝遗民对故国的留恋以及因此流露出的淡淡的愁绪,培养学生于细微处挖掘作品内涵的能力。

过渡:(PPT展示)中国历史上,有多少这样的文人啊!他们在现实中透不过气来,于是只有在大自然中深深地呼吸一口干净的空气,在山水田园之中寻找心灵的归依,寻找心志的独立。大家在学过的作品中找找这样的"痴"人。

预设:

生:①采菊东篱下,悠然见南山。——陶渊明

生:②实是欲界之仙都。自康乐以来,未复有能与其奇者。——陶弘景

生:③风烟俱净,天山共色。从流飘荡,任意东西。——吴均

生:④举杯邀明月,对影成三人。——李白

生:⑤予独爱莲之出淤泥而不染……——周敦颐

生:⑥何夜无月?何处无竹柏?但少闲人如吾两人者耳。——苏轼

……

师生具体活动:

1.学生联想相关的诗文作品。

2.教师展示。

设计意图:通过对其他相关作品的横向联想,利用优秀课程资源实现升华性拓展,培养学生自觉开发语文课程资源的能力,发展学生思维。

【课后作业】

必做:整理本课文言现象;选做:比较阅读。

柳宗元的《江雪》也写雪景,也写到人物活动,体会他和本文在描写手法和表达感情上的异同。

设计意图:一方面夯实基础知识,另一方面引导学生联系已有知识,再次明确白描手法和烘托手法的区别。辨析同为孤独之感,由于经历和时代的不同,清高自赏和怀才不遇的区别,进一步落实教学重点。

【板书设计】

湖心亭看雪

张岱

痴迷　　痴情

奇景　　故国

【拓展点设计反思】

本文是张岱在明亡后写的一篇追忆前尘往事的小品文,文章以精炼的笔墨,记叙了作者湖心亭看雪的经过,描绘了所看到的幽静深远、洁白广阔的雪景图,表达了他幽远脱俗的闲情雅致。这篇山水小品全文仅一百多字,笔墨精炼含蓄令人惊叹,有人物、有对话,淡淡写来,文章将叙事、写景、抒情融于一炉,情致深长,洋溢着浓郁的诗意。为探究《湖心亭看雪》的主题,我们可以引导学生阅读吴战垒评论性文章《诗的小品 小品的诗》,理解了文中"作者仍旧使用明代的纪年,说明在他心中明代始终是没有灭亡的",从而引导学生理解作者遗世独立的高洁孤傲;阅读了张岱的《西湖七月半》明白了作者鄙视那些达官贵人、豪富无赖,追求风雅生活的思想感情……阅读的震撼使我对文本主题挖掘得更深入,于繁杂的主题中提炼出一个"痴"字。明亡后,张岱避居在浙江剡溪山中,他的文章追忆前尘影事,字里行间流露出深沉的故国之思和沧桑之感,总带有淡淡的哀愁。为了让学生更准确地理解作品,引导学生结合作者生平经历和本文的写作背景的相关拓展资料,走进作者的内心世界,学生更好地理解张岱"独往"和"强饮"这些异于常人的行为,循序渐进地让学生感受"痴"所反映出的作者心境,感受明末遗民的生活态度,同时再类比其他寄情山水的文人的情感体验来强化认识。

在本节课的学习中,教师通过反复诵读、小组合作探究、拓展阅读等形式,培养了学生挖掘作品内涵的能力,发散了学生思维,提升了古文的鉴赏能力。

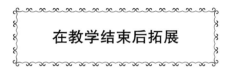

在教学结束后拓展

《昆明的雨》拓展阅读教学设计

【教学设想】

《昆明的雨》是人教版统编语文教材八年级上册第四单元的一篇自读课文。这篇散文是著名作家汪曾祺的作品,作者以优美而亲切的笔触,描写了昆明雨季有典型特点的景、物、事,表达了对昆明的雨、对昆明的喜爱和怀念之情。这篇文章写的是平凡之景,平常之物,在作者的笔下却充满美感和诗意,学生欠缺的正是这种对我们身边生活的体察感悟能力。同时,这篇文章取材广泛,美景、美食、美好的情愫都能撷来入文,但又能紧扣对昆明的雨、对昆明生活的喜爱和怀念这条情感的线索,很好地体现散文形散神聚的特点。所有这些都使得这篇文章具有很高的文学鉴赏价值。

【学情分析】

本单元是散文单元,学生已接触了几篇经典散文,对散文具有基本了解,但学生理解能力不强,生活感悟有限,同时散文作为一种文学性体裁,美感有余,趣味性可能稍欠缺,学生要真正深入领悟散文的魅力还任重道远。这篇课文是自读课文,教师重在引导学生自主赏析的过程,从而实现由教读到真正自读的转变。

【教学目标】

知识与能力目标:熟读课文,感知作者对昆明雨季的观感,概括文中昆明雨季景物及其特点,归纳文中的人和事。

过程与方法目标:把握课文写景、物、人、事的感情线索,体会课文形散神聚的特点,赏析文章语言,体会汪曾祺文笔的韵味。

情感态度与价值观目标:深入理解作者说的"我想念昆明的雨"的深厚感情,体悟作者爱自然万物、爱平淡生活的处世情怀。

【重难点】

教学重点:

1. 概括文中昆明雨季的景物及其特点,归纳文中的人和事。

2. 把握课文写景、物、人、事的感情线索,体会课文形散神聚的特点。

3. 赏析文章语言,体会汪曾祺文笔的韵味。

教学难点:

1. 深入理解作者说的"我想念昆明的雨"的深厚感情。

2. 体悟汪曾祺爱自然万物、爱平淡生活的处世情怀。

【教法】

1. 速读、朗读、研读等多种阅读方式的综合运用。

2. 活动态教学法:以学生活动为主体,提高语文教学的趣味性和研讨性。

3. 拓展阅读法:通过多篇同主题同作家文学作品的阅读,深化课内所学,完成课内向课外的迁移。

【学法】

1. 自主预习法:旨在培养学生良好的学习习惯。

2. 圈点勾画法:筛选有效信息,辅助理解课文内容。

3. 合作探究法:培养学生的合作意识。

【教学过程】

创设情境,谈话导入:

刘湛秋在《雨的四季》中写道:"我喜欢雨,无论什么季节的雨,我都喜欢。她给我的形象和记忆,永远是美的……雨,我爱恋的雨啊,你一年四季常在我的眼前流动,你给我的生命带来活跃,你给我的感情带来滋润,你给我的思想带来流动。只有在雨中,我才真正感到这世界是活的,是有欢乐和泪水的。"刘湛秋用诗化的语言写出了记忆中四季之雨的美,表达了对雨的爱恋,那么汪曾祺记忆中的雨又是什么样子的呢? 作者汪曾祺和昆明之雨又有一段怎样的情愫?

师生具体活动:

教师深情朗读《雨的四季》选段,情境导入。

设计意图:通过朗读《雨的四季》,创设情境,由"已学"引出"欲学",很好地激发了学生的学习热情,自然而然引出新课。

活动一:速读课文,感知昆明之雨.

导语:1984 年作者几近古稀之年,提及昆明,依然对自己青年时期生活过的小城记忆犹新,似水流年,难忘青葱岁月的昆明雨季。

PPT 展示主问题:

问题一:作者对昆明雨季的观感是怎样的?

问题二:作者写了哪些景物? 它们各有什么特点?

师生具体活动：

1. 生速读课文,圈点批注,回答问题。

预设：

问题一："昆明的雨季""好像是相当长的""但是并不使人厌烦""昆明雨季气压不低,人很舒服。""昆明的雨季是明亮的、丰满的,使人动情的。""昆明的雨季,是浓绿的。"

预设：

问题二：

仿照句式："作者回忆起了_____,第____段写到_____,昆明雨季的____是____。"概况昆明雨季的景物及其特点。

景物	特点
仙人掌	多、极肥大、生命力旺盛
菌子	种类繁多
杨梅	个大、黑红、美味
缅桂	芬芳、繁茂
木香	高大、茂密

2. 教师适时补充,总结。

设计意图：这个活动旨在培养学生速读课文,圈点批注的习惯,并以此完成第一个教学重点内容。

活动二：研读课文,感受昆明之情。

导语：除了写景和物,作者还写了哪些人和事? 作者写这些景、物、人、事,要表达什么感情?

PPT 展示主问题：

问题一：除了写昆明雨季的景物,文章还写了哪些人和事?

问题二：这些内容对表现昆明的雨有什么作用?

师生具体活动：

1. 学生再读课文语句，合作探究。

预设：

问题一：作者除了写景物，还写了昆明人家常于门头挂仙人掌以辟邪的风俗，写了昆明人家在菜园周围种仙人掌代替篱笆，防止猪羊进园吃菜的做法；写了牛肝菌、青头菌等菌子的吃法和味道；写了娇美的苗族女孩子叫卖杨梅的场景；写了房东母女送缅桂花的情意；写了和友人德熙在莲花池边小酌的淡淡乡愁。

预设：

问题二：

植物多样、生长旺盛、滋润，恰恰是因为昆明雨季持续时间长、雨水润泽，而或满怀脉脉温情，或充满生活气息的往事都是发生在昆明雨季的。这些侧面描写的内容，为昆明的雨增添了一份情味。正如作者所感：昆明的雨季是明亮的、丰满的、使人动情的。

2. 教师适时点拨总结，进行写作手法指导——散文形散神聚的特点。

文章写了很多事物，但并不使人感到杂乱，是因为作者对昆明之雨的想念之情在开篇和结尾复沓出现，成为行文的一条感情线索。

3. 播放视频拓展介绍写作背景，引导学生深刻体会汪曾祺对昆明的深厚感情。

设计意图：引导学生通过概括文章的重点内容，体会记叙与抒情之间的关系，完成第二个教学重点。学生能根据作家写作的人文背景，感受汪曾祺对昆明的雨、对昆明的情感，从而感悟作品的人文内涵。

活动三：朗读课文，体会文笔韵味.

导语：汪曾祺这篇文章写了很多凡人小事，语言亲切自然，如一位邻家长者在向我们讲述往事。平淡家常的话语单看无意，但连缀成篇，深厚老到的文学功力就展现了出来。正如湖南作家凌宇所说："汪曾祺的语言拆开来看,都很平常,放在一起,就有一种韵味。"下面我们就透过汪老看似平常的文字,去体会他文笔的韵味。

师生具体活动:

1.学生朗读课文。

2.学生选取有特点的语言,进行赏析。

预设:

一是教师范读:牛肝菌色如牛肝,滑、嫩、鲜、香,很好吃。

这是一个长短词相结合的句式,读起来不但节奏明快,而且通俗易懂,错落有趣。"滑、嫩、鲜、香"简洁明了地表现出了牛肝菌的特点,"很好吃"三个字唠家常似的评价,引起了牛肝菌对人味蕾的刺激。汪曾祺素有美食家之称,像牛肝菌这些寻常小食一经他的笔描述,无不令人垂涎。没有一颗热爱凡俗生活的心,就难有对美食这么精准的描写。

总结:长短结合,错落有趣。

二是朗读并比较下面两个句子:

乍一看那样子,真叫人怀疑:这种东西也能吃?!

入口便会使你张目结舌:这东西这么好吃?!

这两句结尾都连用了两个标点符号——问号和叹号。

第一句问号叹号连用,充分表现出了人们对于其貌不扬,甚至看起来有些恶心的干巴菌能入菜的疑问和惊奇。第二句,问号显示出人们尝到干巴菌时的不可思议之感,叹号表达了人们对干巴菌鲜美味道的惊叹和赞美。小小的标点符号一经作者调遣,文章语言更加简省,感情也更加强烈,真是"事半功倍"!

总结:巧用标点,事半功倍。

三是齐声朗读这句话:卖杨梅的都是苗族女孩子,戴一顶小花帽子,穿着扳尖的绣了满帮花的鞋,坐在人家阶石的一角,不时吆喝一声:"卖杨梅——"声音娇娇的。她们的声音使得昆明雨季的空气更加柔和了。

这句话运用了外貌和语言描写,穿着苗族特色服装的小姑娘跃然纸上,她娇娇的声音如响在耳畔,小姑娘娇美的形象使昆明雨季的空气更加柔和了,衬托得昆明生活也愈发地恬淡。这样柔美的昆明岁月怎能不令作者魂牵梦萦?这样精细的描摹使得文章有了浓浓的人情味。

总结:精细描摹,情味浓浓。

四是指读比喻句:(干巴菌)颜色深褐带绿,有点像一堆半干的牛粪或一个被踩破了的马蜂窝。

还有一种菌子,中看不中吃,叫鸡油菌。都是一般大小,有一块银圆那样大,溜圆,颜色浅黄,恰似鸡油一样。

昆明的杨梅很大,有一个乒乓球那样大,颜色黑红黑红的,叫做"火炭梅"。这个名字起得真好,真是像一球烧得炽红的火炭!

昆明特有的菌子、杨梅,如果仅直接写出颜色、形状,没有亲眼见过这些植物的读者就难以有画面感,而作者选取生活中常见的事物——牛粪、被踩破了的马蜂窝、银元、乒乓球、火炭来作喻体,就形象多了。只有对生活细心观察,又充满生活情趣的人,才能想到这么接地气,又饶有趣味的比喻句。

总结:妙用比喻,生动可感。

五是指读:菌中之王是鸡枞,味道鲜浓,无可方比。

无可方比是没有什么可以与之比较,没有什么可以比得上的意思。这个文言词语的运用使文章语言更加有文化气息,与"菌中之王是鸡枞"这样的白话文相搭配,文白夹杂,雅化和俗趣结合,成就了语言的凝练典雅。

3.教师适时点拨,引导学生体会汪曾祺语言的特点。

总结:文白夹杂,凝练典雅。

4.教师总结,引导学生体会汪曾祺为什么能写出朴素平淡,饶有趣味的文字。

这就是汪曾祺平常中饱含韵味的文笔。正是因为他对平凡生活的珍视和体察,才拥有了一双发现美的眼睛,一颗感受美的心,而饱读诗书的文化积淀,又赋予了他一双能够书写美的手。才使得他笔下的文字朴素平淡,又饶有趣味。

设计意图:阅读是学生的个性化行为,欣赏文学作品,学生能够"品味作品中富于表现力的语言",要有自己独特的情感体验。

活动四:拓展阅读,体会处世情怀

导语:通过大家的朗读、赏析,我们感受到了汪曾祺字里行间对昆明的深情厚意,课前任务单中,我们搜集、阅读了汪曾祺写昆明的另外几篇文章,下面我们选取几个段落,一起来品读一下,进一步去体会汪曾祺所说的"忘不了的情味",体悟他文字中蕴含的处世情怀。

PPT 展示:学生课前整理的读书笔记照片

1. 带有手绘插图和赏析文字的读书笔记。

2. 根据作者的文字描述,想象文学作品中的景致,绘制的图画。

3. 不同形式的读书卡片等。

师生具体活动:

1. 学生分组展示读书成果。

资料:

《昆明菜》节选
牛肉

我一辈子没有吃过昆明那样好的牛肉。

昆明的牛肉馆的特别处是只卖牛肉一样,——外带米饭、酒,不卖别的菜肴。这样的牛肉馆,据我所知,有三家。有一家在大西门外凤翥街,因为离西南联大很近,我们常去。我是由这家"学会"吃牛肉的。一家在小东门。而以小西门外马家牛肉馆为最大。楼上楼下,几十张桌子。牛肉馆的牛肉是分门别类地卖的。最常见的是汤片和冷片。白牛肉切薄片,浇滚烫的清汤,为汤片。冷片也是同样旋切的薄片,但整齐地码在盘子里,蘸甜酱油吃(甜酱油为昆明所特有)。汤片、冷片皆极酥软,而不散碎。听说切汤片冷片的肉是整个一边牛蒸熟了的,我有点不相信:哪里有这样大的蒸笼,这样大的锅呢?但切片的牛肉确是很大的大块的。牛肉这样酥软,火候是要很足。有人告诉我,得蒸(或煮?)一整夜。其次是"红烧"。"红烧"不是别的地方加了酱油焖煮的红烧牛肉,也是清汤的,不过大概牛肉曾用红染过,故肉呈胭脂红色。"红烧"是切成小块的。这不用牛身上的"好"肉,如胸肉腿肉,带一些"筋头巴脑",和汤、冷片相较,别是一种滋味。还有几种牛身上的特别部位,也分开卖。却都有代用的别名,不"会"吃的人听不懂,不知道这是什么东西。如牛肚叫"领肝";牛舌叫"撩青"。很多地方卖舌头都讳言"舌"字,因为"舌"与"蚀"同音。无锡陆稿荐卖猪舌改叫"赚头"。广东饭馆把牛舌叫"牛"其实本是"牛利",只是加了一肉月偏旁,以示这是肉食。这都是反"蚀"之意而用之,讨个吉利。把舌头叫成"撩青",别处没有听说过。稍想一下,是有道理的。牛吃青草,都是用舌头撩进嘴里的。这一别称很形象,但是太费解了。牛肉馆还有牛大筋卖。我有一次同一个女同学去吃马家牛肉馆,她问我:"这是什么?"我实在不好回答。我在昆明吃过不少次牛大筋,只是因为它好吃,不是为了壮阳。"领肝""撩青""大筋"都是带汤的。牛肉馆不卖炒菜。上牛肉馆其实主要是来喝汤的,——汤好。

昆明牛肉馆用的牛都是小黄牛,老牛、废牛是不用的。

吃一次牛肉馆是花不了多少钱的,比一般小饭馆便宜,也好吃,实惠。

马家牛肉馆常有人托一搪瓷茶盘来卖小菜,藠头、腌蒜、腌姜、糟辣椒……有七八样。两三分钱即可买一小碟,极开胃。

马家牛肉店不知还有没有?如果没有了,就太可惜了。

昆明还有牛干巴,乃将牛肉切成长条,腌制晾干。小饭馆有炒牛干巴卖。这东西据说生吃也行。马锅头上路,总要带牛干巴,用刀削成薄片,酒饭均宜。

《翠湖心影》节选

翠湖是一片湖,同时也是一条路。湖之中,有一条很整齐的贯通南北的大路。昆明人特意来游翠湖的也有,不多。多数人只是从这里穿过。翠湖中游人少而行人多。但是行人到了翠湖,也就成了游人了。从喧嚣扰攘的闹市和刻板枯燥的机关里,匆匆忙忙地走过来,一进了翠湖,即刻就会觉得浑身轻松下来;生活的重压、柴米油盐、委屈烦恼,就会冲淡一些。人们不知不觉地放慢了脚步,甚至可以停下来,在路边的石凳上坐一坐,抽一支烟,四边看看。即使仍在匆忙地赶路,人在湖光树影中,精神也很不一样了。翠湖每天每日,给了昆明人多少浮世的安慰和精神的疗养啊。因此,昆明人——包括外来的游子,对翠湖充满感激。翠湖这个名字起得好!湖不大,也不小,正合适。小了,不够一游;太大了,游起来怪累。湖的周围和湖中都有堤。堤边密密地栽着树。树都很高大。主要的是垂柳。"秋尽江南草未凋",昆明的树好像到了冬天也还是绿的。湖水极清,常年盈满。我在昆明住了七年,没有看见过翠湖干得见了底。翠湖的水不深。浅处没膝,深处也不过齐腰。翠湖不种荷花,但是有许多水浮莲。肥厚碧绿的猪耳状的叶子,开着一望无际的粉紫色的蝶形的花,很热闹。我是在翠湖才认识这种水生植物的。我以后也再也没看到过这样大片大片的水浮莲。湖中多红鱼,很大,都有一尺多长。这些鱼已经习惯于人声脚步,见人不惊,整天只是安安静静地,悠然地浮沉游动着。有时夜晚从湖中大路上过,会忽然拨剌一声,从湖心跃起一条极大的大鱼,吓你一跳。湖水、柳树、粉紫色的水浮莲、红鱼,共同组成一个印象:翠。

预设:

《昆明菜》中我们摘取的是描写昆明牛肉的段落。作者开门见山"我一辈子没有吃过昆明那样好的牛肉"。紧接着写了昆明牛肉馆的特别之处,"只卖牛肉一样,——外带米饭、酒,不卖别的菜肴"。之后列举了三家昆明的牛肉馆,其中小西门外马家牛肉馆写得最为详细。作者不但写了牛肉的外观和吃法,牛特别部位的叫法,还用较多笔墨写了这些佳肴的做法。结尾处他写道:"昆明牛肉馆用的牛都是小黄牛,老牛、废牛是不用的。吃一次牛肉馆是花不了多少钱的,比一般小饭馆便宜,也好吃,实惠。"这部分文字并未用大量辞藻修饰,但正因为这种朴实无华、如话家常的语言,才让我们通过昆明牛肉的实惠美味,看到了昆明人朴实纯真的性格。这样敦厚淳朴的民风,也许就是作者对昆明市井生活极其热爱和眷恋的重要原因吧。

《翠湖心影》是一篇写景抒情的美文,你看,这垂柳、水浮莲、红鱼,每一种景物都紧扣"翠湖"的翠字,描写得生动细致。"堤边密密地栽着树。树都很高大。主要是垂柳。昆明的树好像到了冬天也还是绿的""肥厚碧绿的猪耳状的叶子,开着一望无际的粉紫色的蝶形的花"。垂柳、水浮莲——它们和我们课文中昆明植物的特点一样,茂密、丰满、热闹。"拨刺一声,从湖心跃起一条极大的大鱼","拨刺"这个拟声词极为生动,给我们的听觉带来了冲击感,"极大的大鱼"又给人以想象的空间。寻常的景,寻常的人,在汪曾祺的笔下都着上了诗情画意。"翠湖中游人少而行人多,但是行人到了翠湖,也就成了游人。"汪老对生活的感悟多么富有哲思。

2. 教师点评、总结。

"翠湖每天每日,给了昆明人多少浮世的安慰和精神的疗养啊。因此,昆明人——包括外来的游子,对翠湖充满感激。"汪曾祺感念客居昆明的时光,因为他感恩昆明城对他的接纳和给予。汪曾祺的文字中蕴含着对生活的挚爱和感激。

设计意图:课前搜集阅读的这些散文文质兼美,很值得鉴赏,学生可能赏析得不够深入,但不要紧,教师在对学生阅读的指导中,充分尊重学生的独特感受和理解,使学生获得方法的引领和思想的启迪很重要。教师在学生赏析后,进行点评、点拨,能够让学生对汪曾祺的语言韵味有更系统的认识,并能意识到汪曾祺文字的魅力来源于日常的观察和积累。

【布置课后活动】

导语:《昆明的雨》景美、情更美,课后请你再次动情地品读这篇文章,完成以下两项作业:

根据文中的情景、情感,绘制一份手抄报。仿照课文《金色花》,把《昆明的雨》改写成一首优美的散文诗。

设计意图:学以致用,学习知识最终要为我所用,根据学生的不同性格特点,制定形式丰富的作业,提高学习兴趣的同时,让习得的知识能够落到实处。

结束语:同学们,品读了汪曾祺的这几篇文章,我们发现,食客的世界是色香味俱全的,行者的眼中是风景万千的,市井往事能够润湿眼眶,街巷人情可以温暖心灵。愿我们都能够在汪曾祺的文字中品出爱自然万物、爱平淡生活的处世情怀。

正如汪老所说:"爱,是一件非专业的事情,不是本事,不是能力,不是技术,不是商品,不是演出,是花木那样的生长,有一份对光阴和季节的钟情和执着。一定要,爱着点什么。它让我们变得坚韧,宽容,充盈。"

设计意图:结束语既是对本堂课赏析的汪曾祺作品主要内容和特色的再回顾,同时强化了三维目标中的情感态度与价值观目标,提高学生审美情趣,培养学生爱自然、爱生活的情怀。

【板书设计】

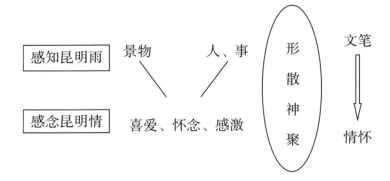

昆明的雨

汪曾祺

感知昆明雨　　景物　　人、事　　形散神聚　　文笔

感念昆明情　　喜爱、怀念、感激　　　　　　　　情怀

【拓展点设计反思】

八年级的学生已经接触过一定篇目的名家散文,已经积累了一些阅读散文类文章的方法,也学习了一些写作手法。这时候学习《昆明的雨》,我决定把课堂真正交给学生了。汪曾祺的文字很有自己的味道:自然、亲切又不失趣味的语言;体察自然万物、热爱平淡生活的心态;以"凡人小事"入手,形散神聚的表情达意的写作手法。这些都是教师在教学中值得关注的地方。

课堂的主体是学生,这毋庸置疑。但教师的主导性要充分发挥出来,前期一定得做足准备。我首先利用两个班级的常态课进行第一轮磨课,结合前辈们的指点和同仁们的听课反馈,我意识到——作为自读课文教学课,要舍得简化教学环节,大胆优化教学活动。因此,最终确立了在品味文笔韵味基础上,"体会汪氏处世情怀"这一拓展点安排教学活动。

自读课要以学生自主阅读实践为主线,充分激发学生的主体意识,引导学生自究自得。我设计的拓展阅读环节,承接上一环节"体会文笔韵味"这一个点,让学生课前搜集了很多汪曾祺写的有关昆明的其他文章,自主阅读,做读书笔记,并以小组为单位交流阅读体会,课上集中分享阅读成果,有效应用和迁移了课上学得的知识、方法和能力,也为语文教学找到了"学以致用"的落脚点。

在教学方法的选择上,我以"导"为主,以"评"为辅,给出阅读的方向,引领学生自主阅读,自主探究。旨在把之前学到的鉴赏文学作品的方法,运用到这堂自读课中加以巩固和检验,促进学生由"学会"到"会学"的转变,提高他们独立阅读散文的能力。在此基础上,丰富学生的阅读积累,开阔阅读视野,进而形成更加成熟、更加个性化的阅读习惯。这堂课的拓展阅读活动,学生的学习热情高涨,活动形式比较多样,他们乐于表达、乐于分享的精神让我很欣慰,可见日常教学的引导和鼓励还是有成效的。

总体而言,这堂课拓展点的设计既把时间给了学生,让学生沉浸于课本好好"读",又让学生带着学习任务有目的地"读",个性地"读",充分调动了学生学习的主动性,体现了学生的主体地位,学生的参与度较高。同时注重学法的指导,将自读、速读、朗读等阅读方式综合运用,教师点拨和学生合作分享有机结合,便于学生更深入地理解文本。从学入手,教评一体,始终贯彻大语文的观念,有效提高了学生的语文素养。

第二节　单元拓展阅读课程阅读推荐表单

表 3-1　七年级语文上册第一单元拓展阅读推荐表

教材篇目	拓展篇目	拓展点（相似点）
《春》	《春之怀古》	两篇描写主要对象都是春。相似点在于两篇文章都运用了比拟写作手法凸显春天的生机勃勃与趣味盎然；都以古典意象营造诗意情境，朱自清的《春》，将单个意向进行重组，在二维的空间内描绘出了春的诗词意境。张晓风《春之怀古》中古典意象的选择更具丰富性和平面性。不同点在于张晓风的笔触豪迈且灵秀，文中的古典意象，开辟了她的散文江山。她穿越时空，纵观记忆里的美好春色，呼唤着那个湮远年代中的春天；而朱自清的语言平实且自然，充斥着童真趣味，文章更理性、写实，表达了作者对未来的无限期盼。
《济南的冬天》	《济南的秋天》	《济南的秋天》是老舍的一篇散文作品。这篇文章与老舍的另外一篇文章《济南的冬天》是姊妹篇。同一个作者，同样的文笔，同样的山水。都写出了济南的美丽与山的秀美。两篇文章都用了一些很好的手法，如：比喻、拟人、虚实相生。两篇文章段落很分明，一目了然。两篇文章句式优美、让人回想、给人以丰富的想象空间，语言生动自然，亲切地写出作者对此季节的喜爱，从多方面描写，细致，化静为动。不同的是季节，两篇文章在写法上有异曲同工之妙。
《雨的四季》	《心灵的轻》	早在 20 世纪 80 年代中期，刘湛秋就被一代大学生誉为"抒情诗之王"。两篇题材都是散文。课文重在写景，拓展重在说理，但是二者最终都归于对自然美的追寻，放下世俗，热爱自然。《四季的雨》通过描绘雨的不同画面、不同景象、不同声响、不同气息，以及带给大地的不同变化。通过自然清新的笔触，细腻流畅地描绘出雨的亲切可爱，表达了作者对雨的喜爱与赞美之情，以及对生命与大自然的热爱之情。

续表

教材篇目	拓展篇目	拓展点(相似点)
《观沧海》	《龟虽寿》	这两篇都是东汉文学家、政治家曹操所写。《龟虽寿》中"老骥伏枥,志在千里;烈士暮年,壮心不已。"与《观沧海》"日月之行,若出其中;星汉灿烂,若出其里。"所表达的意思相似。"老骥伏枥,志在千里;烈士暮年,壮心不已。"意思:年老的千里马虽然伏在马槽旁,雄心壮志仍是驰骋千里;壮志凌云的人士即便到了晚年,奋发思进的心也永不止息。"日月之行,若出其中;星汉灿烂,若出其里。"意思是日月的升降起落,好像出自大海的胸中;银河里的灿烂群星,也像从大海的怀抱中涌现出来。《龟虽寿》所表达的思想感情与《观沧海》是一致的。《观沧海》采用借景抒情,通过写观沧海所见的壮丽景色,抒发自己意气昂扬的豪迈感情,表现了作者开阔的胸襟,抒发了作者统一中国,建功立业的抱负。《龟虽寿》采用直接抒情的方式,表现了老当益壮、积极进取的人生态度。
《闻王昌龄左迁龙标遥有此寄》	《黄鹤楼送孟浩然之广陵》	两首诗都是送别怀友诗的佳作,均出自李白之笔。写作手法方面一贯豪放浪漫色彩,同样寓情于景,文中诗歌表达诗人对朋友的担忧和内心的无奈;拓展诗歌表现诗人对友人的依依不舍之情。渲染了相同的离别送别之情景。拓展诗这首送别诗有它特殊的感情色调。它不同于《闻王昌龄左迁龙标遥有此寄》那种无奈的离别,这首诗表现的是一种充满诗意的离别。之所以如此,是因为两位风流潇洒的诗人的离别,还因为这次离别跟一个繁华的时代、繁华的季节、繁华的地区相联系,在愉快的分别中还带着诗人李白的向往,这就使得这次离别有着无比的诗意。
《次北固山下》	《使至塞上》	两首诗歌中都描写了阔大的景象:"潮平两岸阔,风正一帆悬。"写出了两岸风平浪静,视野开阔的景象;"大漠孤烟直,长河落日圆"写出了边塞的壮美风光。两首诗都写到了"归雁",不同的是次北固山下》中"归雁"指北归的大雁,作者借鸿雁传书传达思乡之情;《使至塞上》中"归雁"是诗人自比,自己像北飞的大雁一样,暗写诗人内心的激愤和抑郁之情。
《天净沙·秋思》	《从军行(其二)》	两首诗都通过诗中的意象来营造诗歌的意境,为诗歌的主题奠定了基调。写作手法以景结情(借景抒情)为主,描写古老雄伟的长城绵亘起伏,秋月高照,景象壮阔而悲凉。以景作结,寓情于景,渲染了凄凉的意境,把将士们浓浓的愁绪与凄清的秋夜月光和荒凉的边塞风光融为一体。课文白描手法绘景,景中流露出漂泊在外游子的悲哀之情。

表 3-2　七年级语文上册第二单元拓展阅读推荐表

教材篇目	拓展篇目	拓展点(相似点)
《秋天的怀念》	《合欢树》	《合欢树》与《秋天的怀念》是史铁生为怀念母亲所作。这两篇散文语言朴实无华,感情真挚热烈,具有极高的艺术价值,且两者均被选入初中语文教材,证明其具有较强的教育意义。象征手法的使用相同,在《合欢树》这一篇课文中,合欢树作为一个典型的意象,具有着两层象征意味。在《秋天的怀念》一文中,有两个主要的意象,一是秋天,一是菊花,这两者均具有象征意味。作者态度变化相似:《合欢树》中作者的态度有三种主要变化。在《秋天的怀念》一文中,作者对看花的态度也发生了多次转变。史铁生的散文形神兼备,文情并茂,具有浓浓的抒情意味。
《散步》	《陆绩怀橘》	百善孝为先,孝道是中华民族的传统美德。有句谚语说:"养儿防老,积谷防饥。"家长抚养子女,除了希望子女成才外,还希望年老时有所依靠。拓展文主人公陆绩六岁就知道要把甘甜的橘子留给母亲吃,在他幼小的心灵里已埋下"孝"的种子,所以受到大家的称赞。关心父母,爱护父母直至赡养父母,既是小辈的责任与义务,也是一种高尚的道德。这种道德观要从小就开始培养。《散步》通过写一家人在田野上散步的生活侧面,展示了一家人互敬互爱、和睦相处的深厚感情和生活情趣,体现了中华民族尊老爱幼的传统美德。虽然时代不同,但是孝道不会改变,传承孝道就是我们的责任。
《咏雪》	《雪》	文章中雪的形象都重在展现其"神",《咏雪》言简意赅地勾勒了疾风骤雪,纷纷扬扬的下雪天,谢家子女即景赋诗咏雪的情景,展示了古代家庭文化生活轻松和谐的画面。文章通过神态描写和身份补叙,赞赏谢道韫的文学才华,并因此而流传千古,成为一段佳话。谢道韫的比喻中体现随风飘撒的神韵,鲁迅的笔下体现出北方雪的坚强不屈、勇于面对恶劣环境的斗士形象。熔写实、绘景、言志、抒情于一炉,创造了顽童戏雪这一新美而幽远的意境,寓寄了深刻而现实的思想:不奋飞于社会革命斗争之广阔天宇者,到头来只能为历史的辩证法所玩弄、所抛弃而已。
《陈太丘与友期行》	《曾子杀彘》	两篇短文都体现做人要讲诚信这一主题。《陈太丘与友期》这一章出自刘义庆编写的《世说新语》,记述了陈元方与来客对话时的场景,告诫人们办事要讲诚信,为人要方正。《曾子杀彘》是一篇古文,讲述了曾子用自己的行动教育孩子要言而有信、诚实待人。同时这个故事也教育成人,自己的言行对孩子影响很大,待人要真诚,不能欺骗别人,否则会将自己的子女教育成一个待人不真诚的人。

表3-3 七年级语文上册第三单元拓展阅读推荐表

教材篇目	拓展篇目	拓展点（相似点）
《从百草园到三味书屋》	《拔茅针》	主题相似,讲解了鲁迅童年的经历。《从百草园到三味书屋》是一篇描写鲁迅童年生活的散文。描述了鲁迅儿时在家中百草园中的游戏玩乐到在三味书屋中的读书学习。表现了一个乡村儿童的成长过程。文章表达了鲁迅对儿时生活的眷恋,对童趣不在的叹惋,和对眼前生活的感喟,以及对老师的怀念。 拓展文背景是20世纪80年代的乡间生活,小小孩童除了去村里的学校上课,剩余时间便是放养在田间地头。但少年不识愁滋味,幕天席地间,每一种野草和野果都能熟悉其习性。茅针便是其中之一。其中的快乐是城市儿童所不能拥有的。
《再塑生命的人》	《再笨一点多好啊》	主题相似,塑造了老师面对不同家庭环境中学生的做法。课文让学生感悟安妮·莎莉文老师深沉博大的爱及其独特的教育方式,还要学习海伦·凯勒自强不息的精神,体会她热爱生活,对待生命的积极态度. 拓展文让学生们要正确地、全面地看待一个人,对待弱智的孩子更要看到他的优点和长处。
《论语》十二章	《论语》五章	《论语》是儒家学派的经典著作之一,由孔子的弟子及再传弟子编撰而成。它以语录体和对话文体为主,记录了孔子及弟子的言行,集中体现了孔子的政治主张、伦理思想、道德观念及教育原则等。与《大学》《中庸》《孟子》《诗经》《尚书》《礼记》《易经》《春秋》并称"四书五经"。通行本《论语》共二十篇。

表3-4 七年级语文上册第四单元拓展阅读推荐表

教材篇目	拓展篇目	拓展点（相似点）
《纪念白求恩》	《天上没有多余的星星》	题材相同,记叙文就是以叙述的方式进行阐述的一种文章体裁。记叙文的阅读在考试中占有较大的比重,也是贯穿整个阅读的重要体裁;主题相似,写了一个普通职工善良、尽责、坚强的平凡人物形象。一个人不管多平凡,但在社会大家庭中,只要他认真地工作生活,就会有价值。

教材篇目	拓展篇目	拓展点（相似点）
《植树的牧羊人》	《佩恩的森林》	主题相似,讲述佩恩 36 年凭一己之力种出 1360 亩森林的感人励志故事。主人公们能使不毛之地变成一片生机勃勃的森林,靠的是顽强的毅力和坚忍不拔的精神;他们为了解决植被,善于开动脑筋,采取科学的方法。这两点给我们的启示是:做好一件事,必须有坚定的信念,并讲究方式方法。
《走一步,再走一步》	《一根善的拐杖》	主题相似,写父亲的善良。散文《一根善的拐杖》主要写父亲对中暑老人施以援手的故事,多次提到冷漠的人群是为了与父亲的反应形成对比,衬托出父亲的善良。课文通过"我"童年时的一次爬山经历,感受到一个具有意义的人生哲理:在人生的道路上,无论遇到怎样的危险和困难,只要把它分解开来,一步步战胜小困难,最后就能战胜最大的困难。从题目来看两篇都是文章组织材料的线索,题目直接点明线索,便于读者把握文意。
《诫子书》	《周公诫子》	同为议论性文言文。具体论证方式都采用了正反对比论证。主题相似,都是劝诫自己的儿子要修身养性,成为一个有用的人。但内容略有不同,周公告诫儿子伯禽的中心内容是不要因为受封于鲁国就怠慢轻视人才;诸葛亮告诫儿子的中心内容是要立德、修身。

表 3-5   七年级语文上册第五单元拓展阅读推荐表

教材篇目	拓展篇目	拓展点（相似点）
《猫》	《猫》	写法角度:都是运用生动的语言,传神的细节描写手法和多种修辞刻画出猫的可爱或者慵懒的形象,表达作者对猫的感情。学生在写作中可以借鉴。
《动物笑谈》	《白鹅》	抓住关键词体会语言风格:两篇文章用词生动形象,语言风趣幽默,表达了对动物的喜爱之情。两篇文章语言活泼、诙谐、准确又极富情趣,运用了多种表达方法,字里行间渗透着作者对动物的欣赏和爱怜。在丰子恺眼里,白鹅俨然就是一位高傲而固执,忠诚而可爱的朋友。《动物笑谈》用小鸭子和大鹦鹉对"我"的亲热态度来衬托"我"对动物的爱心。用老教授的"生气"和客人们的疑惑来衬托大鹦鹉的聪明、机智。

教材篇目	拓展篇目	拓展点(相似点)
《狼》	《母狼的智慧》	刻画出狼的特点一正一反,课文中认识狼贪婪、凶残和狡诈的本性。让学生懂得对待像狼一样的恶势力要敢于斗争、善于斗争,才能取得胜利。拓展文中的母狼有毫不逊于人类的情感——母爱,表现了它的智慧和牺牲精神。拓展文描写了一位老猎人向"我"讲述了狼的智慧。狼可以制作简易的皮筏,来带着孩子过河。它们还可以声东击西,清除痕迹,用自己的死换回孩子的生。文章写出了狼的智慧。狼不单有凶残的一面,它们还有伟大的母爱。对比阅读把握狼性格特点和主题。

表 3-6　七年级语文上册第六单元拓展阅读推荐表

教材篇目	拓展篇目	拓展点(相似点)
《皇帝的新装》	《卖火柴的小女孩》	主题相似。都是在鞭挞丑恶、歌颂善良中,表现了对美好生活的执着追求。童话是具有浓厚幻想色彩的虚构故事,多采用夸张、拟人、象征等表现手法去编织奇异的情节。幻想是童话的基本特征,也是童话反映生活的特殊艺术手段。童话主要描绘虚拟的事物和境界,出现于其中的"人物",是并非真有的假想形象,所讲述的故事,也是不可能发生的。但是童话中的种种幻想,都植根于现实,是生活的一种折光。
《天上的街市》	《迢迢牵女星》	相同的材料,迥异的情节:对比阅读,都写了牛郎与织女的故事,使用了托物言志的手法,但是《天上的街市》是可以逛游天街,过着自由美满的生活,《迢迢牵女星》却是两不相见,无奈悲哀,通过两个不同时代不同的结局,传递出不同的情感主题。
《女娲造人》	《精卫填海》	两个神话塑造的人物形象都十分鲜明,通过动作描写和神态和心理描写等描写方法,加入合乎情理的想象。民间神话是民间文学的一种体裁样式,它是远古时期的人民所创造的反映自然界、人与自然的关系以及社会形态的具有高度幻想性的故事。在民间创作的、供人们消遣娱乐的一种文学体裁,即:赋予人一定的法力,极力宣扬"善有善报恶有恶报",最终结局都是"善良者获胜——成为神仙或升官发财",寄予了人们"惩恶扬善"的美好愿望。

教材篇目	拓展篇目	拓展点（相似点）
《寓言四则》	《揠苗助长》	题材都是寓言。寓言的篇幅一般比较短小，语言精辟简练，结构简单却极富表现力。鲜明的讽刺性和教育性。多用借喻手法，使富有教育意义的主题或深刻的道理在简单的故事中得到体现。主题思想大多借此喻彼、借远喻近、借古喻今、借小喻大。故事情节具有虚构性，主人公可以是人，也可以是物。常用手法：比喻、夸张、象征、拟人等。"寓"是"寄托"的意思，即把作者的思想寄寓在一个故事里，让人从中领悟到一定的道理，本质上属于一种类比的间接表达。寓言最大的特点是用比喻性的故事寄寓意味深长的道理，具有鲜明的哲理性和讽刺性。

表 3-7　七年级语文下册第一单元拓展阅读推荐表

教材篇目	拓展篇目	拓展点（相似点）
《邓稼先》	《邓稼先逝世30周年：还原真实才是最深的怀念》	这两篇文章都介绍了对祖国、民族有巨大贡献的杰出科学家——邓稼先的部分生平事迹。文章展现了邓稼先忠厚平实、真诚坦白、从不骄人等优秀品质，赞扬了他"鞠躬尽瘁，死而后已"的光辉一生，作品流露出深深的敬佩与怀念之情。
《说和做——记闻一多先生言行片段》	《一句话》	课文记述了闻一多先生的主要事迹，梳理了闻一多作为不同角色的"说"和"做"，展现了他严谨刻苦的治学态度、言行一致的高尚人格，高度赞扬了他的革命精神。拓展阅读闻一多先生写的《一句话》能让学生深刻体会作者深沉的爱国主义情怀。
《回忆鲁迅先生》	《回忆鲁迅》	两篇文章均属于鲁迅先生的人物传记，但写作角度不同。郁达夫主要写鲁迅先生文学上的建树，政治性更强一些；萧红是从生活的细节来写鲁迅先生的生活作风，体现鲁迅的人格魅力。二者结合起来能让学生全面了解鲁迅先生。

续表

教材篇目	拓展篇目	拓展点（相似点）
《孙权劝学》	《伤仲永》	《孙权劝学》写了吕蒙在孙权的劝说下"乃始就学"，其才略很快就有了惊人的长进而令鲁肃叹服并与之结友的故事，展现了后天学习的重要性。《伤仲永》讲述了神童"方仲永"因忽视后天学习而"泯然众人矣"的故事。两文的内容都与学习有关，一正一反，从不同的方面说明了学习的重要性。

表 3-8　七年级语文下册第二单元拓展阅读推荐表

教材篇目	拓展篇目	拓展点（相似点）
《黄河颂》	《长江之歌》	《黄河颂》通过赞美黄河，歌颂中华民族顽强的奋斗精神和不屈的意志，激励着世代中华儿女。《长江之歌》赞颂了长江的宏伟壮丽，抒发了作者的敬畏、热爱与依恋之情，表达了中国人民对祖国的热爱。两部作品风格类似，都是直抒胸臆，分别赞美了长江、黄河所体现出的伟大精神，感情乐观豪迈。
《老山界》	《七律·长征》	《老山界》这篇回忆性的散文真实、生动地叙述了红军翻越老山界的全过程，表现了红军不怕困难、艰苦奋斗的坚强意志和革命乐观主义精神。《七律·长征》是一首七言律诗，虽体裁不同，但情感色彩十分相似，作为拓展阅读篇目，可以引起学生的情感共鸣。
《谁是最可爱的人》	《冬天和春天》	《谁是最可爱的人》是一篇战地通讯，运用第一人称写法揭示了志愿军战士英勇无畏、坚忍刚毅、淳朴谦逊的品格，字里行间流露出对志愿军战士的敬仰与热爱。《冬天和春天》与本篇课文同出自作家魏巍之手，歌颂了最新的人、最可爱的人、最具有崇高思想的人——抗美援朝志愿军。
《土地的誓言》	《我爱黑土地的冬天》	《我爱这土地》这篇抒情散文，抒发了对国土沦丧的压抑之感和对故土的眷恋之情。拓展阅读篇目《我爱黑土地的冬天》同样运用了比喻、拟人修辞手法，呼告的写作手法，先使用第三人称后转为第二人称来写黑土地，表达对家乡土地的热爱。
《木兰诗》	《北朝民歌三首》	长篇叙事诗《木兰诗》成功塑造了花木兰这一巾帼英雄形象，集中表现了中华儿女勤劳、善良、勇敢、刚毅等优秀品质，并展现了独特的艺术风格。拓展篇目所选的三首北朝乐府民歌和《木兰诗》都体现了北朝乐府民歌刚健质朴、豪迈雄壮的艺术风格，可陶冶学生的情操。

表 3-9　七年级语文下册第三单元拓展阅读推荐表

教材篇目	拓展篇目	拓展点（相似点）
《阿长与〈山海经〉》	《病后杂谈之余》	鲁迅先生的这篇回忆性散文以儿时对阿长情感态度的起伏变化贯穿全文，通过欲扬先抑的写法，既刻画了阿长好事粗俗、迷信可笑的一面，又凸显了阿长朴实善良、仁厚慈爱的天性。拓展阅读篇目《病后杂谈之余》也提到了长妈妈讲长毛的故事，表现了封建社会妇女的愚昧无知。
《老王》	《独腿人生》	课文描写了"老王"这一人物的生活状况，以及淳朴、善良、仁义的品性，表达了作者对人性之美的讴歌，对不幸者的悲悯关怀，对自身的反省等。《独腿人生》与《老王》内容、主题相似，都刻画了社会底层小人物的形象，展现了小人物以微薄之力与不公命运顽强抗争的勇气，用真诚对待别人冷漠的目光的善良。
《台阶》	《背影》	《台阶》以第一人称讲述了"父亲"造高台阶的故事，塑造了一个老实本分、热爱生活、吃苦耐劳、坚忍不拔、追求理想的农民形象。《背影》主要描写"父亲"在车站送别儿子时买橘子的背影，展现了父子间深沉的爱。两篇文章内容相似，都在抓住生活中的细节描写父亲，以小见大，情感真挚，打动人心。
《卖油翁》	《庖丁解牛》	《卖油翁》这篇笔记体小说通过陈尧咨与卖油翁之间的问答，告诉人们"熟能生巧"的道理，同时告诫人们即使有长处也不能骄傲。《庖丁解牛》与课文主题类似，都在客观上阐明了一切事物虽然错综复杂，但都有它内在的规律性；通过长期实践，又善于思考，就能认识和掌握规律，从而发挥主观能动性，取得行动的自由。

表 3-10　七年级语文下册第四单元拓展阅读推荐表

教材篇目	拓展篇目	拓展点（相似点）
《叶圣陶先生二三事》	《回忆我的语文老师》	《叶圣陶先生二三事》属于写人记事类散文，通过回忆与叶圣陶先生交往中的几件事，表现了叶圣陶先生严谨自律、待人宽厚的节操和风范，字里行间流露出作者的追思景仰之情。《回忆我的语文老师》与本篇课文风格、情感类似。都是通过微不足道小事，表现了作者对生命中难以忘怀的人的品格的赞颂。

126

续表

教材篇目	拓展篇目	拓展点（相似点）
《驿路梨花》	《谁是最可爱的人》	本篇小说生动展现了雷锋精神在祖国边疆军民中生根、开花、发扬光大的动人情景，再现了西南边疆少数民族乐于助人、热情好客的淳朴民风，歌颂了互帮互助的良好社会风气。《谁是最可爱的人》同样反映和歌颂了我国人民群众的英雄事迹和伟大情怀，刻画了无名英雄们的光辉形象，令人肃然起敬。
《最苦与最乐》	《敬业与乐业》	本篇议论文从最苦与最乐两个方面来谈人生的责任，告诫我们：人生在世，必须要对他人、家人、社会、国家以及自己尽到应尽的责任，这样才能得到真正的快乐。拓展阅读篇目《敬业与乐业》的作者也是梁启超先生，行文风格与《最苦与最乐》一脉相承，都阐明了作者的人生责任感与价值观。
《陋室铭》	《项脊轩志》	《陋室铭》这篇铭文通过对陋室环境、交往对象、日常生活的描绘，展现出"陋室不陋"，表达了作者高洁傲岸的情操和安贫乐道的情趣。两篇文章都是在写陋室，《项脊轩志》中的陋室虽然狭小、破旧、阴暗，可它是作者长期生活的地方。时过境迁，唯有项脊轩才能唤起人对过去经历的长久回忆，因而作者对它怀有真挚的眷恋之情。
《爱莲说》	《芙蕖》	《爱莲说》歌颂了莲坚贞高洁的品格，表现了作者洁身自好的高洁人格，以及对追名逐利的厌恶。这两篇文章写的都是莲花，二者角度不同，但写法都是托物言志。《芙蕖》比较含蓄，它外在说明，而意在托物言志，写的是可贵的无私奉献精神。

表 3-11　七年级语文下册第五单元拓展阅读推荐表

教材篇目	拓展篇目	拓展点（相似点）
《紫藤萝瀑布》	《好一朵木槿花》	《紫藤萝瀑布》由花的衰而又盛，联想到生命的无止境，从而感悟到人生的美好和生命的永恒。《好一朵木槿花》通过对木槿花两次开花的描绘，领悟到重压之下顽强挣扎，不畏艰难面对一切苦难的人生真谛。两篇文章均为借物抒情的散文，告诉人们要勇敢坚强地面对生活中的困难，要有积极乐观的生活态度。

续表

教材篇目	拓展篇目	拓展点(相似点)
《一棵小桃树》	《贝壳》	《一棵小桃树》通过描述小桃树曲折艰难的生长过程,赞颂其与命运抗争的顽强精神,并借此抒发自己的情志、理想。《贝壳》通过描写贝壳的精致美丽,引发作者感慨:珍惜时间,努力让自己的人生更有意义。两篇文章都是托物言志,以小见大,从一个小小的事物中受到启迪,悟出生命的意义。
《假如生活欺骗了你》	《成功的花》	本诗用劝告的口吻告诉人们:面对挫折时不要沉湎于悲伤和痛苦,要镇静,要正确对待,要坚信未来是美好的。表达了作者积极、乐观、豁达的人生态度。拓展阅读篇目《成功的花》也属于励志哲理诗歌,告诉我们要永不言弃,以乐观的心态面对生活。
《未选择的路》	《根》	《未选择的路》运用象征手法,含蓄清新。借自然界的路来写人生之路,告诫我们人生有许多道路可供选择,但如果选择了就不能再回头,因此必须慎重。拓展阅读篇目《根》同样运用了托物言志的写法,抓住具体意象,具有象征意义。
《登幽州台歌》	《将进酒》	《登幽州台歌》抒写了诗人登楼远眺时凭古吊今的感慨,表现了诗人怀才不遇的境遇和寂寞苦闷的情怀。《将进酒》与本诗写作背景相似,均是诗人在苦闷忧愤的情况下所写,抒发作者壮志难酬,怀才不遇的感慨。
《望岳》	《观沧海》	《望岳》从不同角度描绘了泰山的高峻雄奇,热情赞美了泰山高大巍峨的气势和神奇秀丽的景色,流露出对祖国山河的热爱之情,体现了诗人青年时代乐观自信、积极向上的进取精神。《观沧海》同样借景抒情,表现作者的雄心壮志和宏伟抱负,具有豪迈气概。
《登飞来峰》	《题西林壁》	《登飞来峰》是一首七言绝句,借登峰所见景象之阔大,表现了诗人变法革新的政治理想、远大志向以及大无畏精神。《题西林壁》一诗同样寓情理于诗境中,表现技法相似,后两句分别从肯定与否定方面寓理,常被用作座右铭。
《游山西村》	《西江月·夜行黄沙道中》	《游山西村》这首七言律诗层次分明地勾勒出一幅色彩艳丽的江南农村风光图,表现了农家热情好客和风俗古朴的特点,表达了诗人对田园生活的热爱与向往。此篇拓展阅读作品也为作者被罢官闲居时创作的以农村生活为题材的佳作。

续表

教材篇目	拓展篇目	拓展点（相似点）
《己亥杂诗》（其五）	《己亥杂诗》（其二百二十）	《己亥杂诗》这首七言绝句抒发了诗人辞官离京的复杂感情，表现了诗人虽脱离官场，但依然关心国家的前途和命运，始终都想为国家效力的奉献精神。拓展阅读所选篇目与本诗均出自龚自珍之笔，表现出作者虽辞官但仍关心国家命运的思想。

表 3-12　七年级语文下册第六单元拓展阅读推荐表

教材篇目	拓展篇目	拓展点（相似点）
《伟大的悲剧》	《登上地球之巅》	《伟大的悲剧》这篇传记记述了英国探险家斯科特一行与挪威探险家阿蒙森角逐失败后，在归途中牺牲的悲壮故事，歌颂了勇于探索、为事业献身的崇高精神和集体主义精神。《登上地球之巅》也属于叙写人类探险的文学作品，同样体现了人类坚强的意志，强烈的集体主义精神。
《太空一日》	《月亮上的足迹》	《太空一日》的体裁为传记，展现了我国宇航员首飞太空的经历，表现了宇航员置个人安危于度外的英雄气概以及认真严谨、一丝不苟的工作作风。《月亮上的足迹》是一篇新闻报道，以平实的语言记录了人类首次登月的全过程，表达了作者的喜悦与赞美之情。此类文章的阅读有益于培养学生探索未知世界的兴趣，激发学生对航天事业的热爱。
《带上她的眼睛》	《朝闻道》	《带上她的眼睛》一文想象奇特，叙述了"我"带着一位被困地心深处无法返回地面的女地航员的"眼睛"（即传感眼镜）去经历一系列事情，表现了女地航员对美好生活的渴望和为科学事业无私奉献的精神。《朝闻道》也属于科幻小说，文章将科学与想象力结合，学生的阅读兴致较高。
《河中石兽》	《纸上谈兵》	《河中石兽》是一篇笔记体小说，叙议结合地记述了人们寻找石兽的过程及结局，说明天下的事物虽有共同规律，但又有各自的特殊性原理，不可不加分析而主观臆断。《纸上谈兵》与课文主旨类似，都在启发人们要做到具体问题具体分析，实践才是检验真理的唯一标准。

表 3-13　八年级语文上册第二单元拓展阅读推荐表

教材篇目	拓展篇目	拓展点（相似点）
《藤野先生》	《父亲的病》	两篇文章都选自鲁迅的散文集《朝花夕拾》,都展现了不同时期作者内心的痛苦——《父亲的病》中,父亲被庸医治死,鲁迅毅然到他乡求学,这是他心中的痛;《藤野先生》中,鲁迅在仙台医专经历"匿名信事件"与"看电影事件"后,被迫弃医从文,这亦是他心中的痛。《父亲的病》中鲁迅选择"学医"是他救国救民道路的开始,《藤野先生》中鲁迅选择"弃医从文"则是他救国救民道路的进一步探索。通过本篇拓展阅读,能够更好地帮助学生理解鲁迅思想的转变:从相信先进的医术能够救中国到只有强壮的身体是远远不够的,重要的是思想的强大。
《回忆我的母亲》	《我的母亲》	两篇文章都属于记叙类纪实性文章,都是为了纪念自己的母亲所作,都是按照时间顺序进行记叙写作的。文章所展现的镜头都是由极平凡的生活细节构成,叙述也朴实无华,然而都因为饱含了作者浓浓的真情,所以当把它们摄取下来的时候,便产生了强烈的感染力量。两篇文章通过简洁、质朴的语言为我们塑造了伟大、无私的母亲形象,都是感人至深的叙事写人佳作。
《列夫·托尔斯泰》	《灵魂宇宙的永恒太阳》	在《列夫·托尔斯泰》这篇文章中,作者茨威格用他力透纸背而又妙趣横生的文笔为我们描绘了一幅世界级大文豪托尔斯泰的"肖像画",揭示出他深邃而卓越的精神世界。《灵魂宇宙的永恒太阳》这篇文章中作者将"永恒太阳"的象征、比喻与托尔斯泰的内心变迁关联起来,梳理了托尔斯泰的灵魂变化轨迹。这两篇文章内容有相似之处,同样写出了托尔斯泰的平易近人,点明他就是平民中的一员;主旨也有相似之处,都展现了托尔斯泰伟大、高贵的人格,表达了作者对托尔斯泰的无限崇敬之情。
《美丽的颜色》	《跨越百年的美丽》	《美丽的颜色》通过艾芙·居里的视角,形象地描述了居里夫妇发现钋和镭的艰难过程。《跨越百年的美丽》讲述了居里夫人不顾镭射线以及化学药品的侵蚀,坚持进行科学研究的故事。这两篇文章主题相同,都高度赞扬了居里夫人坚定执着,淡泊名利,刚毅顽强,为科学献身的精神。

表 3-14　八年级语文上册第三单元拓展阅读推荐表

教材篇目	拓展篇目	拓展点（相似点）
《三峡》	《三峡》	这两篇文章的题目相同,都是明丽清新的山水散文,景物描写也都抓住了其特点,情景交融,生动传神。拓展篇目也有多处引用了原篇目当中的句子。两篇文章的主题也有相似之处,都表达了作者对祖国壮丽风光的热爱和赞美之情,同时也展现了作者眼见为实、严谨认真的地理科研精神。
《短文两篇》	《晚游六桥待月》	拓展篇目《晚游六桥待月》是明代文学家袁宏道创作的一篇游记,文章开篇先总体介绍西湖最美丽的景色,然后详写西湖春天的风景,与原篇目题材相同,都写出了江南山水的美丽,别有一番韵味。两篇文章行文简练,感情自然,句式上长短句交错,骈散结合。在思想感情上,都反映了作者娱情山水的清高思想。
《与朱元思书》	《与施从事书》	两篇文章的体裁相同,都是书信,拓展篇目是吴均三书中的另一篇,是南朝山水文学的代表作品,诗文很有特点,"清拔、有古气"。两篇文章都从视觉角度写景,写景时以动衬静、情景交融,写作手法都运用了烘托、渲染的手法,在修辞上都使用对偶、夸张的修辞;两篇文章的主题也相同,都抒发了热爱大自然,寄情山水的意趣,表达了避世退隐,鄙弃名利的思想。
《唐诗五首》	《乡愁》	拓展诗篇《乡愁》是现代诗人余光中创作的一首现代诗歌,整首诗作者选用了"邮票""船票""坟墓""海峡"四个生活中常见的物象,赋予其丰富的内涵,使原本不相干的四个物象,在乡愁这一特定情感的维系之下,反复咏叹,与本课的几首思乡之作主题相同,虽为现代诗歌,却有着经久不衰的魅力,可与古人的诗作相媲美。

表 3-15　八年级语文上册第四单元拓展阅读推荐表

教材篇目	拓展篇目	拓展点（相似点）
《背影》	《最后的背影》	拓展篇目《最后的背影》围绕父亲写了四件事:硬撑着在田里干活、为了我上学送柴、把采草穗卖的钱以及私攒的钱给我,与原篇目一样,都是以"背影"为线索组织材料。两篇文章作者都用朴素、简洁的文字,把父亲对儿女的爱,表达得深刻细腻,真挚感动,从平凡的事件中,呈现出父亲的关怀和爱护。

教材篇目	拓展篇目	拓展点（相似点）
《白杨礼赞》	《黄山绝壁松》	拓展篇目塑造了一个积极向上、激人奋进的形象——黄山绝壁松，读后使人身临其境。两篇文章都用了大量的修辞手法，语句有力，有比喻、拟人、对比等，生动形象地描绘出了树的内在精神，并且淋漓尽致地展示了树难能可贵的品质，两篇文章都运用了托物言志的手法，由物及人，借赞美树，来赞美人，赞美人身上所具有的精神品质，感人心怀。
《永久的生命》	《谈生命》	《永久的生命》告诉读者个人的生命是卑微的，但人类的生命是不朽的，生命充满了希望，我们不应对易逝的生命感到悲观，生命应该是充满拼搏和充实的。《谈生命》是世纪老人冰心在仙逝前不久发表的一篇谈生命本质和生命意义的美文，道出了她历经百年沧桑、备尝酸甜苦辣的生命体验，揭示了生命由生长到壮大再到衰弱的一般规律，以及生命中的苦痛与幸福相生相伴的共同法则。两篇文章主题相同，都表达了生命不止、奋斗不息的意志和豁达乐观的精神。
《我为什么而活着》	《人生》	这两篇文章都是哲理散文。在《我为什么而活着》这篇文章中，作者开门见山回答作为文章标题提出的问题，他活着的三个理由是：第一，对爱情的渴望；第二，对知识的追求；第三，对人类苦难不可遏制的同情心。我们从中可以窥见思想家罗素的崇高思想境界和伟大人格。《人生》这篇文章则将人生比喻为攀登高塔，告诉读者人的生命历程有攀登就有跌落，跌落与攀登是既对立又统一的，同时在攀登的过程中我们的精神不能只停留在同一个地方，而要向深处继续挖掘与探索。两篇文章都谈到了"生命"，都以哲理见长，讲述人生感悟，让人获得思想的启迪。
《昆明的雨》	《端午的鸭蛋》	不管是《端午的鸭蛋》还是《昆明的雨》都是拾取生活中的琐细事物，娓娓道来，如同随意聊天，无拘无束。在叙述中写出自己的感受和生活之妙，不刻意追求文章结构的严谨，但在随意中也体现了文章整体的和谐，散文之"散"伴随着"整合"和"精致"展开，形散而神不散。这两篇都是自然平淡又蕴含深情的散文佳作。

表 3-16　八年级语文上册第五单元拓展阅读推荐表

教材篇目	拓展篇目	拓展点（相似点）
《中国石拱桥》	《中国桥梁史料》	拓展文本《中国桥梁史料》是一部桥梁学的专业著作。主要从学科专业的角度，介绍卢沟桥这一重要建筑物的技术细节，与原篇目体裁相同，都属于说明文。两个篇目中都有介绍卢沟桥的相关文字，主题也相似，都歌颂了我国劳动人民的勤劳、智慧和伟大的创造力。
《苏州园林》	《万园之园——圆明园》	《苏州园林》抓住苏州园林的总体特征："务必使游览者无论站在哪个点上，眼前总是一幅完美的图画。"进而围绕这个中心，把各种景物综合分成几个类型，分别加以介绍说明和具体描绘，从而自然、真切地再现了苏州的风貌，也显示了设计者和匠师们的智慧及我国园林艺术的高超水平。《万园之园——圆明园》主要介绍了圆明园宏伟的建筑，收藏的奇珍异宝，是举世闻名的博物馆、艺术馆，同时谴责了八国联军掠夺、破坏、烧毁圆明园的行径。两篇文章都是介绍我国园林的佳作，都歌颂了我国古代劳动人民非凡的智慧。
《蝉》	《蝉的音乐》	《蝉》这篇文章主要从蝉的地穴和卵两个方面讲述了蝉的特点；《蝉的音乐》介绍了蝉的生理习性、发声原理等，这两篇文章的作者都是法国的昆虫学家法布尔，说明对象都是蝉，字里行间都洋溢着作者对生命的敬畏之情，都体现了作者追求真理、探求真相的精神。
《梦回繁华》	《达·芬奇〈最后的晚餐〉》	这两篇文章在介绍《清明上河图》和《最后的晚餐》时，并没有从绘画技巧的角度做过多的介绍，而是扣住这两幅画作所描绘的现实内容，着重介绍画作的构图与布局，尽可能真实地向读者呈现画作的具体内容。

表 3-17　八年级语文上册第六单元拓展阅读推荐表

教材篇目	拓展篇目	拓展点（相似点）
《生于忧患，死于安乐》	《得道者多助，失道者寡助》	两篇文章都出自《孟子》，都是针对最高统治者，都是运用实例，最后得出论断，是典型的议论文。议论中的语言充满气势，具有较强的逻辑性，通篇多用对偶排比，音节和谐，朗朗上口，既优美耐读，又流畅有力。两篇都运用了类比论证的手法——《得道多助，失道寡助》以战争中的事例作为例证，强调"天时不如地利，地利不如人和"，然后类推出治国的道理；《生于忧患，死于安乐》从个人事例说起，在得出"困境出人才"这个观点后，转到统治者治国上，指出决定国家存亡的因素和决定个人能否成就大事的因素相仿，最后推出论点。
《愚公移山》	《詹何钓鱼》	两篇文章都是寓言故事。《愚公移山》叙述了愚公不畏艰难，坚持不懈，挖山不止，最终感动天帝而将山挪走的故事。反映了我国古代劳动人民改造自然的伟大气魄和惊人毅力——体现"恒"；《詹何钓鱼》讲述詹何用单股的蚕丝做钓鱼的丝绳，用弯芒刺做钩，用细竹竿做钓竿，用剖开的米粒做钓饵，在有百仞深的深渊中和湍急的河流里钓到一条可以装满一辆车的鱼，钓丝还不断，钓钩没有被扯直，钓竿没有被拉弯。原来是因为他钓鱼时，可以做到用心专一，不思虑杂事——体现"专"。这两篇文章都展现了我国古代人民的生活智慧。
《周亚夫军细柳》	《廉颇蔺相如列传》	两篇文章都是以小见大，运用对比手法，渲染铺垫和陪衬映托塑造人物形象。《廉颇蔺相如列传》一文的主要人物是蔺相如，但作者却能巧妙运用文中一些次要的人物来使蔺相如的形象更鲜明突出。如"完璧归赵"和"渑池会"中对秦王的描绘，写出了秦王的色厉内荏、难以下台的尴尬和困窘，从而反衬出蔺相如的机智勇敢。《周亚夫军细柳》主要运用对比和侧面描写来刻画周亚夫的形象。将文帝在霸上军营、棘门军营所受到的待遇与细柳军营所受到的待遇形成对比，突出周亚夫治军严明、刚正不阿、恪尽职守、凛然不可侵犯的"真将军"形象。
《诗词五首 春望》	《闻官军收河南河北》	这两首诗歌的作者都是杜甫，诗歌均写于安史之乱期间。《春望》描写了春日长安凄惨破败的景象，饱含着兴衰感慨，抒发了诗人忧国、伤时、悲己的情感以及对亲人的思念之情。《闻官军收河南河北》主要叙写了诗人听到官军收复失地的消息后十分喜悦，收拾行装立即还乡的故事，抒发诗人无法抑制的胜利喜悦与还乡快意。这两首诗歌虽体现的情绪不同，但都表现了诗人真挚的爱国情怀和高尚的精神境界。

续表

教材篇目	拓展篇目	拓展点（相似点）
《诗词五首》	《月夜忆舍弟》	拓展诗歌《月夜忆舍弟》的作者同样是杜甫，该诗也写于安史之乱，诗人在兵荒马乱的年代中哀愁胸中涌，深情字中结，字里行间暗含对现实的不满，对百姓的同情，将常见的怀乡思亲题材写得凄楚动人。其中"寄书长不达，况乃未休兵"与《春望》中"烽火连三月，家书抵万金"更是有异曲同工之妙，两首诗歌均体现出杜甫现实主义的诗风与忧国忧民的博大胸襟。

表 3-18　八年级语文下册第一单元拓展阅读推荐表

教材篇目	推荐篇目	拓展点（相似点）
《社戏》	《背影》	写作手法相似，都是通过细致生动的刻画，使场景生动而有画面感。从而更好地表现人物的形象和心理。两篇文章题材相同，都是带有回忆性质的文章，并且都以题目为线索串联的整篇文章。
《回延安》	《记一辆纺车》	虽然体裁不一样，但都蕴含一种深沉的情感。两篇文章作者都回忆了在延安的革命生活，反映作者对那段美好时光的怀念和坚持不懈的革命情感。
《安塞腰鼓》	《观舞记》	两篇文章首先都有真挚情感的灌注，体现了诗性抒情散文的本色当行。其次，段落层次的多行细分，运笔行文的抒情格调，排比句式的联翩层叠，明比暗喻的生动多姿，遣词造句的凝炼优雅，也从各个方面增添了诗性色素。也都描述了带有地区特色的文艺活动。同样通过多种表达方式的综合运用，对景物和人物进行了精彩的描写，进而理解文中所蕴含的民俗文化的价值和意义。
《灯笼》	《菜园小记》	二者都是通过怀念来抒发现实的感受，引导学生从字里行间把握作者情感的变化。二者语言存在相同点：首先，优美的语言具有诗情画意。文章中不仅十分注意遣词造句，而且非常善于调动色彩词语，精心描绘如诗的画面，给人以非常鲜明的视觉印象。其次，多引用民谚、俗语和古代典籍，这些引用既增加了文章的情趣，又丰富了文章的表达方式。再次，语言十分简洁精练。

表 3-19　八年级语文下册第二单元拓展阅读推荐表

教材篇目	拓展篇目	拓展点（相似点）
《大自然的语言》	《看云识天气》	同为事理说明文,本文主要讲物候现象,而推荐篇目主要讲述云和天气的关系,内容均为大自然中的事理,可以更好地了解事理说明文这种文体。
《阿西莫夫短文两篇》	《奇妙的克隆》	主题相关,都与物种有关。说明方法也相通,综合运用举例子、作比较、列数字和作诠释等多种说明方法,把艰深的科学道理做了深入浅出的说明。文中浸透了作者的思想感情,学生不仅从中获得科学知识,而且受到教育,得到启迪。
《大雁归来》	《绿色蝈蝈》	一篇妙趣横生的小品文。文章把绿色蝈蝈放在大自然的环境中并介绍了它的外表特征、生活习性。两篇文章相似点在于都蕴含了丰富的科学知识,体味到浓厚的文学色彩,运用生动形象的语言,将说明对象描写得活灵活现。
《时间的脚印》	《宇宙里有些什么》	同为事理说明文,两篇文章均运用了多种修辞方法,如设问。感受说明文语言特点。

表 3-20　八年级语文下册第三单元拓展阅读推荐表

教材篇目	拓展篇目	拓展点（相似点）
《桃花源记》	《秦时妇人》	内容主题有异曲同工之妙,都虚构了一个远离战乱、和平美好的世外桃源,最后都是复寻不得的结局也是作者在委婉地告诉读者,故事里美好的地方实际上是找不到的,都表达了作者对现实社会的不满。
《小石潭记》	《钴鉧潭西小丘记》	两篇文章都是柳宗元《永州八记》中的作品。永州山水在柳宗元之前是不为人所知的,故《永州八记》对自然美的描绘,贵在描绘出一种幽深凄凉之美。《钴鉧潭西小丘记》中描述的环境是凄美却无人欣赏的,正如小石潭的悄怆幽邃,都传达了作者对凄凉景象的感悟,作者也借这种"无人赏"的美景来衬托自己"无人赏"的悲情。

教材篇目	拓展篇目	拓展点(相似点)
《核舟记》	《赤壁赋》	本文之所以写得如此精妙,使人能够通过他的文字想象出这件艺术品所表现的内容,主要原因是作者对雕刻家的艺术构思理解得相当深刻,这要源于作品的主题,即大苏泛赤壁。宋神宗元丰五年苏轼贬谪黄州时多次与朋友月夜泛舟游赤壁,而《赤壁赋》就是此时创作的。
《诗经》二首	《诗经·郑风·子衿》	同为《诗经》中的名篇,但文中所选两首均为男子对淑女伊人的感情,而推荐篇目则描写一个女子思念心上人,鲜明地体现了那个时代的女性所具有的独立、自主、平等的思想观念和精神实质,女主人公在诗中大胆表达自己的情感,这在《诗经》以后的历代文学作品中都是少见的。

表 3-21　八年级语文下册第五单元拓展阅读推荐表

教材篇目	拓展篇目	拓展点(相似点)
《壶口瀑布》	《黄山记》	构思相同,都是选取了自然界的景象,把大自然作为主人来描写,显得独辟蹊径,给人耳目一新之感。两篇文章都唤起读者要更加热爱我们的时代,更加热爱祖国的壮丽河山的激情。
《在长江源头格拉丹冬》	《小石潭记》	虽然一篇是现代文,一篇是文言文,但都采用了"移步换景",即先闻其声,后见其形的写作手法。
《登勃朗峰》	《西溪的晴雨》	两篇文章都是通过描写自然景物来表达对大自然的热爱之情。写景物的个性,不是单就景物写景物,而是结合人来写。人有思想,有情绪,有个性,因而景物也随之有神韵,有个性了。
《一滴水经过丽江》	《故宫博物院》	两篇都是游记,一篇是以水的踪迹为线索,一篇是以人的行踪为线索,全方位展示了自然风光和人文历史。作者把自己的感情融合在描写、议论和说明中,表明了自己的爱憎感情。

表 3-22　八年级语文下册第六单元拓展阅读推荐表

教材篇目	拓展篇目	拓展点（相似点）
《庄子》二则	《生于忧患，死于安乐》	庄子的文章都是借喻说理，通过举例、比喻等手法来讲明道理，给人以劝诫。想象奇幻，构思巧妙，多彩的思想世界和文学意境，文笔汪洋恣肆，具有浪漫主义的艺术风格，瑰丽诡谲，意出尘外，乃先秦诸子文章的典范之作。庄子之语看似夸言万里，想象漫无边际，然皆有根基，重于史料义理。
《礼记二则》	《陋室铭》	两篇文章都采用了类比的写作手法，之后引出观点。
《马说》	《送董邵南游河北》	作者都是韩愈，同是替自己或者他人抒发怀才不遇的感慨，都点明了人才和机遇的重要性。
《唐诗二首》	《石壕吏》	两首诗都是杜甫的代表作，都体现了诗人心怀百姓，关心民生疾苦的宽广胸怀。反映当时社会矛盾和人民疾苦，记录了唐代由盛转衰的历史巨变，表达了崇高的儒家仁爱精神和强烈的忧患意识。

表 3-23　九年级语文上册第二单元拓展阅读推荐表

教材篇目	拓展篇目	拓展点（相似点）
《敬业与乐业》	《不读书、不吃苦，你要青春干嘛》	《敬业与乐业》是梁启超先生 1922 年对上海中华职业学校学生进行职业道德启蒙教育而作的一次演讲，《不读书、不吃苦，你要青春干嘛》是随州二中王桂兰校长在新年开学典礼上的讲话。 这两篇文章在形式上同为演讲词，它们像典型化议论文一样，观点鲜明，层次清晰，论据充分，论证严密，说服力强，很好地体现了议论性文章"说理"的特点。同时二者作为演讲词的文体属性也很突出，面对学生群体，讲演者紧密结合当时的情景，注意和听众现场交流，翔实生动的事例、口语化的语言让阐述的事实和阐明的事理更亲近听众，极具鼓舞和感染力。讲演者结合自己的亲身体验向学生谈感受，其言谆谆，其情殷殷。结尾更是对听众直接的心灵诉求，格外令人感动。 不同的时代，同样的期盼，两篇演讲词，分别道出讲演者的为学理念和做人原则，对当下学生具有较强的教育意义。

教材篇目	拓展篇目	拓展点（相似点）
《就英法联军远征中国致巴特勒上尉的信》	《圆明园祭》	《就英法联军远征中国致巴特勒上尉的信》是法国著名作家雨果写的一封信,他在文中对英法联军远征中国之举立场明确、态度鲜明,愤怒谴责英法联军劫掠、毁灭圆明园的罪行。《圆明园祭》是中国作家冯铮在北风凄厉中与圆明园同声一哭,当辉煌变为惨败,当赞叹变为悲叹,作者更希望有志气的中华儿女牢记圆明园的耻辱,绝不让屈辱的历史重演。 两篇文章对象同为被英法联军洗劫一空后的圆明园,一样的题材,从法国作家到中国作家,笔下演绎出不同的风貌,却传达了同样的情感。教材篇目的议论属性并不典型,我们在把握作者观点、体会文章极具批判力量的反语手法之外,更应该关注文章的思想光辉,体会作者作为一个法国作家,能超脱狭隘的民族主义情结,站在人类良知的立场上的可贵性,加深对作者的理解。
《论教养》	《教养是一个人最好的名字》	《论教养》是一篇议论性文章,作者通过对"有教养"和"无教养"表现的讨论,探究了"真正的教养"和"优雅风度"的本质。《教养是一个人最好的名字》是一篇叙事散文,通过两个具体事例表达作者对有良好教养的人的高度赞美。 文体不同,题材一样,主题思想一致,让学生从更具体的事例中了解什么是教养。通过拓展共性作品,帮助学生挖掘文章内涵。
《精神的三间小屋》	《提醒幸福》	《精神的三间小屋》一文,作者通过对"精神的三间小屋"的描写、议论,表达作者对个体精神世界的关注。文章思路清晰,呈现出"引入话题——论述观点——总结深化观点"的结构,是一篇议论性文章。文章虽重在说理,却善于用文学性的笔法进行描绘、阐述,体现了作家的感性和抒情性。 同样是毕淑敏的作品,两篇文章都是作者对生活的一些细小的感悟,归类同一作者的系列文章,让学生互比阅读、互文理解、互为补充,从而加深阅读认知水平和审美能力。

表 3-24　九年级语文上册第三单元拓展阅读推荐表

教材篇目	拓展篇目	拓展点(相似点)
《岳阳楼记》	《范仲淹的故事》	《岳阳楼记》是一篇千古名文,范仲淹提出的"先天下之忧而忧,后天下之乐而乐"的政治理念,至今仍然激励人们。文言文《范仲淹的故事》讲述了范仲淹幼时刻苦学习和艰苦生活的事例,"士当先天下之忧而忧,后天下之乐而乐"是他少年时代常常自诵励志的话,只是在《岳阳楼记》中再一次呼出,这是范仲淹一生行为的准则。 范仲淹写这篇文章的时候正贬官在外,"处江湖之远",本可以采取独善其身的态度,可是他不肯这样,仍然以天下为己任,以利民为宗旨。拓展作者相关资料,与作者进行心灵对话,能让学生更加深刻地了解作者的为人和远大抱负,体会古人的情感世界,从而得到思想的启迪和美感的陶冶。
《醉翁亭记》	《喜雨亭记》	这两篇文章同为"记",但突破了传统的游记散文模式,不拘泥于唐代亭台楼阁以记叙为主,抒情、议论为辅的体式,而是融叙事、写景、抒情于一体,强化了议论抒情色彩。同时,二者吸收了骈文赋体对偶的句式特点,语言简洁流畅,委婉有致,创造了游记体散文新的审美意境。通过对比阅读,让学生进一步体会"记"这种文体的特点,感受游记文体的创新之处与审美体验。另外,这两篇文章都表达了作者关心民苦、与民同乐的政治胸怀,培养学生学习古代文人与百姓同忧同乐的高尚情怀。
《湖心亭看雪》	《饮湖上初情后雨二首》	《湖心亭看雪》一文,作者张岱以回忆的方式,记述了一次湖心亭赏雪的往事,表现了西湖雪景洁净之美。文中写景,寥寥数语,赋予西湖冰雪高洁的灵魂,也让人产生一种人生之微的孤寂之感,隐含着淡淡的哀愁。《饮湖上初情后雨二首》是苏轼任杭州通判期间描写西湖美景的组诗,诗歌既写了西湖的山光水色,也写了西湖的晴姿雨态,展现了诗人醉情于美景佳酿的惬意。 一切景语皆情语。同样描绘西湖美景,透过不同的文字,体会作者不同的心境。作为明代遗民,张岱有着沉痛的亡国之恨,挥之不去的家国之思,作者将自己的苦闷都寄寓在清冷的景色中;而苏轼之文尽显开阔的胸襟和达观自适的性情。

教材篇目	拓展篇目	拓展点 (相似点)
《诗词三首》	《定风波 (莫听穿林打叶声)》	王国维认为:"天才者,或数十年而一出,或数百年而一出,而又须继之以学问,助之以德性,始能产真正之大文学,此屈子、渊明、子美、子瞻等所以旷世而不遇也。"将苏轼的两首词进行整合,以作者的生活故事为主线,通过拓展阅读,使学生更好地与作者近距离地接触,走近这位旷世不遇的奇才,了解其人生经历以及思想感情的变化,实现学生与文本之间的情感交流及共鸣。进而调动学生的积极性,感受中国古代士大夫浸润在文字里的思想光辉。

3-25　九年级语文上册第四单元拓展阅读推荐表

教材篇目	拓展篇目	拓展点 (相似点)
《故乡》	《一件小事》	《故乡》是鲁迅先生的小说名篇,通过返乡知识分子"我"的视角,展现出故乡人事的一幅幅画面,用较多笔墨刻画了闰土和杨二嫂两个典型的人物形象,寄寓着作者深沉的思索,文章具有卓绝的艺术性和深刻的思想性。 《一件小事》是《呐喊》里的另一名篇,刻画人物手法的综合运用,画龙点睛的议论抒情,不漏痕迹的对比衬托,以小见大的表现手法使《一件小事》成为文学作品的典范。 两篇小说都将笔触伸向社会底层"小人物",并透露出一个重要的思想主题——中国现代知识分子的自我认知。鲁迅先生有关求索中国现代知识分子的个人自我认同的复杂情绪,以小说"叙述者"的声音和视角,鲜明地投射到两篇作品中。 通过拓展阅读,学习小说运用环境描写、外貌描写、语言描写、动作描写等塑造人物的方法,体会文章在对比中凸显主题的手法,进而领略人物背后映射的社会现实。

教材篇目	拓展篇目	拓展点（相似点）
《我的叔叔于勒》	《老街老店铺》	《我的叔叔于勒》是莫泊桑的一篇经典短篇小说，小说以菲利普夫妇因于勒的贫富变化而前后态度的变化，形成波澜起伏的故事情节。《老街老店铺》讲述了一位母亲为寻丢失的儿子，20多年间坚守老店铺的故事。 两篇小说中的第一人称"我"均为事件的见证者，故事情节都是以"我"这个线索人物展开的。小说以"我"的视角讲述故事，既有利于拉开适当的距离，为小说思想主题的展开留下空间，又有利于安排情节的曲折变化，引导学生体会这种叙述技巧的独特之处。 《我的叔叔于勒》意在揭露金钱主宰一切的资本主义社会中人与人之间的冷酷关系，《老街老店铺》歌颂伟大母爱，亲情永恒。两篇小说立意不同，启发学生用自己的眼睛观察和感受这个世界，对人与人之间的关系进行深刻的审视。
《孤独之旅》	《高等教育》	这是两篇描写少年成长之路的小说，小说故事情节比较平淡，也不用浓墨重彩来塑造人物形象，有很强的抒情性和象征意味。这两篇文章有着相似的主题：关注成长之路。通过文本拓展阅读，体会作者以散淡飘逸的文字，雅致自然的笔触，淡然的情调来书写少年成长的历程，在诗意化的表达之余呈现出诗意化的思考，给予小说主题更多可升华的空间。

表 3-26　九年级语文上册第五单元拓展阅读推荐表

教材篇目	拓展篇目	拓展点（相似点）
《中国人失掉自信力了吗》	《"人比鸟贱"是伪命题》	本单元所选文章，是第二单元议论性文章的延伸和深化，带有思辨色彩。教材篇目《中国人失掉自信力了吗》和拓展篇目《"人比鸟贱"是伪命题》两篇文章同为驳论文，并且都使用了相同的论证方式——驳论据。通过拓展共性作品，引导学生把握驳论的特点，区分观点和材料，分析作者怎样一步步批驳他人观点和树立自己观点，学习常见的论证方法，学习驳论文的写法，进而培养学生议论文阅读能力、发展学生逻辑思维能力。

教材篇目	拓展篇目	拓展点（相似点）
《怀疑与学问》	《我怎样厌倦了教育界》	作为一名具有开创性的学者,顾颉刚在 20 世纪中国史学界、古典学界具有重要地位,他的学术遗产和治学精神,值得认真继承。选取同一作者不同时期的作品,让学生更加全面地了解作家及作品,更深入地感悟作者情思。
《谈创造性思维》	《未来的刚需:创造性思维》	《谈创造性思维》本文从"正确答案不止一个"说起,论述了创造性思维的重要性、创造性思维所必需的关键要素,并指出如何成为一个富有创造力的人。《未来的刚需:创造性思维》是对教材文本内容主旨的补充,发散学生思维,让思维火花进行碰撞。鼓励学生大胆、自信地做有创造性思维的人,将对文章的学习转化到实践中。
《创造宣言》	《我有一个梦想》	《创造宣言》是一篇驳论文,作者批驳了五种"不能创造"的借口,提出处处、天天、人人都可以创造的观点;它也属于演讲词,极具宣传性。《我有一个梦想》是马丁·路德·金为推动美国国内黑人争取民权斗争进一步发展而发表的纪念性演讲。 两篇文章题材相同,都有着演讲词的特点,文辞优美、说理形象、旁征博引,激情洋溢,富有号召力。作者更是运用多种修辞手法来增强演讲的文采和艺术感染力。

表 3-27　九年级语文上册第六单元拓展阅读推荐表

教材篇目	拓展篇目	拓展点（相似点）
《智取生辰纲》	《司马懿智取帅印》	《智取生辰纲》中,杨志是文中着墨最多的人物,小说对杨志精明谨慎、粗暴蛮横、急功近利的性格特征的刻画,是把他放在故事情节中,通过人物的语言和行动来展现。《司马懿智取帅印》在人物对话交锋之间,体现司马懿的深谋远虑、处事圆滑。这两篇文章体现出《水浒传》从错综复杂的矛盾冲突中刻画人物性格的艺术特色,通过对比阅读,学习在矛盾冲突中刻画人物的方法。

教材篇目	拓展篇目	拓展点(相似点)
《范进中举》	《孔乙己》	《儒林外史》是一幅绝妙的讽刺画。主人公范进一见中举的报帖就欢喜得发了疯,丑态百出,揭示了科举制度对当时士人的毒害之深。故事中另一个人物胡屠户也可笑至极,是个十足的市侩。小说围绕范进命运的变化写出了世态炎凉的社会现实。 《孔乙己》是鲁迅先生一篇写人的杰作,塑造了孔乙己这样一位被残酷地抛弃于社会底层,生活穷困潦倒,最终被强大黑暗势力所吞没的读书人形象。他那可怜而可笑的个性特征及悲惨结局,表现了当时社会的冷酷现实。 两篇小说在喜剧的氛围中展示悲剧的内容,以"笑"写悲的写作方法令人折服。体会两篇文章中以"笑"为载体的讽刺艺术,写可笑之人、可笑之事,笑的背后都隐含着对封建科举制度的深恶痛疾。小说语言老辣深刻,字里行间充满着对不公平社会的深刻批判,对人情冷暖、世态炎凉的无限感喟。
《三顾茅庐》	《隆中对》	《三顾茅庐》把笔墨集中刘备第三次拜访诸葛亮这件事上,赞美刘备求贤若渴、礼贤下士的精神,以及诸葛亮洞察时事、足智多谋的品质。二人见面后对天下大事的分析(史称"隆中对"),则是诸葛亮雄才大略的集中展现。通过拓展阅读,补充资料更强化了人物的性格特点,引导学生感受诸葛亮的神机妙算和战略远见。
《刘姥姥进大观园》	《刘姥姥一进荣国府》	刘姥姥是《红楼梦》中一个贯穿首尾的特殊人物,她性格复杂、神采独具。她虽然不是《红楼梦》中的主要人物,却是塑造最成功的形象之一,其语言、动作极富个性。通过对比阅读,勾画有关描写刘姥姥语言、动作的语句,把握其"大智若愚"的形象特点。同时结合全书,了解刘姥姥的三进荣国府,见证着荣府贵族由末世繁荣走向最后败落的历程,是作者精心设计的小说总体架构的一部分。品味曹雪芹对刘姥姥这个典型人物形象的创造,对于我们理解作家的创作题旨,是有相当意义的。最终以走近这一人物为阅读契机,激发学生整本书阅读的兴趣,从而领略中国古典小说的魅力。

第三节　专题拓展阅读课程教学设计

基于作家的专题拓展阅读课程

百年岁月风尘，难掩绝代风华
——杨绛作品拓展阅读

【教学设想】

杨绛先生是钱锺书口中"最贤的妻，最才的女"，她的文字韵致淡雅，触动心灵。学生在学习了《老王》一文后，被杨绛先生的善良所感动，对杨绛先生的语言风格和生活经历也产生了浓厚的兴趣。教师可以以《老王》这篇课文为依托和支点，以杨绛先生的经历为主线，以点拓面，再由面驭点，最后回归阅读主线，拓展阅读范围，激发学生学习的热情，提高语文综合实践能力。因此，在教学活动中，教师应努力引导学生通过自主与合作学习相结合的方式去阅读、交流、展示。教师进行学法指导，力求通过这样的指导策略激发学生在拓展阅读中的主动性，培养他们"自读能力"，真正让阅读成为提高学生语文核心素养的有效途径。

【学情分析】

学生在阅读中材料取舍、圈点勾画、理解与鉴赏方面已经掌握了一定的方法，学生在八年级学习《老王》一文时，对杨绛先生的遭遇也有一些粗浅的了解,对杨绛先生的语言风格产生了浓厚的兴趣。但对于杨绛先生这位安静博学、从容优雅、刚柔并济的女性的人生经历,学生知之甚少,对于先生的语言风格和博大的情怀更是充满求知欲。所以,笔者利用一个月时间,开展以"百年岁月风尘,难掩绝代风华"的拓展阅读活动,引导学生通过阅读梳理杨绛人生经历,感受杨绛先生语言风格,感受杨绛的人格魅力,提高修养和陶冶情操。

【教学目标】

知识与能力:激发学生阅读兴趣,指导学生正确、流利、有感情地进行朗读,引导学生通过阅读梳理杨绛人生经历。

过程与方法:在阅读中通过师生互动、小组合作与探究相结合的方式增强学生对文学作品的阅读与鉴赏能力,进一步提高学生写作水平和语言表达能力。

情感态度与价值观:启发学生从文学作品中汲取营养,感受作者的人格魅力,提高修养和陶冶情操。

【教学重点】

通过阅读梳理杨绛的人生经历,感受其人格魅力,从作品中汲取营养;在阅读中提高学生写作水平和语言表达能力。

【教学难点】

赏评拓展语段,深入理解作家的品质和在不同时期的情感。

教法:阅读指导法、合作探究法、演讲法。

学法:小组合作法、成果展示法。

【教学过程】

教师导入:(配乐,PPT 显示杨绛先生照片)

虽已百岁,笔耕不辍;历尽沧桑,笑对磨折。她是钱锺书眼中"最贤的妻,最才的女",是读者眼中坚韧、清朗、独立,充满力量和温暖的善良女性。回望先生的百年人生,淡泊名利、与世无争;著书立卷,资助寒门。不染世俗尘埃,如水清澈包容。在平凡中非凡,在磨砺中闪光。

百年岁月风尘,难掩绝代风华。致感动中国世纪人物——杨绛。

初识杨绛,是因为学习了老王;喜欢上杨绛,是因为她的善良;阅读杨绛,让我们对她更加敬仰。今天这节课,就让我们以《老王》这篇文章为世纪坐标,看看百年风云中站着怎样一位"奇女子"。

设计意图:通过教师深情导入,让学生对杨绛先生有了比学习《老王》时更深一些的了解,被先生的品质所感染,达到共情式沟通。预先让学生明确本节课的学习目的,从而激发学生的内在心理和学习动机。

活动一:百年岁月,聆听幸与不幸的交响

教师设问:同学们,老师想问一个问题,学习过《老王》已经有一段时间了,文中的哪句话仍然让你记忆犹新?(几年过去了,我渐渐明白:那是一个幸运的人对一个不幸者的愧怍。)

教师过渡:杨绛自封是一个幸运的人,文中哪些文字暗示了她的"幸运"?

预设:

我们夫妇散步。

老王抱着冰上三楼,代我们放入冰箱。

他蹬,我坐,一路上我们说着闲话(闲聊)。

我女儿给他吃了大瓶的鱼肝油(家庭美满)。

教师过渡:除了这些"幸运"外,经历了为期一个月的杨绛先生作品的阅读,我们还有没有其他的发现?下面就请同学们将你的发现与大家分享。

1. 我们组分享杨绛口述第一次和钱锺书见面的文字

那一天,春风十里吹正好,清华园里,他身着青布大褂,脚踏毛底布鞋,戴一副老式眼镜,眉宇间蔚然而深秀。见面时,他的第一句话就是:"我没有订婚。"而我则紧张地回答:"我也没有男朋友。"于是便开始鸿雁往来,越写越勤,一天一封。

杨绛是幸运的:我感受到了他们初次相逢时的美好。

教师过渡:钱锺书说,遇到她之前没想过结婚,娶她之后从未后悔过,杨绛说她亦然。他们组分享的是杨绛青年时期的幸运,这段时期之前有没有?

2. 我组分享《回忆我的父亲》中两处文字

我母亲管着全家里里外外的杂事,难得闲静静地坐在屋里,做一回针线,然后从搁针线活儿的藤匾里拿出一卷《缀白裘》边看边笑,消遣一会儿。她床头有父亲特为她买的大字抄本八十回《石头记》,床角还放着一只台灯。她每晚临睡爱看看《石头记》或《聊斋》等小说,她也看过好些新小说。一次父亲问我:"阿季,三天不让你看书,你怎么样?"我说:"不好过。""一星期不让你看书呢?"我说:"一星期都白活了。"父亲笑说:"我也一样。"我觉得自己升做父亲的朋友了。

杨绛是幸运的:她出身于书香门第,父母的言传身教,让他从小酷爱读书,为她以后的写作打下了基础。

教师总结:爱读书的女孩,人生都不会孤独。

3. 我组分享《我们仨》中的一段文字

我们仨,却不止三人。每个人摇身一变,可变成好几个人。阿瑗长大了,会照顾我,像姐姐;会陪我,像妹妹;会管我,像妈妈。阿瑗常说:"我和爸爸最'哥们',我们是妈妈的两个顽童,爸爸还不配做我的哥哥,只配做弟弟。"我又变为最大的。锺书是我们的老师。我和阿瑗都是好学生,虽然近在咫尺,我们如有问题,问一声就能解决,可是我们决不打扰他,我们都勤查字典,到无法自己解决才发问。他可高大了。但是他穿衣吃饭,都需我们母女把他当孩子般照顾,他又很弱小。

杨绛是幸运的:我感受到他们一家三口生活的温馨美好。

教师过渡:确实,杨绛曾说:"世间好物不坚牢,彩云易散琉璃脆。"那么,在《老王》中,她提到了自己的"不幸"吗?

预设:只发现了几个词语:

"文化大革命"开始,默存不知怎么的一条腿走不得路了。我代他请了假,烦老王送他上医院。我自己不敢乘三轮,挤公共汽车到医院门口等待。我们从干校回来,载客三轮都取缔了。

教师过渡:文中,杨绛对自己的不幸确实只是轻描淡写。同学们,来说说我们在阅读中的发现吧!

4. 我们分享《我们仨》中《古驿道上相失》里最让我们感动的文字

我防止跌倒,一手扶住旁边的柳树,四下里观看,一面低声说:"圆圆,阿圆,你走好,带着爸爸妈妈的祝福回去。"我心上盖满了一只一只饱含热泪的眼睛,这时一齐流下泪来。我的手撑在树上,我的头枕在手上,胸中的热泪直往上涌,直涌到喉头。我使劲咽住,但是我使的劲儿太大,满腔热泪把胸口挣裂了。只听得劈嗒一声,地下石片上掉落下一堆血肉模糊的东西。迎面的寒风,直往我胸口的窟窿里灌。

杨绛是不幸的:她痛失爱女,阴阳殊途,文字中的细节描写读后让人断肠。

教师总结:抚摸古驿道,一路是离情。

5. 我们分享《丙午丁未年纪事》里杨绛被下放改造车站送别的一段文字

上次送默存走,有我和阿圆还有得一,这次送我走,只剩下阿圆一人,得一已于一月前自杀去世。阿圆送我上了火车,我也促她先归,别等车开。她不是一个脆弱的女孩子,我该可以放心撇下她。可是我看着她踽踽独归的背影,心上凄楚,忙闭上眼睛;闭上了眼睛,越发能看到她在我们那破残凌乱的家里,独自收拾整理,忙又睁开眼。车窗外已不见了她的背影。我又合上眼,让眼泪流进鼻子,流入肚里。火车慢慢开动,我离开了北京。

杨绛是不幸的:女婿自杀去世,母女分离之后也不知道何时再能相见,自己下放后前途未卜,读着这段文字,感觉辛酸凄楚。

教师过渡:老师也有同感。她催促女儿先归,是不愿让她看到自己的眼泪,不愿让她受伤的心又多一分牵挂。

6. 我们分享《我们仨》中钱锺书病重和去世后的文字

但是我只变成了一片黄叶,风一吹,就从乱石间飘落下去。我好劳累地爬上山头,却给风一下子扫落到古驿道上,一路上拍打着驿道往回扫去。我抚摸着一步步走过的驿道,一路上都是离情。还没到客栈,一阵旋风把我卷入半空。我在空中打转,晕眩得闭上眼睛。我睁开眼睛,我正落在往常变了梦歇宿的三里河卧房的床头。不过三里河的家,已经不复是家,只是我的客栈了。一九九七年早春,阿瑗去世。一九九八年岁末,锺书去世。我们三人就此失散了。就这么轻易地失散了。"世间好物不坚牢,彩云易散琉璃脆"。现在,只剩下了我一人。家在哪里,我不知道,我还在寻觅归途。

杨绛是不幸的:相继一年,失去两位至亲,87岁的老人孑然一身,独自守望他们仨曾经的家。

教师总结:同学们,通过阅读分享,老师发现你们都是认真在读,用心在读,你们找到了杨绛人生中几个重要的节点,在大家阅读分享杨绛幸运与不幸的过程中,老师也隐约有这样一个感觉,仿佛伴随着大家的分享走过了杨绛的一生。

(PPT展示杨绛先生世纪钟)回首杨绛先生的一生,童年时的"我自己"仙童好静,嗜书如命;走进清华,与锺书在彼此最美好的年华里相遇;"我们俩"结为伴侣,伉俪情深,女儿钱瑗又出现在生命里。从此,"我们仨"无论是岁月静好,还是战乱流离、政治风暴,都同甘共苦,相偎相依。女儿离世,"我们俩"相濡以沫,且以深情共白首。丈夫离世,"我自己"孑然一身,一个人思念他们俩。

杨绛先生寿至 105 岁,横跨一个世纪之久。105 年温情少于残酷,而她却用自己的百年人生经历将感动尘世的世纪钟敲响。

设计意图:以《老王》中"幸运的人"和"不幸的人"为拓展点,指导学生阅读杨绛先生文字中的相关经历,从而完成杨绛先生人生经历的梳理。为下面活动中引导学生感受杨绛先生在特定生存环境下的善良等品质做好铺垫。

教师过渡:如今,杨绛先生的一个世纪已经逝去,但我们始终不能忘的,是她的善良,他们一家对老王给予和帮助之后,她仍在反思,仍在愧怍,愧怍没给老王精神上的关怀和慰藉。

如果说,在幸运的时刻,能够做到这样是一种善良。那么,在自己举步维艰的处境下,依然如此,必然是对生活、对生命的彻悟,内心必然有超越自我的博大和高贵的人性美。

活动二:荡涤心灵,感受先生的风骨情怀

教师提问:同学们,老师想请大家说一说,在文字背后,你被杨绛先生的哪些品质所感染?老师这里准备了几张品质关键词卡,发言后选择你要的词卡贴到黑板上。

关键词 1:细心体贴

1.《老王》中提到杨绛陪钱先生去看病,生活中杨绛对钱先生的照顾也是无微不至。《我们仨》中杨绛产后有这样的文字:

锺书这段时间只一个人过日子,每天到产院探望,常苦着脸说:"我做坏事了。"他打翻了墨水瓶,把房东家的桌布染了。

我说:"不要紧,我会洗。"

"墨水呀!"

"墨水也能洗。"

他就放心回去。然后他又做坏事了,把台灯砸了。

我说："不要紧，我会修。"他又放心回去。

他对我说的"不要紧"深信不疑。

2.《干校六记》里《下放记别》中有这样的文字：

我久不缝纫，胡乱把耐脏的绸子用缝衣机做了个毛毯的套子，准备经年不洗。我补了一条裤子，坐处像个布满经线纬线的地球仪，而且厚如角壳。

"不要紧"这三个字以及当下放消息下达，杨绛为锺书收拾行装的文字，都让我们感受到了她的细心体贴。

教师总结：为爱甘做"灶下婢"，所以，钱锺书称她为？（"最贤的妻"）

关键词 2：心地善良

3.《老王》收录在《杂忆与杂写》中。杨绛一家对老王关心照顾，还自觉对老王精神上的关爱不够，而深感愧怍；这部书里还写到了许多小人物，她帮林奶奶保管存折，出主意为顺姐写状子，争取自己的合法权益。

她在《干校六记》中，回忆道，在收疙瘩菜时，将收成让村子里大娘捡走一部分，并告诉她怎么吃，后来因为那堆稍大的疙瘩厨房里没有用，当时没送给大娘而感到抱歉。

杨绛，对这些身份低微的小人物，都真心地给予帮助，让他们在艰难的处境下感受到了温暖，也让我们感受到了她心地的善良。

教师总结：赠人玫瑰，手留余香。我们也要以一颗善良的心来对待生命的所有际遇，让生活处处充满明媚。

关键词 3：乐观豁达

4.在《丙午丁未年纪事》中钱锺书和杨绛成了"牛鬼蛇神"。杨绛被人剃了"阴阳头"后，有这样一段文字：

默存急得直说"怎么办？"我持强说："兵来将挡，火来水挡；总有办法。"我果然灵机一动，想出个办法来。我女儿几年前剪下两条大辫子，我用手帕包着藏在柜里，这会子可以用来做一顶假发。我找出一只掉了耳朵的小锅做楦子,用默存的压发帽做底,解开辫子,把头发一小股一小股缝上去。我想不出别的方法,也没有工具,连浆糊胶水都没有。我费了足足一夜工夫,做成一顶假发。我笑说,小时候老羡慕弟弟剃光头,洗脸可以连带洗头,这回我至少也剃了半个光头。果然,羡慕的事早晚会实现,只是变了样。

杨绛被人剃了阴阳头,对于一个女人来说,我感觉就是一种羞辱,但她的文字里却没写满忧伤,反倒显示出一种幽默。

其实,生活中,每个人都不容易,只是那些看似优雅的人,从来不抱怨生活中的苦恼,在微笑中活出自己想要的模样。其实除了幽默,我们还看到杨绛的哪些品质?

关键词4:坚忍倔强

5.杨绛绝不怕事,面对屈辱和不公,严守底线。《丙午丁未年纪事》中,"文革"期间,杨绛和其他几个人要被剃成"阴阳头"。有一位家庭妇女含泪合掌,娘拜佛似的拜着求告,幸免剃头。杨绛不愿长他人志气去求那姑娘开恩,被剃光了半个头。于是用女儿几年前剪下的头发做了头套。

杨绛在《我们仨》中回忆道:在沦陷的上海,一次她乘公交车遇到日本兵检查,愤怒的杨绛低头侧视,一位日本兵竟然伸手猛地把她低着的头抬起来,杨绛忍无可忍,一字一顿地大声呵斥:"岂有此理!"一下把日本兵镇住了。在当时的社会,这需要太大的勇气!

我想到了《孟子》中的"威武不能屈"。

6.《我们仨》中有这样的文字:

锺书于一九九四年夏住进医院。我每天去看他,为他送饭,送菜,送汤汤水水。阿圆于一九九五年冬住进医院,在西山脚下。我每晚和她通电话,每星期去看她。但医院相见,只能匆匆一面。三人分居三处,我还能做一个联络员,经常传递消息。

女儿丈夫相继去世,杨绛说:"锺书逃走了,我也想逃走,但是逃到哪里去呢？我压根儿不能逃，得留在人世间，打扫现场，尽我应尽的责任。"

一年之内，两位亲人都离开了她，87岁的杨绛先生表现出来的是特别的坚强。

教师过渡：杨绛看似温婉，但无论生活给她出多少难题，她都不会被吓倒，这样的女子，注定会拥有不平凡的一生。我们感受到了杨绛先生这么多的品质，这些品质对你的学习生活有哪些影响呢？

学生谈感受：

关键词1：心怀感恩

在她的《丙午丁未年纪事》中，没有对加害她的那些人的具体描述。对于善良的监管人员，帮人烧砖的青年，体谅他人的队长，她都是一种感恩的心态。审阅员说她"你这头披着羊皮的狼"，她善意地称那人为"披着狼皮的羊"。在她的文字中，让我们感受到了她的感恩之心。我们也要感恩一切善待自己的人，感恩父母的养育之恩和老师的无私付出。我平时脾气比较急躁，感恩同学和身边所有人的包容和帮助。

关键词2：淡泊名利

学生分享自己落选的经历及阅读作品后的感受。学生分享文字：《隐身衣》中她这样写道："一个人不想攀高就不怕下跌，也不用倾轧排挤，可以保其天真，成其自然，潜心一志完成自己能做的事。"

教师过渡：杨绛翻译的小诗中写道："我和谁都不争，和谁争我都不屑争……"足以见得她的淡泊。

杨绛先生博大的情怀感染着我们，诸多的品质影响着我们。那么，是什么让她拥有如此的品质和情怀呢？各组同学讨论一下。

学生讨论后明确：

1. 我们想到陶渊明的两句诗"问君何能尔？心远地自偏"。她虽生在乱世，却自始至终都保持着从容和淡定；她外表看似温柔，但骨子里却是坚忍、无所畏惧，其实都是源于她内心的纯净和美好。

总结:源自内心的纯净美好。

2. 我在读《回忆我的父亲》时发现,杨绛的父亲母亲都酷爱读书,她也学他们的样,找书来读。杨绛父亲宁可被罢官也不徇私枉法,上海沦陷时期,路遇当了汉奸的熟人,视而不见。杨绛说:"爸爸从不训示我们如何做,我是通过他的行动,体会到'富贵不能淫,贫贱不能移,威武不能屈'古训的真正意义的。"所以我觉得杨绛先生的品质和家庭环境有关系。

总结:受到良好家庭教育的耳濡目染。

3. 气质是源自内在的修养。读书的过程中,我们能够发现自己的不足,不断完善自身的缺点。一个人书读得越多,人格就越接近完美。在那个动荡的社会中,杨绛先生的安静恬淡应该是受到书籍的影响。

总结:用读书所得去生活,并从中磨砺、充实自己的心境。

4. 在岁月艰难时,读书能给予人力量。杨绛曾说过,书虽然不能帮你解决所有问题,却能给你一个更全面地看待问题的角度。我们也觉得先生的品质和读书有关。

总结:其实,他们两组的观点都是认为源自读书的潜移默化。

5. 杨绛先生的一生经历了太多的磨难,这些阅历让她更坚忍、更淡泊,内心变得更强大。

总结:源自生活的磨砺和感受。

设计意图:引导学生在阅读中感悟,在感悟中感动。梳理杨绛先生在文字中所体现出来的人性的美好。教师引导学生结合自身经历谈阅读感受,使先生的精神影响、感化学生,让学生将这些品质内化,达到情感的熏陶。探究先生拥有博大情怀的原因,让学生正视生活中的挫折与磨难,使自己变得优秀。

杨绛先生的一生确实历经了太多磨难,在磨难中,她说:"我烤着生命之火取暖,火萎了,我也准备走了。"但阅读了先生的大量作品,我们发现,其实她的品质和情怀也像一团生命之火,烤暖了人世间所有的幽暗和不明,温润着这个时代。最后,就让我们一起以独特的方式向这位生命的烤火者致敬。

活动三:深情缅怀,致敬生命的烤火者(学生主持)

主持1:杨绛身上有不同的角色:女儿、妻子、母亲、学者。她经历了人生的起起落落,生活的幸福与磨折,"幸运"让她淡泊从容,"不幸"让她乐观倔强。

主持2:但她始终燃着对生命的热爱之火,下面我们就以独特的方式致敬生命的烤火者。

学生分享:《给杨绛先生的一封信》

我通过阅读,感觉自己与杨绛先生走得越来越近,有很多心里话想和他说,所以我给天堂的杨绛先生写了一封信,表达我的敬意。

亲爱的杨绛先生:

您好。

初识您是一句"最贤的妻,最才的女"。您与钱先生相濡以沫六十载,执子之手,风雨同舟。

世人赞您伉俪情深,同样赞您坚忍倔强、淡然从容。

"文革"十年,钱先生被贴大字报,您就在下边一角贴了张小字报来澄清。您被当作"牛鬼蛇神"批斗。会上其他人都不敢抬头,只有您在被逼时,跺着脚据理力争。

在这样的历史背景和社会风貌下,《干校六记》横空出世。刻画出种种"琐细的旧闻和飘忽的感受",用词遣句哀而不伤,怨而不怒。

人生不如意十之八九,堂堂正正待人处世的态度是您永恒的课题。您笔下能引导人处世,启发人深思的佳作太多。

您的女儿、先生先后撒手人寰,您接过他们的笔,创作了《我们仨》。书中讲:"把一同生活的岁月重温一遍,和他们再聚聚。"作品中恬淡平实,干净成熟,极富韵味的文字,令我深深惊叹于您始终如一的那份温暖和淡然风骨。

得之淡然,失之坦然,争其必然,顺其自然。我在迷茫失措的时候读您的书,书中所记录的对生命、灵魂的思考,总能给予我坚韧刚强的力量和勇气,让我用不同的角度去看待人生。

先生,您是我最敬佩的人,以一片赤子心和温柔刚强对待烦恼忧虑,怀抱温暖走到人生边上。如今,您虽已远去,风骨仍留世间。

此致

敬礼!

您的读者:XXX

2021.4

主持1:她在战火纷飞中表现出坚强、乐观的精神,在十年动乱时平静、理性,在漫长婚姻中大度、包容,致敬,杨绛先生。

学生分享:送你一朵小花花

梅兰竹菊素有花中四君子之称,我们觉得杨绛就有花中品格,所以我们组提前制作了课件,以送花的形式向杨绛先生致敬。

依稀记得《我们仨》里有过这样一句话:"喜欢夏花的人,总会在夏季离去。"

我想,是不是在这一天,您会载着满船的花,携着自己丰腴的灵魂,带着那已备受摧残的面容,渡过小河,去到那个木屋,与屋中的父女团圆。不会有人监视,也不再是幻象,更不再是梦。

我送给您梅,傲雪蔚然绽放,更显刚毅,枝头吐露幽香,吻尽苍凉。一如您的乐观坚强。

我送给您兰,悬渚石壁而悠然自得,陈于庭堂而不炫不亢,优雅脱俗默默开放,馥郁芬芳氤氲心上。一如您的淡泊如水,不哀不伤。

我送给您竹,咬定青山不放松,立根原在破岩中。千磨万击还坚劲,任尔东西南北风。一如您面对苦难的坚韧倔强。

我送给您菊,一点妩媚,不扰凡眼;万千娇柔,不染俗尘。不是花中偏爱菊,此花开尽更无花。自您辞世,才女先生便成绝响。

主持2:您有"梅、兰、竹、菊"的气质,也用自己的人生诠释了花中四君子不同的寓意。哪一组继续向先生致敬。

学生分享:古诗(老师指导创作,学生书法)

我们组擅长写作和书法,并且在老师的指导下,我们创作了一首古诗,以这种方式向先生致敬。

三日无书焉好过,

仙童好静亦堪奇。

春风化雨播桃李,

败笔成丘岂不虞?

败笔成丘意思是:用坏的笔堆得像小山丘一样。形容书法精良或著述甚多。

主持1:败笔成丘是对杨绛先生著作等身的最高评价。欣茹组制作了读书卡片,请你们来分享。

学生读书卡片分享:

我们觉得先生的作品都是对生活的感悟和智慧的结晶。所以,我们在阅读后制作了杨绛作品读书卡片,分享给同学们,希望先生的魅力能感染到每一位同学。

学生活动:赠送读书卡片。

主持2:希望读书卡片像一粒火种,让先生的精神之火,照亮每一个人心中的角落。我们俩也创作了一首小诗《假如我问她》,表达对先生的敬意,与大家分享。

学生分享小诗:《假如我问她》

假如我问她,我想把您的名字,刻在星上,清晨最亮的那颗,她一定会说,我本是凡人,淡然、从容,才最洒脱。

假如我问她,日寇的铁蹄,践踏华夏山河,是什么让您毅然回国,她一定会说,因为我挚爱着,我的祖国。

假如我问她,宁静是您理想的生活,您走后,有人却把鲜花,摆在了您的墓所,她一定会说,一个人老去,不要再让盛开的花儿,零落。

假如有人问我,你为什么崇拜她,我一定会说:"她活出了女人最完美的样子,扮演好了人生的每一个角色。"

设计意图:指导学生以不同的方式表达对杨绛先生的敬意,情感表达的同时,也培养和锻炼了学生文学创作、朗诵展示等能力。

主持1:最后,老师将她创作的对联和大家分享。

教师总结:百岁人生,步履蹒跚。回眸一笑,记忆太暖。斯人已逝,也许,我们都无法在这个时代活出先生的风骨,所以,我们缅怀杨绛先生的最好方式就是打开一本书,靠近它,温暖你。最后,老师将一副对联分享给大家:

著书垂懿范,干校六记,弄假成真堪如意,

行事显美德,人在边缘,自问自答化春泥。

引导学生们发现对联中包含的杨绛作品:《游戏人间》《干校六记》《走到人生边上——自问自答》《春泥集》《称心如意》。当然,杨绛先生的作品还有很多,所以,我们的课堂并没有结束,同学们也不要停住阅读的脚步,继续在先生的作品里汲取营养,让这位"奇女子"的人性光辉,在新的世纪指引我们走向更远的方向。

设计意图:以含有杨绛先生作品的对联做结,总结先生的人生,五部作品的运用,使本课再次回归"拓展阅读"的意图,以新颖的形式激发学生继续阅读杨绛先生作品,不断提高语文核心素养。

【拓展点设计反思】

在教学《老王》时,学生梳理杨绛先生"送老王大瓶的鱼肝油""照顾老王生意"等情节后,感受到了杨绛先生一家人的善良。在课文结尾处"几年过去了,我渐渐明白那是一个幸运的人对一个不幸者的愧怍",杨绛自封为"幸运的人",说老王是一个"不幸者"。文中虽有"干校"等词,但对杨绛先生当时的不幸遭遇则一笔带过。在教学完《老王》时,我设置了几处拓展阅读活动,但因为课时安排的原因,不能让学生熟稔先生经历。如果让学生对杨绛一家在"文革"中的遭遇做细致的拓展阅读,了解其也是一位"不幸的人",那么,对于学生理解先生的善良和坚韧等品质则会有更深的理解。所以,我开展了本次语文拓展阅读活动。

本次活动,我在布置阅读任务时,抓住了"幸与不幸"这条主线,指导学生进行有目的的阅读、交流以及不同形式的分享。最后,利用一节课的时间进行阅读交流展示。在课堂展示活动中,设置了"百年岁月,聆听幸与不幸的交响""荡涤心灵,感受先生的风骨情怀""深情缅怀,致敬生命的烤火者"三个环节,引导学生在梳理杨绛先生"幸与不幸"的人生经历后感受其风骨情怀,最后以不同的方式向杨绛先生表达敬意。三个环节以《老王》这篇课文为基点,逐层深入,从不同角度感悟杨绛的人物形象。在深入了解杨绛先生不幸经历之后,对于杨绛先生的善良有了更深的认识,杨绛先生的形象在学生心目中更加高大。在拓展阅读活动中,通过兴趣的激发和方法指导,激发学生在拓展阅读中的主动性,充分锻炼了学生的听、说、读、写能力,使拓展阅读成为提高学生语文核心素养的有效途径。

自选主题的研究性拓展阅读课程

赏汪公之文，叹赤子之情
——《昆明的雨》拓展阅读

【教学设想】

《昆明的雨》是统编语文教材八年级上册第四单元的一篇自读课文，是汪曾祺散文的代表作之一。作者对昆明的爱是深沉的，而这种深沉的爱，却依赖非常小的载体在表达。仙人掌、各类菌子、杨梅、缅桂花等各种情感载体，共同昭示了汪老散文擅长描写"凡人小事"的风格，也共同彰显着汪老对昆明浓浓的热爱。作者用善于发现美的眼睛捕捉到了它们，并用传神妙笔娓娓道来，而我们的学生缺少的正是对身边生活的体察感悟能力。本节课围绕汪曾祺的作品展开拓展阅读，主要体会汪老作品中蕴含的浓浓的"中国味儿"。

【学情分析】

八年级的学生能够自主阅读一些文学作品。通过自主阅读，学生能够对汪老的作品有整体的感知。而有选择地进行拓展阅读，拓展篇目的选择，拓展视角的把握，还需要教师加以引导和点拨。

【教学目标、重难点】

阅读汪曾祺系列作品，把握文本内容，体会作者情感。

运用圈点批注的自读方法，体味文中有味道的语句，通过品味简洁平淡的语言，发现文章的妙处，体会汪曾祺作品中浓浓的"中国味儿"。

【教法】

情景法，激发学生的学习兴趣。

朗读法,整体感知文意。

小组合作法,凸显学生的主体地位,突出学生的课堂参与。

【学法】

突出预习,使学生养成良好的学习习惯。

圈点勾画法,筛选有效的信息。

小组合作,提高合作能力。

【教学过程】

激发兴趣,谈话导入:

我们已经学习完了《昆明的雨》这篇课文,对文章内容也有了一定的了解,并从中感受到汪老作品的特点。今天这节课,请跟随我的步伐,共同透过《昆明的雨》,一起阅读汪老更多的作品。汪曾祺的作品写风俗,谈文化,忆旧闻,述掌故,寄乡情,花鸟鱼虫,瓜果食物,无所不涉。读他的作品就好像聆听一位性情和蔼、见识广博的老者谈话,虽然话语平常,但饶有趣味。下面就让我们一起走进汪老的情怀,走进他的人生。

师生具体活动:

1.师生交流:同学们,我们透过《昆明的雨》,相信你们对汪老有了一定的认知与了解,请把你们眼中的汪曾祺介绍给大家。

生1:汪曾祺,1920年3月5日生于江苏省高邮市,中国当代作家、散文家、戏剧家,京派作家的代表人物。被誉为抒情的人道主义者,中国最后一个纯粹的文人,中国最后一个士大夫。汪曾祺在短篇小说创作上颇有成就,对戏剧与民间艺术也深入钻研。

生2:我读《端午的鸭蛋》这篇文章,感受颇深。通过端午风俗的描绘和对高邮鸭蛋的介绍,表达出对儿时生活的怀念,以及对故乡的热爱之情。汪曾祺先生对家乡的鸭蛋有说不完的乐事。人们都说爱屋及乌,所以当你对自己家乡有一片赤诚之心时,你便会爱上它的一草一木。

生3:我喜欢汪曾祺文中的语言,朴素、平淡,如话家常,娓娓道来。

生4:汪曾祺在西南联大和昆明生活了7年,这是他一生中的重要时期。在昆明,他不仅接受了良好的高等教育,结识了许多师长和朋友,开始走上了文学创作之路。对有着强烈家乡情结的汪曾祺来说,昆明无异于是他的第二个故乡。

设计意图:先和学生亲切聊天,激发学生的阅读兴趣,巧妙引出新课。

活动一:赏民俗民风,感文化传承

导语:同学们,我们回忆一下,汪老在《昆明的雨》这篇文章中,描写了昆明的哪些民俗民风呢?

预设:倒挂的仙人掌寄予昆明当地人对平安生活的向往。一个小小的举动,透露当地民俗习惯。

导语:同学们,我们感受到汪老对民俗的青睐,在老师布置的拓展阅读中,你又读到了哪些关于民俗民风的画面呢?

师生具体活动:

1.学生思考,交流讨论,教师巡视,个别指导。

2.学生发言。

生1:《故乡的元宵》送麒麟,吹糖人,捏面人,拉天嗡子,看走马灯,看围屏。用家乡的元宵节的民间活动与狮子龙灯高跷、跑旱船等对比。先抑后扬。故乡元宵节的热闹,家里灯的温暖,街上灯的热闹,自作灯的乐趣,最后以看围屏收住,多年过去记忆如新,怀念欣喜之情扑面而来,生趣盎然。

生2:《端午的鸭蛋》家乡的端午,很多风俗和外地一样。……是端午节的午饭要吃"十二红"……十二红重点描绘的是端午的鸭蛋,高邮的鸭蛋细而油多,是驰名中外的美食。而在孩子心中高邮鸭蛋远远不只是美食,更多的是美好的象征。

生3:《五味》山西人吃醋,山西人爱吃酸,广东人爱吃甜。汪曾祺曾经说过,一个人的口味要宽一点、杂一点,"南甜北咸,东辣西酸'都去尝尝。五味不光写这五种味道,还有一味很特殊"臭",作者把令人倒胃口的"臭"写得如此富有吸引力,仿佛具有了食物灵魂。

设计意图:汪曾祺凭借着他丰富的人生见识、深入的饮食体验和本色的语言,向我们介绍了中华大地多样的饮食文化。饮食与民俗民风分不开的。作者如话家常,娓娓道来。通过学生阅读,了解汪曾祺作品中的饮食文化与民俗特点。

活动二:品凡人小事,叹赤子之情

导语:在老师布置的拓展阅读任务中,哪些文章用娓娓道来的方式将作者的情感寄托在平凡小事上呢?

师生具体活动:

1.学生默读课文,教师巡视,个别指导。

2.学生组内交流意见,教师组织讨论,各组代表发言。

预设:

《黄油烙饼》学生读黄油烙饼的段落。萧胜一边流着一串一串的眼泪,一边吃黄油烙饼。他的眼泪流进了嘴里。黄油烙饼是甜的,眼泪是咸的。萧胜对奶奶的思念在吃到黄油烙饼的那一刻瞬间爆发。黄油烙饼中蕴含着萧胜小小年纪里对奶奶的回忆,那里有奶奶对孩子的感情,也有孩子对奶奶的感情,祖孙三代的感情在黄油烙饼中得以循环,所有的这一切感情在不动声色中完成。通过小人物的命运,揭示历史变动与时代的沧桑。

《胡同文化》对胡同文化的没落,深情叹惋之情。作者对胡同文化的那份感情是复杂的。汪曾祺出生在书香门第,对传统文化情有独钟。他虽然是高邮人,但大辈子是在北京度过,受到北京的胡同文化浸润,有着深厚的感情。胡同方正,取名奇且来源多,胡同数量多且安静,与四合院是一体的。胡同是贯穿大街的网络。

导语:胡同在经济大潮的冲击下,也将最终走向没落,面对胡同及胡同文化的没落,汪曾祺心中涌起的是怀旧、伤感又豁达的感情。作者熟悉并喜爱胡同文化,但在理智上,他也意识到在改革开放的今天,封闭的胡同文化走向没落是必然的,所以在文末,作者由衷地感叹,再见吧,胡同。下面让我们带着对胡同文化的没落的叹惋之情,再细细品读文章的最后三段。

出示课文最后三段,纵观这些文章,无论是对家乡高邮的热爱,还是对昆明的喜爱,抑或是对北京胡同文化的没落叹惋,这些情感都荡涤在汪老的一篇篇作品之中,汪老为什么能够写出如此多情的作品呢?

PPT 出示拓展材料:

1. 人生阅历相关。

汪曾祺一生曾在高邮、昆明、上海、北京、张家口居住过。PPT 出示:我的故乡不止一个,我居住过的地方都是故乡。《昆明的雨》表达了作者对昆明的热爱。《端午的鸭蛋》传达出作者对故乡的喜爱。汪老用一颗真诚的心去感受生活,善于用发现美的眼睛捕捉生活琐细事物,携来人文。

2. 汪曾祺的一生横跨了我国重要的几个时期,在这些特殊的时期中,汪曾祺的人生经历也是起起伏伏,跟随着时代的变化而变迁着。这些人生经历,造就了不同境遇下的不同作品。比如《黄油烙饼》《鸡鸭名家》他们都烙有时代的印记。

3. 汪曾祺博学多识,兴趣广泛,爱好书画,乐谈医道,对戏剧与民间文艺也有深入的研究。他一生所经历的轰轰烈烈的大事可谓多矣,例如启蒙救亡、夺取政权、反右斗争、"文革"、改革开放等。但他深感现代社会生活的喧嚣和紧张,使读者形成了向往宁静、闲适、恬淡的心理定势,追求心灵的愉悦、净化和升华。

4. 饶有趣味的端午鸭蛋,安静的元宵节,对昆明的雨的描摹,对人间百味的品尝,更深感触到他对生活的宁静、闲适、恬淡。正是因为他对生活的细腻观察,对中国各地文化的喜爱,借人间百味,丰富自己的人生。除此之外,更是一名知识分子对于传统文化的痴迷。

设计意图:通过阅读汪曾祺的作品,圈画以及总结汪老作品的特点。感受汪老的人生阅历,体会汪老作品中蕴含的中国味儿。

活动三:览汪公之文,悟文字特点

导语:请同学们总结汪老作品语言特点。

PPT 展示。

师生具体活动:

1. 学生讨论思考,教师巡视,个别指导。

2. 学生代表回答问题。

预设:

1. 语言平淡朴实。

2. 典雅优雅与质朴口语相映成趣。

设计意图:通过阅读文本,总结汪老作品语言特点,对汪老作品进行整体把握。

教师总结:我们阅读了汪老的几篇文章,从中感受到了民俗民风,感悟作品中拾取生活中的琐细事物,如话家常,娓娓道来,具有一种平淡自然之美。生活的美存在于身边的一草一木中,作者用善于发现美的眼睛捕捉道路他们,然后携来入文,遂成美文。他曾说,我想把生活中真实的东西,美好的东西,人的美,人的诗意告诉人们,使人们的心灵得到滋润,增强对生活的信心、信念,而读完汪老的作品,让我们深深地感受到"浓浓的中国味儿"。希望同学们都有一双发现美的眼睛,用一颗真诚的心感受生活的这片土地,把全部的爱与真情都融进这里,共同演绎我们的中国味儿。

【布置课后活动】

请同学们阅读汪曾祺的作品《汪曾祺精选集》。

设计意图:通过本节课的学习,继续阅读汪老的作品,体会汪老的语言特点,感受汪老作品中的"中国味儿"。

【板书设计】

赏汪公之文,叹赤子之情

——《昆明的雨》拓展阅读

平凡小事"中国味儿"

【拓展点设计反思】

起初在阅读汪曾祺的作品时,发现汪老作品中很多都是围绕中国民俗、饮食文化、花鸟鱼虫和社会中的小人物、小事物来创作的。通过阅读,感受到汪老作品中浓浓的中国特色,而且让我了解了更多中国文化,越读越感兴趣,于是在执教《昆明的雨》时就想通过拓展阅读让学生阅读更多作者的作品,拓宽学生的眼界。

在设计本节课时,我们不能脱离本课文本的学习,《昆明的雨》中抓住昆明当地的民俗特点,抒发情感。于是我们想让学生阅读汪老的其他典型作品,了解作品中的各地的民俗特点。通过阅读,让学生了解我国的民俗文化。《昆明的雨》中作者对昆明的爱是深沉的,寄托情感的载体很小,但表达的爱却很深沉。仙人掌、牛肝菌、杨梅、缅桂花,作为承载感情的载体,他们共同昭示了汪老散文的"凡人小事"之美,共同彰显着汪老对昆明的生活的热爱。于是我们抓住作者寄托的情感的这些小事物,拓展汪老其余作品,让学生找出作者寄托情感的小事物,了解作者写作特点。通过阅读汪老的作品,我们感受汪老作品的语言特点,最后对汪老语言特点进行归纳总结。通过学习《昆明的雨》这一篇作品,拓展学习汪老其余作品,品评感受汪老的文字,从而达到拓宽学生阅读视野,增加阅读量的目的。

通过本节课的学习,学生能够自主阅读汪老的其他作品。通过圈点画和小组合作探究的方式,学生能够感受到作品中的民俗特点,感受作品中的饮食文化以及汪老的语言特点,在潜移默化中提升了学生的语文素养。

以古诗文为载体的经典阅读拓展课程

一颗英雄心,千古悲壮词
——统编初中语文辛弃疾词作拓展阅读

【教学设想】

统编初中语文教材十分重视学生对中华民族传统文化的学习,而爱国主义情怀是中国优秀传统文化的精华和提炼。古诗词作为传统文化的重要载体,是学生了解并掌握优秀传统文化的重要途径,在初中古诗词教学中渗透爱国主义教育是十分必要和重要的。

统编初中语文九年级上下册教材编入了辛弃疾的 4 首词,分别是《丑奴儿·书博山道中壁》《破阵子·为陈同甫赋壮词以寄之》《太常引·建康中秋夜为吕叔潜赋》《南乡子·登京口北固亭有怀》。四首词的创作背景虽有所不同,但都体现了辛弃疾想要抗金报国,力图恢复国家统一的理想和愿望,也倾诉了英雄无用武之地,壮志难酬的悲愤。辛弃疾作为中华民族的文化符号,具有自身独特的教学价值,因此我们将他的 4 首词整合在一起,确定"一颗英雄心,千古悲壮词"为主题的拓展阅读教学,旨在引导学生走进词人辛弃疾和他的诗,与之产生情感的共鸣,培养学生的爱国情怀,增强学生的民族文化认同感。

【学情分析】

九年级的学生经过七年级、八年级的古诗文学习,有了一定的诗词理解和鉴赏能力,初步掌握知诗人、解诗意、悟诗情、赏诗境的诗歌鉴赏步骤。但由于南宋词人辛弃疾的部分诗作篇幅较长,用典较多,学生知识水平有限,文意理解难度加大。另外时代、文学、个人背景等鸿沟,横亘在学生面前,学生难以很快与作者产生思想上的共鸣,爱国情感教育体会不深,对文章的理解浮于表面。

针对这种情况,教师将教材中辛弃疾的四首词作进行梳理、重组,对《破阵子·为陈同甫赋壮词以寄之》《南乡子·登京口北固亭有怀》两首词单篇精讲基础上,确定主题为"一颗英雄心,千古悲壮词"的辛弃疾词作拓展阅读教学,指导学生有目的、有针对性地进行课外阅读。在收集、整理资料中,走近诗人,丰富认知;在拓展阅读中,积累语言,提高学习效率。通过这次拓展阅读课,调动学生积极性,加深学生对词人辛弃疾的了解和对爱国情怀的理解,培养学生阅读和欣赏文学作品的能力,实现学生与文本之间的情感交流及共鸣。

【教学目标、重难点】

知识与能力:梳理辛弃疾人生经历,丰富诗人形象;领略辛弃疾词作风格,感受他深沉悲愤的爱国之情和不遇之恨。

过程与方法:通过反复吟诵、适度拓展、情景设置、小组活动等方式,增强学生对诗词的阅读与鉴赏能力,进一步提高学生语言表达能力,提升语文素养。

情感态度与价值观:感受词人强烈的爱国主义思想,思接当下,体会这种精神在新时代的意义,增强爱国热情和民族责任感。

【重难点】

联系词人生平与诗歌写作背景,通过对辛弃疾词作的提炼、诵读、赏析和表述,理解作品思想内涵和作者情感,增强学生对诗词的阅读与鉴赏能力。

【教法】

阅读指导法和情境法。

【学法】

小组活动法和成果展示法。

【准备阶段】

1. 搜集与整理诗人生平资料,可制成人物档案,或设计人物海报等,为同学们介绍词人辛弃疾。(拓展课学生展示)

2. 持续两周时间的课前 5 分钟"诗词论坛":推选一首辛词,课上诵读,初步完成的诗歌背景介绍和诗意理解,交流初读感受。(可配 PPT 图片讲解)

3. 结合推荐阅读,了解辛弃疾后,请你以喜欢的方式致敬"我心目中的辛弃疾"。思接当下,给爱国主义和英雄本色赋予新时代内涵。

【教学过程】

导入:配乐,教师深情导入。

纵观历史长河,应该找不到第二个文人能像辛弃疾一样,以一个沙场英雄和爱国将军的形象留存在历史上和自己的诗词中。他是"积 300 年北宋南宋之动荡"才产生的一代英豪。他完美地将文韬与武略集于一身,有"文能提笔安天下"的才华,也有"武能上马定乾坤"的壮举。他有"气吞万里如虎"的气概,也有"可怜白发生"的悲哀。他一生都想抗金报国,收复失地,为此矢志不渝。可结果呢,只能是"为国弃疾终成梦,白发横生空余恨"。他用满腔热血,谱写了一曲爱国赞歌。今天让我们走近这位傲立于天地间的民族英雄,去细细品读他的诗词,体味一段无奈的人生,一场千年的浮梦。

设计意图:教师引用词句,诗意深情导入,营造了具有语文味道的学习氛围,激发学生的学习兴趣和课堂展示欲望,同时明确本节课的学习目的。

活动一:走近英雄,剑胆诗魂爱国心

在读书月活动中,初三语文组结合九年级语文教材的学习内容,举办主题为"赏诗词之美,寻文化之根"的经典古诗词系列诵读活动。本期专题是"诵经典诗歌,品豪情人生"——走近南宋词人辛弃疾。同学们结合搜集整理的资料,一起认识这位"人中之杰,词中之龙"。

1组:我们组为辛弃疾制作人物档案。

人物简介:辛弃疾(1140—1207)原字坦夫,后改字幼安,号稼轩,山东济南历城县人。南宋豪放派词人、将领,有"词中之龙"之称。与苏轼合称"苏辛",与李清照并称"济南二安"。谥号"忠敏"。现存词600多首,有词集《稼轩长短句》等传世。其词多以国家、民族的现实问题为题材,抒发慷慨激昂的爱国之情。艺术风格以豪放为主,沉雄豪迈又不乏细腻柔媚之处,题材广阔又善化用前人典故入词,在苏轼的基础上,大大提高了词的思想境界和文学地位。其词抒写力图恢复国家统一的爱国热情,倾诉壮志难酬的悲愤,对南宋上层统治集团的屈辱投降进行揭露和批判等。辛词中还有不少以生动细腻的笔触描绘农村四时的田园风光、世情民俗的作品,都富有生活气息,给人以清新柔美之感。

2组:我们组是用诗句概括辛弃疾人生中几个重要阶段。

少年时期(1140—1162):英雄本色,一战成名——"金戈铁马,气吞万里如虎"。1140年,辛弃疾出生,距离南宋建立已有13年,而北方大地已经沦陷于金人之手。辛弃疾早年深受祖父爱国思想影响,加之他亲眼目睹汉人在金人统治下所受的屈辱与痛苦,从小立下恢复中原、抗金报国的志向。1161年,金主完颜亮大举南侵,无法忍受金人压迫的北方汉人,终于奋起反抗,21岁的辛弃疾率领2000多父老兄弟起义抗金,之后归附耿京起义军,并力劝耿京归宋,以图大业。1162年辛弃疾奉命南渡,联系起义军的归宋问题。返回途中得知叛徒张安国杀了耿京,率部投金,率领五十余骑兵,突袭金营,生擒叛徒张安国,从此投奔南宋。

青年时期(1162—1181):入仕南宋,宦海沉浮——"可惜流年,忧愁风雨"。辛弃疾23岁到42岁,是一生中的游宦时期。这一时期的辛弃疾,雄心勃勃,壮志凌云。他先后写了不少有关抗金北伐的建议,如著名的《美芹十论》《九议》等,但他的意见并未被当权者采纳。在此期间,他先后到江西、湖北、湖南等地担任转运使、安抚使一类重要的地方官职,去治理荒政、整顿治安。虽然政绩卓著,但这显然与辛弃疾收复失地的理想大相径庭。

中年时期(1181—1203):壮志难酬,被迫归隐——"而今识尽愁滋味,却道天凉好个秋"。这一时期,辛弃疾除了53岁至55岁一度出任闽中,两次遭弹劾外,有二十余载赋闲在家,基本上是在上饶带湖,这是他一生被迫归隐的时期。期间他寄情山水,追慕陶渊明。64岁奉令出任,但事未成就,又遭罢免。

晚年时期(1203—1207):再被起用,大梦成空——"凭谁问,廉颇老矣,尚能饭否"。生前最后几年,朝廷再次起用辛弃疾,但此时的他已经重病在身,不久之后带着自己的爱国之心和忧愤的心情离开人世,卒年68岁。

3组:我们组想用一些数字带大家了解辛弃疾。

14岁考学,18岁考进士,20岁领兵,23岁率50骑入5万金兵大营擒拿叛贼并全身而退,25岁入仕,40岁创立的飞虎军雄震一方,43岁被迫归隐,之后两次被朝廷短暂起用后又被罢免,68岁郁郁而终。他作为南宋臣民共生活了40年,有近20年的时间被闲置一旁,而在断断续续被起用的20多年间又有37次频繁调动。他一生力主抗金,却始终不能施展抱负。

人生能有多少个二十年！第一个二十年,他刻苦奋进练就一身武艺,指望复国故土;第二个二十年,他向南宋朝廷奔赴而来,辗转于官场一事无成,拳拳臣子心被泼了一瓢又一瓢的冷水;第三个二十年,自己渐渐垂暮,心中的热血依旧沸腾。终于在 64 岁的时候被起用,只不过是大梦一场空。

过渡语:感谢同学们的分享,让我们如此全面地了解了辛弃疾,为我们搭建了走近辛弃疾作品灵魂的桥梁。接下来就让我们在文字的激荡中,沐浴璀璨千年的诗词之光,品味命运跌宕中酿造的伟大情怀。

设计意图:创设贴近学生生活的读书月活动情境,引导学生收集、整理辛弃疾的人物资料,鼓励学生以不同的方式生动介绍词人,既吸引了学生的听读兴趣,又帮助掌握了品读辛词的密码。

活动二:聆听英雄,一片丹心报国志(学生主持)

同学们在诗词研读过程中,通过完成学习任务单,对诗人词作一定有自己的阅读收获和感悟。现在就把我们的诗词舞台交给同学们,去传唱那一篇篇激荡人心的诗篇,感受流传千古的家国情怀!

PPT 展示:学生在研读过程中的学习任务单。

师生具体活动:在两名学生的主持下,各小组分享辛弃疾诗篇和阅读感悟,教师适当点评、总结。

主持人:辛弃疾一生主张抗金,恢复中原,可处于国家危难之际,连这理想,都显得过于沉重,终其一生他都未能如愿,只能把满腹心愿和抱负化在诗词里。就让我们追寻伟大诗人的身影,重温那些震古烁今的壮美篇章,试揾英雄血泪!哪组先来?

4 组:《破阵子·为陈同甫赋壮词以寄之》(组员男生朗诵+音频)

组员男生朗诵辛弃疾的词作《破阵子·为陈同甫赋壮词以寄之》。

生 1:时隔千年,当我们翻开辛弃疾的诗卷,这首词就如同响彻长空的惊雷,带着一种凛然杀气,激荡人心。这是在中华上下五千年的文人堆里,也难找出的有金戈之声的力作,是辛弃疾的绝妙好词。

生2:作为一个抗金将领,他向南宋朝廷奔赴而来,本来是想以身许国,血洒疆场的,却被朝廷弃置二十多年不用,闲居江西上饶。1188年秋天,志同道合的朋友陈亮来鹅湖看望辛弃疾。这次会晤,二人瓢泉共酌,鹅湖同游,商讨抗金大事,盟誓为统一祖国奋斗不止。陈亮在辛弃疾处停留了10日,才告别东归。这次"鹅湖之会",又重新燃起辛弃疾内心灼热的爱国情怀,也触动了他心灵深处的隐痛,此词就作于这次会见之后。

生3:这首词够"壮"!壮在诗人沙场征战的热血豪情!壮在一场酣畅淋漓的战斗场景,是何等的快意!壮在诗人几十年一如既往的抗金理想,壮在诗人灼热的爱国情怀!正如他发出的"男儿到死心如铁,看试手,补天裂"的呐喊。然而他这首词也够"悲"!原来,那壮阔盛大的军容,横戈跃马的战斗,以及辉煌胜利,千秋功名,不过全是梦境。现实又是怎样的呢?"可怜白发生!"感情瞬间跌落下来,这是诗人报国无门的悲叹,这是诗人英雄迟暮的悲叹。报国欲死无战场,一腔热血化悲歌!理想与现实,形成巨大的落差,我们听到了震天嘹亮的号角和一位爱国臣子悲怆的呼号。我们感受到了气吞山河的磅礴之势和难以抚平的抑郁愤懑之情。

主持人:感谢你们组深情的吟诵和出色的分享,可谓是"一字立骨"。由一个"壮"字,带我们领略了点兵沙场、金戈铁马的壮景,感受到一位披肝沥胆、勇往直前的壮士,体会到一颗只愿驰骋沙场、杀敌报国的壮心。而这爱国之心,忠君之念,只能化为可怜白发。壮烈与悲凉,理想和现实,形成了强烈的对比,震撼人心。有请下一组。

5组:"红颊青眼、壮健如虎"的少年英雄,带着一颗光复河山的雄心壮志,奉表南归后,却再也没有机会纵横沙场、指点江山,他也这样描述自己人生中的那段高光时刻。"壮岁旌旗拥万夫,锦襜突骑渡江初。燕兵夜娖银胡觮,汉箭朝飞金仆姑。"(《鹧鸪天》)

生1:这是作者追忆青年时期的那段传奇经历。猎猎旌旗、锦衣突骑、快马飞剑,入敌营、擒叛贼,手起刀落,意气风发。这是多么振奋人心的杀敌战斗场面,可惜往事如烟;胸有大计,腹有良谋,呕心沥血写就的治国方略献于朝廷,最终石沉大海,还不如向邻居换书学习学习种树有价值。上片气势恢宏,下片悲凉如冰,今与夕、理想与现实的对比,让我们感受到辛弃疾作品里壮与悲的交织。

6 组生 1:他的笔端,除了豪迈奔放以外,也多了一份沉郁悲壮。因为志高,所以情深;因为壮志难酬,所以忧思不忘。他是被一颗赤诚之心推向南方的,可这里没有刀剑,没有战马,只有一个人战斗的热情。一只猛虎,不能虎啸山林,被圈养起来搁置在一边,这心中的愁闷如何排解?("一轮秋影转金波。飞镜又重磨。把酒问姮娥,被白发、欺人奈何。"另一学生读)抬头望向那明月,忍不住"把酒问姮娥,被白发、欺人奈何"。作者才 34 岁,正值壮年,为何会感叹自己白发滋生?南渡多年的辛弃疾赤胆忠心,但当权者粉饰太平,无心北上。华发早生,其实正是他无奈苦闷的心情写照,也是他怀才不遇的悲哀体现。"人言头上发,总向愁中白。拍手笑沙鸥,一身都是愁。"如果这愁,只是"凄凄惨惨戚戚",似一江春水东流,那也就不是这一个辛弃疾了。他连解愁的方式也如此硬气:"乘风好去,长空万里,直下看山河。斫去桂婆娑。人道是,清光更多。"朝堂上那些阻碍北伐的人,欺压百姓的金人统治者,不正像这月中桂树吗?而他以一贯的担当:以天下为己任,不平则鸣! 来表明心志。辛弃疾的悲愁,也充满了那英雄的胸怀与向往。

生 2:说到辛弃疾的愁,愁得如此阔远,如此特别。"楚天千里清秋,水随天去秋无际。遥岑远目,献愁供恨,玉簪螺髻。"落日余晖下,谁又能懂他这个游子的悲愤之心呢?七尺男儿,国难当头却无法金戈铁马,驰骋疆场,一洒豪情,只能坐对夕阳叹惋,仰看苍天心酸,纵有千般本领,也只能喟然嗟叹:"可惜流年,忧愁风雨,树犹如此! 倩何人唤取,红巾翠袖,揾英雄泪!"这郁结在心中的"登临意,无人会",诗人只能一遍遍"把吴钩看了,栏杆拍遍"。

生 3：如果说这些诗里的愁还是可以言说的，被岁月蹂躏之后的热血青年终究在历经沧桑之后，情到深处情转薄，愁到极致不可说，只是云淡风轻地道一句"却道天凉好个秋"。

7 组生 1：刀剑镌刻悲壮词，血泪浸染英雄心。在他的田园诗难得一见的闲适安乐中是否还是免不了这一颗悲壮英雄心呢？我们组有这样的感悟（小组同学读《西江月·夜行黄沙道中》和《清平乐·村居》两首词）。

生 2：41 岁的辛弃疾遭到弹劾被罢免官职，曾经叱咤风云的热血男儿，在伤心失意中，脱下征袍，归隐田园，至此，辛弃疾就成了稼轩老农。他是不是从此就"此心安处是吾乡"了？疆土依旧千疮百孔，民众仍然处于水深火热，这是凝结在他心中恒久的忧伤与凄楚。不论是与百姓闲话农桑，还是坐看云卷云舒，最终还是"布被秋宵梦觉，眼前万里江山"。平静祥和的乡村生活，能让辛弃疾暂时忘却悲伤。这时的"乐"是他在永恒痛苦中的调节与间歇，是他苦痛、焦灼灵魂的暂时镇静与松弛。

主持人：词人本色是武人，武人本色是政人。从始至终，辛弃疾在乎的还是他那个滚滚发烫的山河梦。他做了一辈子的北伐梦，临到暮年，好不容易等来一次机会，又转眼破灭。1206 年当朝廷再次起用他到都城临安赴任时，辛弃疾已是病重卧床，气若游丝之际，发出了最后的呼喊："杀贼！杀贼！"事业未竟，空留余恨，这是英雄最后的战歌。时间很短，一节课道不尽他的千古诗篇；时间很长，可以一生传承民族之魂！请老师做总结。

师：同学们在课堂能够呈现如此精彩的演讲，说明课外阅读时下足了功夫，也倾注了自己的思考。辛弃疾把自己的拳拳爱国忠心、殷殷报国壮志镌刻在刀光剑影、金戈铁马的疆场上，隐藏在"挑灯看剑""栏杆拍遍"的细节里，融汇在天地山河、明月清风的景象中，寄托在英雄豪杰、风云人物中。这些物、这些景、这些人，融入他的诗里，有性情，有境界。不论是直抒胸怀，还是含蓄婉转，藏不住的依旧是那一心为国的忠心。

过渡语：辛弃疾这一生，直到生命最后一刻，也没有看到他想看到的

"万里江山",也没有完成"了却君王天下事"的心愿。在一个错误的时代里,他的英雄本色和爱国情怀在身体里激烈碰撞,在百折不挠中迸发出经久不衰的生命力。当我们透过文字和诗人见面,如果可以,请先尊称他一声"将军"

设计意图:通过课内文本细读和课外诗词拓展,学生与文本、作者展开对话,吟诵诗篇,感悟情怀

活动三:致敬英雄,一腔热血润我心

南北遥望两茫茫,一生境遇徒忧伤。辛弃疾在这个"还我河山"的许愿中,遗憾地离开了人间。它的生命和诗词,成为一道最为传奇的风景。假如你是南宋朝廷高官,你会举荐辛弃疾,圆他这一世中国梦吗?

PPT展示:假如你是南宋朝廷高官,是否会举荐辛弃疾领兵北伐、收复故土?

预设:

生1:如果我是南宋朝廷主战派官员,我举荐辛弃疾。

其一,他有实战经验。辛弃疾生于宋金乱世,从小树立杀敌理想,21岁就统帅数千人马与金军激战。追杀叛徒义端。危难之际率50轻骑直闯五万人马的金军大营,生擒叛将张安国。参与抗金战斗,战斗经验十分丰富。

其二,他有治国方略。南归之后,辛弃疾所写的治国方略《美芹十论》,从审势、察情、观衅、自治等方面,详细阐述了南宋对金是否可战以及如何战胜的军事方略,是一部精辟的军事专著,谋略尽显其中。之后《九议》在政治军事上极具价值体现其高瞻远瞩的战略思想。在宋代词人中,他将文学、军事、政治完美地集于一身。

其三,有组建军队的经验。任湖南安抚使期间,亲自组建一支飞虎军,打造了一支军纪严明的虎狼之师,成为南宋中后期湖南地区的军事支柱。辛弃疾组建"湖南飞虎军",表面上是为维护地方治安,实际是在建立抗金

部队,为北伐做准备。

其四,有清醒的头脑。1205年,宰相韩侂胄发动了"开禧北伐"。对这次北伐,辛弃疾十分忧虑,认为军事准备不充分。后来这次北伐果然以失败告终。

这样的将帅之才,足以成就一番大事业。

生2:我不推荐。(以南宋求和派官员的口吻)

已经亡了我大宋朝一半江山,怎敢拿这南宋命脉当儿戏?日暮穷途、偏安一隅不好吗?辛弃疾这个人,太过耿直,毫不顾忌官场潜规则。况且,辛弃疾一个"归正人",何以让人完全信任?

生3:我也不推荐。从唯物史观来看,历史的车轮不会因为某个人停下或改变方向。南宋的灭亡不只是单纯的军事问题,战争失利的背后,是综合国力的差距,是军队体制、政治制度、经济模式等各方面一连串的问题。在南宋局面下,仅凭一人之力,恐怕不能进行全面彻底的改革。也许从个体生命的角度来看,应该为他感到庆幸,正是这一生的求而不得,为词坛留下不朽的星光。

设计意图:辩论形式既加深了学生对辛弃疾的了解,又提升学生的思辨能力。

过渡语:南宋王朝的怯弱,让江山沦落,历史蒙尘。南宋朝廷辜负了一世英明,命运虽把一个将才逼成了诗人,可正因如此,我们看到了一个凛然正气、铁骨铮铮的英雄身上闪现的光辉。他的精神是否深深地震撼了你?想必你有很多话想对辛弃疾说,请用你喜欢的方式,致敬"我心中的辛弃疾"。

PPT展示:用不同方式致敬"我心中的辛弃疾"。

预设:

生1:朗诵古诗。

金戈铁马势如虎,栏杆拍遍无人顾。赤胆忠心抗金兵,半世飘零终无路。

生 2:朗诵一首现代诗。

生 3:写一篇小随笔。

生 4:演唱歌曲《千秋词阙》。

过渡语:同学们的分享很是惊艳! 斯人已逝,但他的慷慨壮词回响在我们耳边,激荡着我们的爱国之心。常言时势造英雄,可是南宋却是一个特殊的时代,是一个让英雄人物难流血却流泪的时代。强烈的爱国主义感情是南宋这一时代的最强音。我们熟悉的南宋作家群何尝不是这样:(预设学生回答:比如陆游的"王师北定中原日,家祭无忘告乃翁";比如岳飞的"壮志饥餐胡虏肉,笑谈渴饮匈奴血";比如文天祥的"生无以救国,死犹为厉鬼以击贼""人生自古谁无死,留取丹心照汗青"……)他们的个人情感总是与时代、与祖国的命运紧密联系在一起! 我们要学习他们热烈而深沉的爱国主义精神,执着追求理想信念的精神! 这是我们的财富,这是我们的根!

小结:辛弃疾虽然离开了我们,却永远不会消失。他是用生命吟唱山河日月、抒写悲壮人生的词人,为知识分子筑起一座精神的丰碑,是激励后世爱国者的精神旗帜,他的剑胆诗心在中国文化史上熠熠生辉! 2022 年 2 月 4 日,世界的目光再次聚焦中国北京。在这一天,中国给了全世界独属东方的浪漫,我们如期兑现承诺,你永远可以相信中国。让我们用文字向英雄致敬,向盛世荣光的缔造者们致敬!

设计意图:学生以不同的方式致敬心中的辛弃疾,情感表达的同时,也培养了学生文学创作、朗诵展示等能力。

【布置课后活动】

结合 2022 年北京冬奥会难忘瞬间,向你心目中的英雄致敬! 形式不限。

【板书设计】

一颗英雄心,千古悲壮词。

【拓展点设计反思】

辛弃疾是我国伟大的爱国主义词人,统编初中语文教材一共选入他的四首词作,他的词题材广阔、气势雄健、意境深远,是词中典范,感受辛词的语言魅力和文化内涵,使学生获得语言能力和审美能力,利于培养学生的民族文化自信,增强对中华民族优秀文化的传承力;辛弃疾一生为国家收复失地呕心沥血,内心饱含着炽热的爱国情怀,在词中处处倾注了他的意志和思想。以辛弃疾词作拓展阅读教学作为爱国主义教育的契机,能帮助学生全面地认识辛弃疾,有助于培育学生的爱国主义情怀。因此,立足于教材文本,进行辛弃疾诗词拓展阅读教学很有必要。

由于辛弃疾的部分词作篇幅较长,用典较多,文意理解存在难度,前期学习准备很重要。教师创设贴近学生生活的情景——读书月活动,指导学生有目的、有针对性地收集、整理资料诗人资料,知人论世;抓住"爱国情怀"主线,课外阅读诗人词作,做好摘录;利用两周时间的语文课前5分钟"诗词论坛",学生推选一首辛词,课上诵读,初步完成了诗歌背景介绍和诗意理解。

在此基础上,教师以"走进词人和他的词"为拓展点,开展了主题为"一颗英雄心,千古悲壮词"的辛弃疾词作拓展阅读教学,在课堂展示活动中,设置了"走进英雄,剑胆诗魂爱国心""聆听英雄,一片丹心报国志""致敬英雄,一腔热血润我心"三个环节:小组以不同方式展示辛弃疾生平经历,学生头脑中对词人形成清晰的路线,也就抓住了解诗词、体悟情感的钥匙;以小组活动的方式展示辛弃疾诗词研读成果,完成诗词的品读和诗人情感的感悟;在前两个环节基础上,学生自己提炼升华,以不同的方式向心中的辛弃疾致敬,是阅读成果的深化和拓展,培养了学生思辨、文学创作、朗诵展示等能力,提高学生的学习转化率。

通过这次拓展阅读课,调动学生积极性,拓宽了学生的阅读知识面,丰富了阅读方法,提升阅读品质和思辨能力;对学生进行传统文化教育,增强学生对传统文化的传承意识,增强学生的民族归属感和自豪感,强化爱国意识。

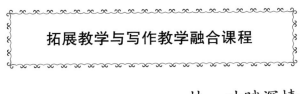

拓展教学与写作教学融合课程

一枝一叶赋深情
——让景物描写点缀你的文章

【教学设想】

"一花一世界,一叶一自然。"大自然以其细腻生动的笔触,描绘了千姿百态,各式各样的景物,显示了其独有的魅力。因此,笔者选取了"景物描写作文指导"这一课题,希望写好写景作文能成为学生写作入门的一把金钥匙,调动学生的写作积极性。

【学情分析】

景物描写,学生在小学时就接触过这方面的内容,但在平时的习作中,我们发现了一些问题,他们一遇到景物描写时,往往写道"这里的景色多美啊!""眼前的美景太迷人啦!"其实,眼前的景色到底有多美多迷人,别人还是不知道。结果造成笔下的景物千篇一律,空洞、乏味,毫无个性。所以这节课的教学重点是教给学生写景状物的知识和写作技巧。

【教学目标、重难点】

知识与能力:探讨景物描写的方法,提高观察力和想象力。

过程与方法:运用景物描写的方法进行景物描写的训练。

情感态度价值观:培养学生用"有情"的眼睛看景物,激起学生热爱自然、热爱生活情感。

教学重点、难点:学会对景物进行生动的描写。

【教法】

1.情境法,创设情境,激发学习兴趣。

2.小组互动法,凸显学生的主体地位,激发学生参与课堂教学的积极性。

【学法】

1.诵读法,培养审美情趣。

2.圈点勾画法,筛选有效信息。

3.合作探究法,鼓励学生主动发表看法,培养合作探究能力。

【教学过程】

导入:观察图片写句子,激趣导入。

面对寒冷的冬天,毛泽东感受到的是"北国风光,千里冰封,万里雪飘"的豪迈,岑参看到的是"忽如一夜春风来,千树万树梨花开"的妩媚,孔子则体会到了"岁寒,然后知松柏之后凋也"的哲理。春有百花秋有月,夏有凉风冬有雪。一年四季,风景各不相同。可以说,人对自然的情怀是与生俱来的。那么同学们,你们想不想把你对自然的独特感受也用文字淋漓尽致地表达出来呢?

那么首先,请同学们跟老师一起做一个文字游戏。(PPT 展示图片)首先,请你观察图片,记录下你在图片中看到的景物。第二步,继续观察你记录下的景物,你看它像什么? 有着怎样的情态? 写一个比喻句或者一个拟人句。继续看图片,发挥想象,透过静止的图像我们有没有听到什么声音? 闻到什么味道? 有着怎样的感觉吗? 最后一步,面对这样的景色,此时此刻,你的心情怎样? 试着写下来。

师生具体活动:

1.师生交流。

2.教师展示照片,学生根据要求写句子,初步认识景物描写,导入新课。

设计意图:运用"情境再现"法,出示冬雪图的画面,让学生按要求写句子,调动学生的感官,激发学生写作欲望,从而导入本课的学习。

活动一:给你一双慧眼

导语:我们阅读过许多写景名篇,读过之后,那令人心驰神往的景色仿佛历历在目,这其中有一个重要原因,就是能够抓住景物的特征。首先,老师将给你一双慧眼,教你如何再现景物特征。

朱自清的《春》是写景的经典篇目。我们齐读黑板上的段落,看看先生笔下的春有哪些特点。

PPT 展示:《春》中的两个语段,引导学生总结语段中所包括的感官。

师生具体活动:

1.学生齐读语段一,自读语段二,总结语段中所包括的感官。

2.学生思考,总结,讨论。教师巡视,个别交流。

3.学生发言,教师点拨、归纳,引导学生总结景物描写的第一种方法:用心观察,学会五觉法。

预设:通过活动中的名家引路,学生不难总结出,想要描摹景物的特征,就需要调动自己的多种感官,包括触觉、视觉、嗅觉、味觉、听觉,从而总结出要学习的写景锦囊一：用心观察，学会五觉法。具体来说，就是对景物形状、大小、色彩、数量、声音的描摹，让景物具有立体感。

师生具体活动：

1. 学生根据学案上提示的角度，赏析语段。

2. 学生同桌之间交流探讨，讨论学案上语段的赏析。

3. 教师巡视，个别交流、指导。

预设：

1. 山川之美，古来共谈。高峰入云，清流见底。两岸石壁，五色交辉。青林翠竹，四时俱备。晓雾将歇，猿鸟乱鸣；夕日欲颓，沉鳞竞跃。（俯视、仰视、平视）

2. 至于夏水襄陵，沿溯阻绝。或王命急宣，有时朝发白帝，暮到江陵，其间千二百里，虽乘奔御风，不以疾也。春冬之时，则素湍绿潭，回清倒影。绝巘多生怪柏，悬泉瀑布，飞漱其间，清荣峻茂，良多趣味。（时间顺序）

3. 看吧，山上的矮松越发的青黑，树尖上顶着一髻儿白花，像日本看护妇。山尖全白了，给蓝天镶上一道银边。山坡上有的地方雪厚点，有的地方草色还露着。等到快日落的时候，微黄的阳光斜射在山腰上，那点薄雪好像忽然害了羞，微微露出点粉色。（空间顺序）

设计意图：活动中所选择的例文，学生都非常熟悉，既贴近学习生活，又能降低学习难度。通过对写景名篇写作手法的分析，为课堂创设文本情境，便于学生总结写景手法。

活动二：送你一支神笔

导语：有了这双慧眼，大千世界，自然万物，在我们眼中都是鲜活而且富有生命力的，可如何能让读者也身临其境地体会到这种感受呢，我们则需要有一支能描绘出美丽风景的画笔。你认为，在描写景物时，你所读过的文章中还有哪些值得借鉴的地方呢？能和大家一起分享一下吗？

PPT展示：你所学过的描写景物的文章中还有哪些值得借鉴的地

方吗?

师生具体活动:

1. 学生先组内交流,后派代表发言。

2. 教师巡视,个别交流、指导。

预设:学生总结出的写景手法会有:运用多种修辞手法(比喻、拟人、排比等),可以把景物描绘得更形象;巧加修饰语,即在你所描写的景物前加上一些表性质、颜色、状态的词,把景物写活。

设计意图:在课下充分阅读文本并积极思考的基础上,充分发挥学生的主观能动性,总结写景手法,提高他们的文字鉴赏能力,培养语感。

过渡语:神笔马良的故事我们从小就听过了,小小的一支笔在马良的手中可以满足你心中各种美好的愿望。相信掌握了锦囊三和锦囊四,大家也就有了成为"小马良"的潜质,但是想要做到笔底春风,似乎还缺点儿什么,该去哪寻找呢? 我们看看在接下来的任务中,你能不能有所启发。

PPT 展示:对同一处景物的两段不同的描写。

师生具体活动:

1. 学生分组齐读两个语段。

2. 教师引导:对同一处景物的描绘竟然会让人产生截然不同的两种感受,这是为什么呢?

3. 学生答:因为作者的感情不同。

设计意图:写景的终极目的就是为了表达作者的感情。学生在对比阅读中,才能明白,只有融入真情实感的景物描写才能为文章注入活力。

活动三:抒我一片真情

PPT 展示:

又是秋天,妹妹推我去北海看了菊花。黄色的花淡雅、白色的花高洁、紫红色的花热烈而深沉,泼泼洒洒,秋风中正开得烂漫。我懂得母亲没有说完的话。妹妹也懂。我俩在一块儿,要好好活……

在一个静谧的夏夜,我独自走在乡村小道上,抬头仰望,银河闪闪发光,一轮皎洁的明月像玉盘镶嵌在星空中,月光泻在树林中,一团团树影躺在地上,无力摆动。青蛙们似乎想吓散地上的树影,扯长了肚皮地叫,蛙声是多么的无能为力啊。

师生具体活动:

1.学生有感情地朗读学案上的两段文字,边读边用笔圈画出能够表现作者情感的词、短语或是句子。

2.教师巡视,个别交流、指导。

预设:一切景语皆情语。学生通过有感情地朗读两个语段,边读边圈画,边圈画边总结,可以清晰地认识到只有融入真情实感的景物描写才能打动读者。

设计意图:通过有感情地朗读,既能让学生迅速进入语境,陶冶学生的情操,又能够提高学生的分析概括能力。

活动四:妙笔生花

导语:请大家拿出课前练笔"校园秋景",给大家五分钟的时间,请你根据本课所学,试着修改你的习作,尽量把这些手法运用到你的文章当中去。看一看谁的笔下能最先飞出美丽的花朵。(学生独立修改习作)

师生具体活动:

1.学生修改习作,将改完后的作品在组内进行交流。

2.教师巡视,个别指导。

3.分组展示,学生互评。

设计意图:学生在对习作的修改中,将课堂所学运用到自己的作品中,学以致用,才能将所学方法烂熟于心,将本课知识点融会贯通。

小结:在刚才的活动中,老师跟随大家的脚步见到了五彩缤纷的美丽秋景,通过分享,这些美景不仅出现在我们眼前,更走进了我们的心里,和景色一起镌刻在心中的,一定还有印象深刻的五个写景锦囊。

同学们,大自然是一部伟大的书,它给你智慧和启迪,心灵的慰藉。歌德说:"在自然的每一页的字句里我们读到的是最深奥的消息。"只有你走进这一步书,你在这世界上,寂寞时便不寂寞,穷困时便不穷困,苦恼时有安慰,挫折时有鼓励。老师希望,通过今天的学习,你们笔下的自然美景,也能打动人心,让人心生涟漪。愿你们每个人都能与美丽相伴,有深情相随。

【板书设计】

一枝一叶赋深情
——让景物描写点缀你的文章

让景物描写点缀你的文章
- 一、用心观察,学会五觉法
- 二、多种角度,有顺序描摹
- 三、运用多种修辞手法
- 四、巧加修饰语
- 五、融入作者的真情实感

【拓展点设计反思】

在作文教学过程中,许多学生往往出现无"话"可说,无"情"可抒的情况,制约了学生写作的水平。作为教育活动的引导者,教师可以充分利用课内、课外的教学资源,采用拓展、延伸、深入的教学方法,引导学生自主拓宽自己的情感和知识世界,从而提高他们的写作技能和写作水平。课本是教师进行教学活动的依据,如何利用好这个平台也是我们能否做好"拓展延伸作文教学法"的关键,因此,我设计了这堂以课本为依托的作文拓展课程,力求能够激发学生内心的共鸣,提高他们的写作能力。

课堂教学中,我设计了四个教学活动。活动一:借你一双慧眼。主要通过分析《春》中的经典语段,引导学生总结写景时,不仅要调动自己的多种感官,更要做到多角度、有顺序描摹。活动二:送你一支神笔。课下我布置了详细的预习任务,要求学生结合自身所学,学以致用,筛选课文中优秀的写景段落,写景手法,学生在充分预习的基础上,课上交流展示,博采众长,集思广益。活动三:抒我一片真情。在这一活动中,我主要通过对比阅读的方式,将针对同一处景物的两段截然不同的描写呈现在黑板上,学生也就自然而然地能够分析出——"一切景语皆情语",融入了真情实感的景物描写才能够打动别人。活动四:妙笔生花。学生结合本课所学,修改练笔作业《校园秋景》,学以致用,加深学习印象,并最终实现写作能力提升的学习目标。

本课从导入到课堂活动的设计,都力求激发学生的写作热情,启发学生的思维,拓宽学生的写作思路,力求体现"探究、自主、开放、创造"的个性化写作教学原则。课堂中,由于所选择的拓展资料大都来自课内,贴近学生的学习生活,学生能在课上认真思考、积极发言,体现了学生主体的独立性和勇于探索的动态过程。加之在启发点拨过程中,力求艺术提问、精讲巧引,让学生能较好地归纳出思维方法,通过"思—析—探—归—练"的教学环节,层层深入,收获了良好的教学效果。

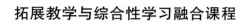

拓展教学与综合性学习融合课程

综合性学习《君子自强不息》

【教学设想】

《君子自强不息》是统编教材九年级上册第二单元的一次综合性学习活动。语文综合性学习是以语文学科为核心,注重语文学科与其他学科、学生生活和社会生活之间的整体联系,从学习者的兴趣与需要出发,以活动为主要形式,综合运用各种学科知识、技能和学习方式,培养学生综合运用知识、解决问题能力的学习活动。语文综合性学习重视学生的主动参与,强调学生自主学习,关注探索和研究过程。本次综合性学习以活动为载体,以活动任务的驱动贯穿教学始终,让学生全面理解自强不息的内涵。

【学情分析】

中学生尤其初中生正处于心智成长、求知欲强的阶段,九年级学生虽已具备一定的独立思考与理性分析能力,在八年级也曾围绕演讲进行过活动探究式学习,但知识结构并不完善,还不完全具备独立思考判断能力,在大量的信息中难以筛选出有价值的材料,在跨学科、跨领域的学习中,很难把综合性学习的重点放在提高语文素养上。学生对于"自强不息"这个话题虽然不陌生,但大多止步于了解。对此,教师应在拓展活动中,对学生搜集的材料进行把关,引导学生注重材料的全面性、多元性,帮助学生深化对自强不息精神内涵的认识,并引导学生自觉内化践行。

【教学目标】

知识与技能:学生搜集整理古今名人对"自强不息"的论述,辨识不同时代"自强不息"精神的具体体现;培养学生策划和开展活动、查找和运用资料的能力、口语表达与写作能力以及小组协作的能力。

过程与方法:指导学生通过不同形式理解新时期自强不息新的内涵,感受自强不息精神的伟大力量。

情感态度价值观:激发学生传承和发扬自强不息民族精神的决心,弘扬社会主义核心价值观,弘扬中华传统文化。

【教学重点】

理解新时期自强不息新的内涵,感受自强不息精神的伟大力量。

【教学难点】

辨识不同时代"自强不息"精神的具体体现。

【教法】

任务驱动法、课堂讨论法、启发法

【学法】

拓展阅读法、朗诵法、合作探究法

【教学过程】

导入新课:初识自强不息

《周易》云:"天行健,君子以自强不息。"意谓:天的运动刚强劲健,相应于此,君子处世也要像上天一样,自我力求进步,刚毅坚卓,发愤图强,永不停息。回首我中华五千年,从大禹治水三过家门而不入到岳飞精忠报国,从抗战胜利到今天的社会主义盛世,多少先贤都表现出我们民族自强不息的伟大精神。今天,就让我们暂时停下繁忙的脚步和老师来一次穿越

时空的精神之旅,一起感受中华民族一代又一代先贤自强不息的伟大力量!(板书课题)

学生自由发言:我觉得君子就是品德高尚的人;我觉得君子是讲诚信,有才德、有远大的抱负和志向,也拥有坚定的信念的人……

设计意图:让学生谈及对自己印象中对"君子自强不息"的理解,学生对"自强不息"的理解只局限在战胜挫折的勇气,虽然正确但不全面,教师在接下来的活动中有的放矢地进行引导与补充。

过渡:这些都是同学们印象中君子的品德和对自强不息的理解,其实很多经典的文字和人物身上对自强不息精神都有更细腻的呈现。下面,就让我们一起含英咀华,感悟文字中蕴含的自强不息。

活动一:含英咀华,感悟文字中蕴含的自强不息

1.学生感受花中君子散发的自强不息品德。人格高尚之士被称为"君子",而梅兰竹菊被称为"花中四君子"。我们组从《卜算子·咏梅》《兰》《竹石》《画菊》中君子谈自强不息:

师:还有一种花,也一直被人们称为花之君子,而且我们学过一篇描写它的文章,大家还记得吗?(指名回答)

2.学生与"四书五经"的对话

学生活动:我们组与"四书五经"对话,搜集了很多有关自强不息的名言,整理成册,与大家分享我们对自强不息的理解。(展示学生自制"四书五经"名言册)

设计意图:通过分享在拓展活动中搜集到的名言、诗句等材料,了解古今名人对自强不息精神的论述,辨识不同时代自强不息精神的具体表现。通过阅读、搜集、整理、展示、分享等活动培养学生搜集筛选信息能力,提高学生的朗诵水平。

过渡:通过聆听他们与"四书五经"对话,我们感受到这种仁爱、责任、积极进取的精神不但是个人成才的基础,对于国家发展也是必不可少的。

我们崇尚这种精神,更要努力去做这样的人。而且这样的人离我们并不遥远,现在,就让我们一起进入活动的第二个环节:走到他们身边,聆听他们的故事,感受他们内心的伟大力量。

活动二:聆听故事,感受人物内心的伟大力量

1. 感动中国记者团

学生活动:

大家好,这里是感动中国记者团,本栏目被媒体誉为"中国人的年度精神史诗"。

今天,我们颁奖的第一位嘉宾是侵华日军细菌战中国受害者诉讼原告团团长王选。

她的自强不息关键词是:仗义执言。

第二个是感动中国致敬团体——塞罕坝林场建设者。

他们的自强不息关键词是:坚持不懈。

2. 讲述咱老百姓自己的故事

学生活动:

讲述咱老百姓自己的故事,用真实感动人心。

大家好,今天我们组向大家讲述的是一名守乡村稳定,护一方安宁的普通民警陈福亮。他的自强不息关键词是:忠诚为民。

3. 我用街拍说自强

学生活动:

我们组用街头采访时的照片谈一谈"自强不息"。

第一张照片拍摄于街头献血车,生命呼唤血液,爱心需要奉献。

第二张照片主人公是默默无闻的勤劳天使——清洁工。感谢你们——我们的城市美容师!这个城市向你们致敬!

他们的自强不息关键词是:敬业奉献。

4. 明信片时光册(学生展示自制明信片时光册)

学生活动:

大家好,这是我们组准备的明信片时光册,我们选取了从古代到现代的六位自强不息人物,他们共同组成了中华五千年的自强不息史。我们用对联分别讲述他们的故事。这六位分别是:诸葛亮、花木兰、文天祥、鲁迅、姚明。

他们的自强不息关键词是:爱国立业。

设计意图:活动以学生为主体进行设计,通过成果展示,引导学生理解"自强不息"精神在个人修养、国家发展、历史进步等方面的不同表现,正确理解自强不息精神的内涵。各组学生在共同整理搜集到的材料、充实采访提纲、修改分享内容的学习过程中锻炼学生的搜集筛选能力、朗诵水平、写作技巧,加深学生对我们民族自强不息精神的理解。

过渡:同学们以不同的形式给我们带来了一场自强不息的精神盛筵,我们对君子自强不息的内涵有了更全面深刻的理解。他们选取的人物,都脚踏华夏坚实的土地,手中高擎民族振兴的大旗,完成了一代又一代的接力,爱国、敬业、诚信、友善的社会主义核心价值观也在他们身上得到完美体现。

此刻,让我们穿越时空的隧道,回到眼前,时代的接力棒已经握在了我们手中,作为新时代的接力者,让我们一起静心思考,聆听时代的召唤。我们一起进入活动三。

活动三:静心思考,聆听时代的召唤

通过前两项活动,我们对自强不息有了更深入的理解。那么,你觉得,我们在学习生活中应该怎样传承和发扬自强不息的精神? 学生分组讨论后发言。

过渡:同学们从人生目标、胜不骄、败不馁的生活和学习态度等方面发表了自己的感想,老师希望你们都能不断进步,成为生活的强者,希望寄托在你们身上。我们就是未来的主人,除了在生活学习中传承发扬自强不息的精神,放眼世界,放眼未来,我们应该怎么做呢?学生讨论后发言。

设计意图:引导学生理解自强不息精神在新时代的内涵,引导学生弘扬自强不息精神,厚植爱国情怀。学生通过小组讨论并发表自己的看法,获得辩证思维和语言表达能力的整体提升。

过渡:听到同学们的积极发言,老师认为你们都是有志青少年。"青年兴则国家兴,青年强则国家强",你们青少年一代有理想、有本领、有担当,国家就有前途,民族就有希望。中华民族伟大复兴的中国梦终将在你们的接力奋斗中变为现实。让我们一起进入活动的第四个环节,通过演讲把自强不息的心声分享!

活动四:心声分享,青年当自强

学生演讲:

生1:题目《写给昨天的我的一封信》。

学生总结评价:扬起自信风帆,你会创造奇迹。

生2:题目《怀揣信念,自强不息》。

学生总结评价:生命的全部意义在于创造自己的价值。不要再躲藏在父母的羽翼下,出来接受风雨的考验吧。是雄鹰,就要翱翔天空,是好汉,就要自立自强!

生3:题目《十年磨剑,今朝试锋芒》。

教师评价总结:十年一搏六月梦,赢得寒窗锦绣程,期待你们的成功!

设计意图:学生根据对自强不息精神的认识和理解,确定演讲主题,通过精选材料、撰写演讲稿、小组交流改进、推选演讲者演讲,实现学生参与过程中生生和谐共同发展的目标。通过对文字的精心选择安排,获得听说读写能力的整体提升。

过渡:通过今天的活动,我们对自强不息有了更深入的理解,老师感受到自强不息的民族精神已经在同学们心中扎根、发芽。民族精神是国家之灵魂,少年是国家之希望。面对未来,今日之责任,不在他人,而全在你们。

我们一起进入活动五。

活动五:我颂我心,做国之栋梁

师生齐诵《少年中国说》。

设计意图:把社会主义核心价值体系教育融入活动主题的拓展阅读中,感召激励学生为实现中华民族伟大复兴的中国梦而努力奋斗,让学生置身于文化美育的氛围中浸润陶冶,让自强不息精神根植于学生的心灵和行动中。

【拓展点设计反思】

任务是驱动课堂进行的动力,而"活动"即学生所展现出的"活动态"是燃料。所以,整堂课流程的推进以"活动态语文教学"模式为依托,充分尊重学生的主体地位,依据学生的学情和活动内容确定教学流程的推进,按照"感悟文字间蕴含的自强不息——感受自强不息人物的伟大精神——思考新时期青年的时代使命——开展青年当自强演讲——朗诵表达自强不息决心"这个思路逐层深入推进教学。整个过程,把学生分成小组,鼓励学生自己搜集与"自强不息"相关的名言、诗句、故事,鼓励学生走到街头找寻身边自强不息人物,指导小组成员采访人物后撰写事迹讲稿,并在以前开展的以演讲为主题的综合性学习活动的基础上,安排学生撰写以"自强不息"为主题的演讲稿,让各小组以不同的活动形式,通过自主理解和组内交流活动理解自强不息精神的内涵并发表自己的见解。

在导入新课后,笔者让学生谈及对自己印象中对"君子自强不息"的理解,学生对"自强不息"的理解只局限于战胜挫折的勇气,虽然正确但不全面,所以笔者又设置了两个活动环节,第一个活动中,有两组同学分享了他们在历代先贤的经典文字间感悟出的自强不息的内涵。第二个活动中,学生搜集整理了从古至今的自强不息人物,以"感动中国记者团""讲述老百姓自己的故事""用街拍说自强""明信片时光轴"等不同的活动形式呈现出来。相对于文字,人物展现的民族精神更具体可感。通过两个活动环节,学生理解了"自强不息"精神在个人修养、国家发展、历史进步等方面的不同表现。通过前两项活动,学生对"自强不息"精神的内涵有了更全面更深刻的理解后,笔者设置了活动三,顺势对学生进行引导,让学生思考,作为新时代的接力者,在学习和生活中,应该怎样传承和发扬自强不息精神。学生从学习、生活中胜不骄、败不馁的态度,生活的责任感,人生目标等方面畅谈了自己的感受。我又把学生的思维引向国际大形势,让学生分组讨论面对世界,面对未来,我们应该怎样传承"自强不息"精神。在学生们积极地发言后,笔者甄选了课前演讲准备中最能鼓舞学生心灵和行动的三篇演讲稿展开了本节课的第四项演讲活动。在聆听同学的演讲中,我发现大部分学生都再一次受到自强不息精神洗礼进而产生共鸣,顿有凌云飞天之志,最后在《少年中国说》的配乐朗诵中,将活动气氛被推向高潮。

拓展教学与名著阅读融合课程

《朝花夕拾》名著阅读教学设计

【教学设想】

《朝花夕拾》是统编语文教材七年级上册的名著导读,是中学考查的十二部名著的第一部,也是鲁迅所写的唯一一部回忆性散文集,原名《旧事重提》,一直都是极高的评价。这部作品比较完整地记录了鲁迅从幼年到青年时期的生活经历,生动描绘了清末民初的生活画面。它将往事的回忆与现实的生活紧密地结合起来,充分显示了作者关注人生、关注社会改革的巨大热情。适当地拓展阅读可以让学生对作品及作者有更深刻的认识,对现在的青年学生有极大的教育意义。

【学情分析】

七年级的学生,刚刚从小学过渡到初中,良好的学习习惯与思维方式的养成极为重要。《朝花夕拾》虽不是为少年儿童写的,但也写了许多关于少年儿童的内容,读起来兴趣盎然,容易激起七年级学生的生活体验和感悟。以此为切入点,了解鲁迅的人生经历以及创作背景,通过浏览、略读、精读的方法来完成文本的阅读,培养学生阅读文学名著的兴趣、欲望和良好习惯。同时引导学生总结自己的阅读感悟,提高写作能力。

【教学目标、重难点】

教学目标:1. 进一步了解鲁迅,从作品中梳理他幼年、青年时期的生活经历。2. 掌握阅读方法,把握作品细节,品析人物形象。3. 阅读鲁迅其他作品,深入理解内容和主旨,抒发感悟。

教学重点:掌握阅读方法,把握作品细节,品析人物形象。

教学难点:阅读鲁迅其他作品,深入理解内容和主旨,抒发感悟。

【教法】

情境创设法,激发学习兴趣。

小组活动法,凸显学生的主体地位,突出学生的课堂参与。

读写结合法,引导学生在阅读中思考,提高写作能力。

【学法】

自主学习法,养成学生良好的阅读习惯。

合作探究法,突出小组互助,提高合作能力。

【教学过程】

导入:创设情境,激趣导入。

同学们,你们知道这副对联吗?——"译著尚未成功,惊闻陨星,中国何人领呐喊;先生已经作古,痛忆旧雨,文坛从此感彷徨。"这是一首挽联,是为一位作家而作,你们知道是谁吗?(学生答:鲁迅)鲁迅先生作品内涵丰富,思想深刻,大多如"无花的蔷薇",而在这蔷薇丛中唯一开着花的,当数他的散文集——《朝花夕拾》了。今天让我们一起重温经典,感受鲁迅先生的伟大情怀吧!

设计意图:先和学生亲切聊天,由一副挽联引出鲁迅先生,很好地激发了学生的阅读兴趣,巧妙引出新课。

展示学习目标:

导语:先让我们看看这节课的学习目标,大家齐读。(读后)希望同学们将目标铭记于心,这堂课上完将目标逐一击破。

设计意图:让学生在学习的过程中有的放矢,提高学习效率。

活动一:作家作品知多少

导语:孔子说:"温故而知新。"鲁迅先生的文章我们读了不少,《朝花夕拾》我们也不算陌生,现在让我们迅速走进活动一"作家作品知多少",看看大家对其了解到什么程度呢?

师生具体活动:

1. 大屏幕出示关于鲁迅以及《朝花夕拾》的基本常识,学生填空。

2. 同学发言,结合《朝花夕拾》为大家介绍一下鲁迅先生的生平。

3. 同学发言,介绍《朝花夕拾》的创作背景。

4. 阅读《记念刘和珍君》语段,感受鲁迅先生的伟大精神。

预设:鲁迅出身于没落的封建家庭,在《从百草园到三味书屋》一中,我们可以看到他的童年很幸福,是个性格活泼、身心健康的孩子,在百草园中快乐地玩耍,即使到了三味书屋,也能找到其中的乐趣。1893 年,鲁迅的祖父因科场受贿案下狱,这给鲁迅的父亲以沉重的打击,从此他一病不起。在《父亲的病》一文中就有详细的描写,为了治病请了很多所谓的"名医",其实都是庸医,家道不断中落,饱受了世人的冷眼。父亲去世后,17岁的鲁迅离开家乡,在《琐记》和《藤野先生》中详细记录了鲁迅先生的求学历程。他先来到江南水师学堂,但觉得这个学堂"乌烟瘴气",后转入矿路学堂。1902 年以优异成绩东渡日本深造,两年后,去了仙台医学专门学校学习医学,认识了藤野先生这位影响他一生的老师。不过鲁迅在仙台受到了日本学生的侮辱,又通过幻灯片事件体会到了人民精神的麻木,便从"医学救国"中惊醒,决定弃医从文,要救治国民的精神。

1909 年回国后,鲁迅先后在杭州、绍兴等地教书,后又去北京做事,其间目睹了辛亥革命从胜利到失败的过程,更加坚定了中国社会的当务之急是国民精神的改造的认识。1917 年前后,新文化运动以及文学革命已经开始提倡,鲁迅开始写作,1918 年 5 月,首次以鲁迅作为笔名,发表了中国文学史上第一篇白话小说《狂人日记》。他的一生著述丰富。1936 年因积劳和肺病在上海逝世,终年 55 岁。

创作背景:前五篇写于北京,后五篇写于厦门。创作《朝花夕拾》时鲁迅已是文坛举足轻重的作家。1926 年三一八惨案后,鲁迅写了《记念刘和珍君》等文,愤怒声讨反动政府的无耻行径,遭到反动政府的迫害,不得不过起颠沛流离的生活。他曾先后避居山本医院、德国医院。尽管生活艰苦,还写了不少的散文诗和《二十四孝图》《五猖会》《无常》等三篇散文,与鲁迅在惨案发生之前写下的《狗·猫·鼠》《阿长与〈山海经〉》一起收录散文集《朝花夕拾》。

1926 年 9 月鲁迅接受了厦门大学的聘请,南下教书,但他只待了四个多月,因为他发现厦门大学的空气和北京一样,也是污浊的。鲁迅在这里见识了种种知识分子的丑恶嘴脸,毫不留情地进行抨击。鲁迅虽然不喜欢厦门大学,但他对自己担任的课程却倾注了全力,他上的课很受学生的欢迎。在繁忙的教学之余,鲁迅写了很多作品,这其中就包括《从百草园到三味书屋》《父亲的病》《琐记》《藤野先生》和《范爱农》五篇散文。这五篇散文与在北京创作的另五篇散文就构成了《朝花夕拾》，并于 1927 年出版。

活动结语：鲁迅先生的《记念刘和珍君》中有这样一句话："真正的勇士敢于直面惨淡的人生，敢于正视淋漓的鲜血。"其实纵观先生的一生，他又何尝不是这样的勇士呢？先生以笔做刀枪，刀锋所指皆在社会最深处，先生逝世的时候文坛送殡，擎一面大旗，上书"民族魂"，先生当之无愧！

设计意图：欲知其文必解其人，了解作者可以更好地与文本对话。引导学生课前阅读时梳理鲁迅童年以及青年时期的生活经历，便于学生整体把握文集，了解主要内容。拓展阅读《记念刘和珍君》经典段落，让学生更好地理解先生以笔做刀枪，刀锋所指皆在社会最深处，以此感受鲁迅先生熠熠生辉的人格魅力和伟大精神。

活动二：有些人，不能忘怀

导语：一部优秀的文学作品一定离不开一群鲜活的人物，那不只是散发着墨香的文字，更是作家用生命和灵魂塑造出来的，品析人物可以让我们更好地了解作品。鲁迅先生的笔下也有这样一群人，下面让我们一起走进第二个活动"有些人，不能忘怀"，请同学们根据提示猜人物，并简要分析人物形象。

师生具体活动：

1. 教师提示分析人物的方法，结合四点进行赏析。

2. 出示阅读语段，教师朗诵之后学生发言，进行人物赏析。

3. 学生回答后教师加以总结，同时适时地进行拓展阅读，阅读《药》《阿Q正传》《祝福》的语段，更好地理解时代背景，理解鲁迅先生对底层民众以及对革命者的态度，更好地感悟人物形象。

预设：

范爱农——鲁迅的同乡好友，在日本留学时与鲁迅认识。民国初年，鲁迅做绍兴的浙江山会初级师范学堂校长时，请他当学监。《范爱农》一文追叙了与范爱农接触的几个生活片段。一是同乡会争执,鲁迅初识范爱农;二是酒楼叙旧,表现范爱农找不到革命之路的痛苦;三是报馆案风波,革命令人失望,范爱农陷入凄苦的境地,备受打击迫害。他是一个冷静、深刻、觉醒、正直倔强、不妥协的知识分子,鲁迅对他怀有同情悼念之情。

藤野先生——日本仙台医学专门学校的一位教授。《藤野先生》一文记叙了与藤野先生相处的往事。一是添改讲义,表现他认真负责、一丝不苟;二是纠正解剖图,表现他热情关心、严格要求;三是他询问鲁迅解剖实验,表现出他的真挚诚恳、正直善良;四是询问中国女人裹脚,表现他实事求是、勤于探索。藤野先生治学严谨、认真负责、不拘小节、正直无私、没有狭隘的民族偏见,文章也表达了鲁迅对他的感激、敬佩、怀念之情。

鲁迅父亲——《五猖会》《父亲的病》中被重点提到。《五猖会》记叙了童年时期的鲁迅怀着急切期盼的心情去看迎神赛会,却被父亲要求背《鉴略》,表现了父亲对儿童心理的无知和隔膜。说明他是一个专制、不了解儿童心理的家长。而《父亲的病》中,又写鲁迅为重病的父亲寻医求药,表达了鲁迅每念及此的不安、痛苦,以及对父亲的爱和惋惜。

陈莲河——一个江湖庸医。《父亲的病》中写他为父亲开蟋蟀、败鼓皮丸等稀奇古怪的药方,又卖一种点在舌上的药丸,后被父亲辞退。陈莲河原名何廉臣,鲁迅为了表达对他的恨意,把名字颠倒,说明这个人颠倒黑白、不分是非。他是一个巫医不分、故弄玄虚、勒索钱财、草菅人命的江湖骗子。文中也表达了鲁迅先生对庸医误人的深深愤慨。

阿长——鲁迅小时候的保姆。《阿长与〈山海经〉》中记叙了她喜欢切切察察以及限制鲁迅的行动、睡觉摆大字、懂得许多规矩和麻烦的礼节、讲"长毛"的故事、为鲁迅买来《山海经》几件小事。刻画了一个朴实善良、愚昧麻木、封建迷信而又关心孩子、有些唠叨的妇女形象。鲁迅虽先前对长妈妈没有太多好感,但对她怀有深厚感情。为他买来《山海经》后,鲁迅对她充满了尊敬和感激。文章也用深情的语言表达了对这位劳动妇女真诚的怀念。

衍太太——儿时隔壁家的一个妇女,《琐记》中写衍太太表面上对孩子好、实际背地里让孩子做危险的事,给鲁迅看不健康的图片,教鲁迅偷妈妈的首饰,对自己的孩子却十分严格。总体来说,衍太太是一个心术不正、自私自利、多嘴多舌、背后使坏、奸诈、坏心眼的妇人。鲁迅表面上赞扬他,实际在心中却是鄙视衍太太的。

拓展阅读——《药》中写革命志士夏瑜牺牲了,城里一个孩子患了痨病的人家,用蘸了血的馒头给儿子治病。这么做的人,或出于迷信,或出于利益,缺少同情心,不仅对革命事业冷淡,而且显出人性的麻木。《药》中的很多人,对革命者都不抱同情态度,而视之为造反的"匪"。当听说夏瑜对狱卒宣讲革命道理——"这大清天下是我们大家的"时,大家都说夏瑜"疯了"。鲁迅通过这样的描写,一方面揭示了群众的麻木,一方面也赞扬了革命先烈矢志不移、死而后已的精神。《祝福》《孤独者》中的人物都在令人窒息的氛围中,走完他们不幸的人生。社会结构没有发生变化,封建势力仍然十分猖獗。广大群众,只能做无聊的看客。无论是革命者,还是窃贼,或者通奸男女,乃至两条狗打架,在中国都不乏看客。这"麻木的看客"是鲁迅作品的重大主题之一。俄日战争中日本人处决中国"间谍",有中国人围观;革命者被砍头,人们在深夜里"簇成一个半圆",津津有味地观赏;就连阿Q这样穷乏的人,也向村民炫耀自己在城里看到杀革命者的场景,连说"好看好看"。

活动结语:鲁迅先生创作《朝花夕拾》时人已中年,时隔多年还能将这些人物描写得如此细腻,真是令人动容,先生用最真实的笔触告诉了我们一个温情的道理:虽时光荏苒,有些人始终难以忘怀;纵岁月如梭,那份情依然情真意切!

设计意图:人物赏析是名著阅读中必不可少也是重中之重的部分,本环节旨在引导学生走进文本分析人物形象。先由教师出示方法,让学生们有法可循,学生们结合课前对名著的阅读,总结概括出人物形象就水到渠成了。同时进行拓展阅读,更好地理解时代背景,了解鲁迅先生对底层民众以及革命者的态度,以更好地感受人物形象。

活动三:感悟花瓣,伴成长

导语:通过前两个活动,老师相信不朽的作品不仅停留在文字上,更扎根于我们的心灵深处,不仅于当下,更于人生有深远的影响。下面就让我们一起走进今天的第三个活动"感悟花瓣,伴成长",让我们在氤氲书香的陪伴下,展示你们课前小组的研究成果,说一说你在作品中汲取了怎样的精神养料?

师生具体活动:

1. 小组交流课前完成的微作文,教师巡视,个别交流、指导。

2. 小组代表汇报,展示组内交流成果。每组发言之后,教师总结点评。

预设:

一组活动展示——我们组的主题是"理性的批判"。通过阅读《朝花夕拾》,我深刻感受到具有强烈的反封建思想,具有对封建教育、封建孝道,封建顽固派的批判意识,其中《二十四孝图》《五猖会》和《狗·猫·鼠》这几篇文章的理性批判色彩最为浓重,使我感触颇深。《二十四孝图》中描写了作者儿时阅读"二十四孝图"的感受,写出了作者对"老莱娱亲"和"郭巨埋儿"两个故事的强烈反感,批判了封建孝道。《狗·猫·鼠》中则是清算了猫的罪行,写出了作者仇猫的种种原因,暗中讽刺了生活中那些像猫的正人君子,让我们看到爱憎分明的鲁迅。《五猖会》中记叙了作者儿时和父亲的一场微妙冲突,让我们看到了一个因被强迫背书而内心痛苦,扫兴的童年鲁迅,同时也回忆了严厉,并希望望子成龙的父亲。下面有请我们组的常子骏同学为大家具体介绍一下《五猖会》的内容。

《五猖会》主要讲述了儿时鲁迅与其他孩子一样,对于五猖会自然十分喜欢,但父亲偏让他背书,嘴上虽不能表达什么抗议,但心中却表达了强烈的不满。

表现了当时家长与儿童内心的隔膜,批判了封建家长和封建教育对儿童天性的摧残和压制,同时,我们也感受到了当时的无奈及对人们潜在的呼喊,表明了孩子们的天性是快乐而张扬的,不应该是索然无味的,自古以来,无数家长望子成龙,望女成凤,期望自己的孩子多学一点,少玩儿一点。因为他们倾尽自己的全力,想让自己的孩子成为更出色,更优秀的人才,这点固然没错。在以前的旧社会里,家长们可能没有考虑到孩子们的感受,造成这种问题的也许不只是一个人,而是中国古往今来教育的沉淀,这是一种很难改变的旧思想,当时的孩子们对这种行为很是不解,但又不得不去执行。中华民族虽有许多优良美德但也有一些糟粕谬论,读书固然能出人头地,但孩子们身心的健康成长,也应该有个自我成长的空间。

读完这几篇文章,我感受到鲁迅先生童年生活的不幸,但在那样黑暗的社会中,他依旧能用笔作武器,勇敢地向黑暗残酷的封建社会做斗争,反观我们现在,有着处处为我们着想的社会,理解我们的父母,还有认真负责的老师,我们又怎能不奋发向上努力学习,回报国家呢?所以我们应该向鲁迅先生学习拥有不放弃的理念,努力奋斗,为迎接我们人生中的第一次转折——中考做出准备吧!

二组活动展示——在《琐记》中,我看到了一个自私自利、多嘴多舌、喜欢背后使坏的妇人——衍太太。她总是对别人家的孩子们"很好",纵容他们吃冰、打旋,在孩子犯错后温柔地照顾他们,不似孩子们的父母那样对他们打骂,很得孩子们的欢心。但对待自己的亲生孩子时,她又和众多父母一样严格管教。看到这一片段,我想到一句话:"打是亲,骂是爱。"可能同学们现在对这句话很不屑,认为父母对我们稍微严厉的管束都毫无意义、毫无益处,对他们唠叨的话语感到讨厌、不耐烦,可这何尝不是一种爱呢!只有在乎我们、爱我们的人才会管教我们,毫不相干的人怎会在我们犯错时当面指出,诚恳批评呢?如果你在马路上乱扔垃圾,路过的行人只会看你一眼,在心里吐槽:"这个人素质真差!"只有我们的父母亲人才会不怕埋怨地指出我们的错误,告诉我们正确的做人道理。在父母管教我们的时候,我们会不情愿甚至与父母顶嘴,只为了逞一时之快,图自己舒心,却伤害了默默陪伴在我们身边,任劳任怨的父母。如果我们的父母真如衍太太一样,什么事都纵容我们,对我们百依百顺,那是真的为我们好吗?我认为,良好的家庭关系是我们和父母共同努力的结果,父母应该关心、包容我们,我们更应该理解父母的良苦用心。

三组活动展示——我们组重点研读的是《阿长与〈山海经〉》一文,下面是我们组的感受:

"仁厚的地母呵,愿在你怀里永安她的魂灵!"这句话出自鲁迅先生的《阿长与〈山海经〉》一文,是什么让鲁迅先生发出如此真诚的祝愿呢?

他是鲁迅先生小时候的保姆阿长,朴实又迷信,唠叨,还害死"我"心爱的隐鼠,让"我"十分厌恶;但一个连《山海经》读成"三哼经"的乡下妇女,竟买到了"我"渴求已久的《山海经》消除了"我"之前的怨恨,别人做不到或不肯做的事,她却做到了,让"我"十分敬佩。

她还懂得许多规矩,满肚子的礼节,毫无保留地教给了"我"。元旦清晨一醒来,就一把将"我"按住,惶急地看着我,满怀期待我的那句"恭喜,恭喜"。她听到后,十分欢喜似的,笑将起来,将福橘塞进我的嘴里。

一个又矮又胖、没有文化、粗俗的乡下妇女,都希望生活顺顺溜溜的,那么我们呢?

中考在即,也许你谈到理想的高中时,会觉得自己相差甚远,甚至看不到希望,但同学们却相信自己,初三有许多奇迹,我们要拿出少年应有的经历,努力拼搏,无论遇到什么挫折都不放弃,对未来充满希望,我相信成功就在不远处等着我们!同学们努力奋斗吧!即使"欲渡黄河冰塞川,将登太行雪满山",也要"风破浪会有时,直挂云帆济沧海"。

四组活动展示——《朝花夕拾》温馨的回忆。手捧鲁迅先生的《朝花夕拾》，满满的温馨回忆，展现在我们面前，使我们感触颇深。《阿长与〈山海经〉》中记述了作者儿时与阿长相处的几件小事，刻画出一个虽然封建迷信，但朴实善良、关爱孩子的劳动妇女形象。《从百草园到三味书屋》中描述了鲁迅在百草园玩耍的快乐时光，让我们看到一个身心健康、活泼好动的小鲁迅形象，同时也回忆了书塾中枯燥而不缺乏乐趣的读书生活以及严而不厉、博学的寿镜吾先生。《藤野先生》则透露出对这位没有民族偏见的日本老师的深切怀念。

从字里行间透露出来的天真烂漫，仿佛带领我们回到了童年，体会到了幸福的味道。童年时光虽渐行渐远，但温馨的回忆能永存心间。在那样黑暗压抑的年代里，鲁迅先生仍能被生活中的小事和善良的人所感动，并把他们铭记在心，感染了一代又一代人。反观现在的我们，生活在和平年代，国家富强百姓安康，我们又有什么理由不去发现生活中的美好呢？我们应像鲁迅先生一样，捡拾生活中被遗失的美好，将点点滴滴的幸福记录下来，常怀感恩之心。

五组活动展示——《二十四孝图》。二十四个孝子的故事虽然感人，但是它违背了中华孝道的精华，主要批判了封建孝道的虚伪残酷，批判了封建复古主义的倒行逆施。

正所谓"老吾老以及人之老，幼吾幼以及人之幼"，孝道的传统美德已经早已扎根在每个中国人民的心中，但是我们不能盲目孝顺，不能像文中的故事一样"愚孝"，这样不仅害了自己，还伤害了他人，而我们中学生要做的，就是在干好身边的每一件事，努力学习，帮助长辈做一些力所能及的家务，将正确的孝道实践于日常行为中！

第六小组活动展示——明信片寄予了人们对彼此最真挚的情感，下面这张明信片我想送给大家！

老师，可以说是你一生中唯一一个愿意毫无保留地去把自己所有的知识给你的人。"老师"这两个字代表的不仅是一种职业，更是一种精神，无私而从不悔恨。而藤野先生就可算得上是这种精神的最好诠释了。他没有偏见,他所做的一切只是为了"老师"这两个字,待人公平,为人正直,从作者的笔墨中可以看出他对鲁迅先生的影响是多么大。他让漆黑的幽谷中透出来一丝光亮,而哪怕只有这一丝光亮,也可以将漆黑的世界照亮些许。

我们要向藤野先生一样,用保有大爱之心,公平公正对待一切人和事。下面有请我们组邢孝坤同学从另一个方面感悟《藤野先生》。

【设计意图】

教师引导学生在阅读名著的过程中,要进行思考,以此得到自己独特的阅读感悟,并将之诉至笔端,培养学生写读书笔记的习惯。读写结合,更好地提高阅读和写作能力。

【课堂小结】

通过今天的名著复习课,老师想告诉大家阅读名著的正确方法,那就是既要略读又要精读,又要在阅读中善于思考,用心感悟。

这节课我们再次回顾了经典名作《朝花夕拾》,在《朝花夕拾》中我们感悟到了一个多情的鲁迅,他怀着游子的柔情回忆他的故乡、他的童年、他的亲友邻人,其中不乏讽刺与针砭,但这是一种身在其中的酸楚而非短兵相接的斗争!

鲁迅先生虽然经历了坎坷曲折的人生,虽然深味人生的悲凉,也深知人性的弱点,但他永远保持着一颗赤子之心,他热爱真理、热爱人性的善良,终生求真、崇善、力行。他的精神至今依然堪为指引青年的灯塔,我们要和他学做人!

拓展点设计反思:

由于《朝花夕拾》是初中阶段接触到的第一部名著,在课前阅读方法的引导上了下了一番功夫。本节课采取翻转课堂的教学模式,课前让学生们充分阅读《朝花夕拾》,同时为了让学生对鲁迅有更进一步的认识,布置了阅读任务,将十篇散文分类整理,并引导学生将作品中有关鲁迅的生活经历梳理出来。课前还让学生搜集《朝花夕拾》的成书背景,让学生能够更好地与文本对话。课堂上第一个活动"作家作品知多少",以学生为主体,将作家及作品的相关情况进行填空,同时向学生展示课前梳理的人生经历以及创作背景,在此基础上进行拓展阅读,阅读《记念刘和珍君》经典段落,让学生在充分的活动中感受到鲁迅先生的伟大人格与崇高的民族魂。第二个活动"有些人,不能忘怀",引导学生品析人物形象。选取《朝花夕拾》中的人物,正所谓"授之以鱼不如授之以渔",分析前出示给学生方法,让学生有法可循,接下来的活动将课堂交给学生,简述人物形象。同时适时地进行拓展阅读,阅读《药》《阿Q正传》《祝福》的语段,更好地理解时代背景,鲁迅先生对底层民众不幸又精神麻木的刻画,对革命者的态度,以更好地感悟人物形象。第三个活动"感悟花瓣,伴成长",学生在课前阅读时将读书感悟写成了微作文,课上小组交流之后代表进行汇报。翻转课堂模式让学生站在了舞台的正中央,真正让学生成为学习、课堂的主角,培养了学生自主学习的良好习惯。

本次名著拓展阅读课基本达到了预期目的,学生积极参与,学习热情高涨,充满语文味,培养了学生语文核心素养,课后学生都有一种意料之外的欣喜与收获!当然,每节课都会有遗憾,一是这部名著有些篇目相对难懂以及遗忘率高,有些同学对作品中的细节记得不是很真切。二是课上时间有限,所以对有些内容的介绍还倍感时间仓促,只能肤浅地了解。可鲁迅博大的胸怀,深奥的透视,又岂是我们能用45分钟言尽呢?相信只要学生能真正爱鲁迅,爱鲁迅作品,想必他们定会用一生来解读。

文本拓展微课《诗歌中的意象和意境》

【设计思路】

七年级的学生在六年的小学生活中已经接触了大量的诗词歌赋,理应对诗词的基本内容、表现手法、表情达意等有一定的了解与把握,但在讲授七年级马致远《天净沙·秋思》时,我发现很多学生都不知道意象是什么,意境是什么,有的同学甚至从来没有听说过这两个词。

因为诗歌是通过意象构成意境进而传达情感的,所以我认为有必要在七年级古诗词讲解的过程中就将意象和意境这两点重要的内容给学生讲透,只有这样才能为以后培养学生诗歌鉴赏能力打下坚实基础。

再加上微课本身的特点:重点突出,时间短小,且可重复观看,有利于学生在短时间内掌握并反复学习知识点内容。于是笔者计划采用微课的形式将意象和意境这两个知识点的具体内容拓展给学生。当然,文本拓展所选内容应该和文本相符,最好能够对文本起到很好的铺垫、补充或升华作用,关键是不能脱离文本。《天净沙·秋思》是马致远用白描的手法将九种意象罗列传情的典型,诗歌中的意象简单,意境也算具体明确,于是笔者就结合本诗制作了文本拓展微课《诗歌中的意象和意境》。

【设计内容】

同学们好,今天咱们结合马致远的《天净沙·秋思》,再深入把握一下诗歌中的意象和意境这两个概念。

意象是指作者为抒情或言志而精心挑选的客观自然景物。包括山川草木，风霜雨雪、日月星辰等，这些客观景物在加入人物的主观情意之后，就成了诗词中的意象，简单地说意象就是诗歌中浸染了作者感情的东西，可以是诗人用来寄托思想感情的人、事、景、物等。大多数意象都是诗人反复运用，并逐渐约定俗成的，能够固定在一个或几个特定意义上的。比如"东篱"这一艺术形象，最初出自陶渊明《饮酒》（其五）诗："采菊东篱下，悠然见南山。"陶诗中的"东篱"，纯是实写，别无他意，但后来诗人反复使用，并渐渐赋予其特定意义，以至于一提到"东篱"，便产生超凡脱俗之感。如李清照《醉花阴》："东篱把酒黄昏后，有暗香盈袖。"词中的"东篱"已不再是实指，但却有了特定的意义。所以呢，意象，对于诗人抒发感情，有着独特的作用。懂得意象的知识，当然也有助于我们理解诗歌的内容及诗人的感情。因此，对一些常见意象需要多做积累。诗词中的意象有很多，但大多数意象的含义是相对固定的，咱们后面的课程再提。

那什么是意境呢？顾名思义，"意"就是情意，就是主观的思想感情；"境"就是境界。在文学作品中，特别是在诗歌中，"意"是不能赤裸裸地说出来的，他需借物来表现。这样啊，你现在回忆一下，你在哪首诗中看到作者说，我要做官，我要建功立业，边塞太冷啦，我想回家，你想想看，是不是没见过？因为他们大多是借物借景来抒情；"境"同样不能是纯客观的物象，需要由"意"来触发。所以意境是指主观情意和客观物象互相交融而形成，足以使读者沉浸其中的想象世界，它是既依托意象而产生又超越具体物象的，通过读者的联想和想象才能进入的一种艺术境界。它就是一幅立体的艺术图画。情与景是意境的两个基本要素，情景交融是意境的基本特点。诗人创设意境常用的手法就是我们刚才提到的"触景生情"和"寓情于景"。

在诗词中意象和意境是密不可分的：意象或意象组合构成了意境，意象是构成意境的手段和途径，一般说来意象构成意境主要有两种情况：一种是一个意象构成一个意境，咏物诗大多如此，如陆游的《卜算子·咏梅》

于谦的《石灰吟》都只有一种景物;另一种是意象组合构成意境,就是由多个意象构成一幅生活图景,形成一个整体的意境,从而表达一种基调或某种氛围。

虽然意象和意境关系紧密,但还是有不同点的:意向属于个体概念,是一个个具体可感的表意的典型物象,可以在诗词中数出来。而意境属于整体概念,是"象外之境",它是一种需要读者借助外在的艺术形象表达,通过联想和想象融入自己的体验,这样才能悟出来的情调和意境。

要领悟诗歌的意境,第一步就是要找出意象,然后透过意象来构成意境,最终理解作者的思想感情。现在我们看看马致远的《天净沙·秋思》是如何只用 28 个字就生动表现出一个长期漂泊他乡的游子的悲哀呢。曲中的"枯藤""老树""昏鸦""古道""西风""瘦马""夕阳"等,写的是落寞单调的秋景,没有提到抒情,但我们要细细品味,你就会发现每一个景物细节都意味着这个抒情主人公的存在——枯藤、老树、昏鸦、小桥、流水、人家、是他眼中所见;古道是他的经行地,瘦马是他所骑马,西风正吹在他身上。把这些意向和细节联结在一起,就会出现这样一个意境:一个秋日的黄昏,荒凉的古道上,西风劲吹,落叶纷飞,道旁,缠着枯藤的老树上,鸦雀也已回巢。不远处,在小桥流水近旁的稀疏村舍里,缕缕炊烟下的人们正在准备着晚餐,这时一个人牵着一匹瘦马独自缓缓行进在古道上,看来这是个异乡人,那今晚他将投宿何方呢? 在做了这样的铺垫之后,作者才形象地揭示了作品的主题——异乡人望了一眼即将西沉的夕阳,不禁叹道断肠人在天涯。

作者纯用白描勾勒出了九种景物,并将九种相对独立的景物纳入一个画面之中,用具有明显的深秋色彩的有形可感的事物将无形的抽象的凄苦之情表达得生动形象。我们知道自然景物是没有思想感情的,但当诗人把这些客观事物纳入审美的认识和感受之中,这些景物就被赋予了感情色彩,就同人的思想感情融为一体了。所以,当极常见的"小桥流水人家"遇到"断肠人在天涯"时,它便不再是孤立的景物,而成为使人断肠的触发物,使图景带上了悲凉的思乡之情。所谓"情因景而显,景因情而生"说的就是这个道理。

文本拓展微课《苏轼·乌台诗案·黄州》

【设计思路】

文本拓展能够让学生在不同内容和方法的文章中相互交叉、渗透和整合中开阔视野,提高学生学习的效率,拓展阅读能够让学生初步养成现代社会所需要的语文素养,文本拓展作为教师必不可少的教学方法一直在教学中使用。重视课堂拓展无可厚非,但是课堂拓展时机的把握也十分重要。简单地说,文本材料的拓展不是为了拓展而拓展,而是我们在充分把握学情的基础上所绘的点睛之笔,应该起到推波助澜的作用。

余光中说过,如果要找一名古人去旅行,不要找李白,他太狂傲,不负责任;也不要找杜甫,他一生太苦,会很丧;要找就找苏东坡,他是一个能让一切变得有趣的人。因此笔者在讲授八年级上册第十课《记承天寺夜游》时,为了能让学生对大半夜不睡觉出去找人聊天的苏轼有更直观的认识,使苏轼在学生的印象中更立体,制作了关于苏轼的文本拓展微课——《苏轼·乌台诗案·黄州》

【设计内容】

同学们,学习《记承天寺夜游》时我们课后的思考探究第三题,让大家谈谈对"闲人"的理解,你们还记吗,你先别着急回答我,先听我给你讲讲苏轼,然后你再组织语言作答,看看能不能有新的认识。

苏轼的学识渊博、才华横溢,天资极高,诗文书画皆精。他的文章汪洋恣肆,明白畅达,与欧阳修并称"欧苏"为"唐宋八大家"之一。但是他的一生仕途坎坷,政治上屡遭贬谪。《记承天寺夜游》就写于苏轼经历他人生中最大打击"乌台诗案"之后,被贬黄州时所写。

乌台诗案,是北宋年间的一场文字狱。乌台诗案对苏轼来说浑如一场恶梦,对诗人的思想和创作产生了深刻影响。梦后的黄州贬谪生活,使苏轼从具体的政治哀伤中摆脱出来,重新认识社会,重新评价人生的意义。

黄州是长江边上的一个小镇,民风淳朴,景色极佳。年初苏东坡离开了寒冽的北方开始向温润的南方跋涉。至此,苏东坡自由了,他的心性与才情也自由了,就像鱼儿回到了水中。乌台诗案毕竟是死里逃生。可也正因为有了这番煎熬,适值壮年的苏东坡对生命的真谛、生命的价值有了更高层次的思考。

在黄州,苏轼开始了"桃花源里好耕田"的农夫生活,他开始在东坡耕田,自号"东坡居士"。东坡在黄州盖了几间农舍,无官一身轻,远离了政坛上那刀光剑影、勾心斗角、泯灭人性的险恶环境,苏东坡文人的本性开始复苏、张扬。一块谪居之地,是苏东坡人生途中的一处驿站。细数苏东坡迁徙、流离、寄居的各个地方,黄州最使他较为放松、旷达。在这宛如世外桃源的黄州,有些乐趣只有如苏东坡这样的人才能享受。

失去尘世间的浮华,得到的却是心灵的净化。苏东坡曾写道:"某现在东坡种稻,劳苦之中亦自有乐事。有屋五间,果丈十数畦,桑百余本。身耕妻蚕,聊以卒岁也。"

用他自己的话说,他过去生活的态度,一向是嫉恶如仇,遇有邪恶,则"如蝇在台,吐之乃已"。而黄州贬谪生活,使他讽刺的苛酷,笔锋的尖锐,以及紧张与愤怒,全已消失,代之而出现的,则是一种光辉温暖、亲切宽和,醇甜而成熟,透彻而深入。苏东坡毕竟是苏东坡,他不仅是一个快活的农夫,他更是一个才情横溢的诗人,相对自由、悠闲、解放的生活给了他施展才华的宏大空间。贬谪是对人的惩罚,然而却化为文学的幸事。在黄州,苏东坡留下了四篇流传千古的绝唱佳作:《念奴娇·赤壁怀古》《前赤壁赋》《后赤壁赋》以及《记承天寺夜游》.

在黄州的日子,有一首词较为贴切地描述了苏东坡的境况,"夜饮东坡醒复醉,归来仿佛三更。家童鼻息已雷鸣。敲门都不应,倚杖听江声"。夜饮归来,更深人静,只有江涛声声入耳,无边的宁静,但不是无边的落寞。苏东坡在夜饮中顿悟出了佛性与禅意,白日的忧愁烦恼,平时的得失荣辱,刹那间一齐摆脱了。他希望自己的"余生"能够脱离人世的纷扰,不再为口腹所役、名利所用,追求一种精神自由的、合乎自然的人生。

可正当苏东坡下定决心要在黄州过闲云野鹤,悠哉乐哉的隐居生活时,远在京师的大宋皇帝又一道红头文件将苏东坡调离居地,他再度卷入了政治纠纷之中。

离开黄州,苏东坡来到了庐山,并留下了庐山题壁诗:"横看成岭侧成峰,远近高低各不同。不识庐山真面目,只缘身在此山中。"这首诗写于元丰七年,当年苏东坡49岁了,自黄州移汝州,他对庐山神往已久,此次是怀着"要识庐山面"的心情,游山十余日,最后写了这首题壁诗。此时的心境可以说还有闲居黄州遗留下的余兴、余味,所以才有善状目前之景,又妙寄物外之理的谈禅机锋。

此后苏东坡又过起了东飘西荡、颠沛流离的生活,这也再次佐证了对他来说当官不如作民自由,庙堂虽高贵,但桎梏人的心性;江湖虽荒远,但放纵人的才智。假如没有黄州这段日子,中国的文学史上就留不下绝世名篇,那将是多么大的遗憾。同学们,现在你知道该怎么理解苏轼的"闲人"了吗?

苏轼不但对诗文、书法造诣颇深,而且堪称我国古代美食家,对烹调菜肴很有研究,尤其擅长制作红烧肉——东坡肉,这也是他被贬于黄州期间亲自制作,百姓以苏东坡命名的。

文本拓展微课《歌词与作文立意》

【设计思路】

文本拓展有多种途径和手段,但无论采用何种方式去拓展,文本拓展的重点都应始终着眼于学生,激发学生阅读学习的兴趣。要明确文本拓展的主体是学生。如果在设计文本拓展时,很少考虑学生的阅读兴趣、阅读能力,那拓展的内容就会使学生阅读的主动性和积极性受到影响。另外,如果我们教材中有些课文的知识量较大或者讲解偏于理论,学生为了学好这个知识点就已经耗费了很多精力,如果这个时候我们为了进行拓展而拓展,引入了教材之外的新内容,只能加重学生的负担,导致一部分学生对文本拓展的内容产生反感情绪。所以我认为文本拓展同样要遵循因材施教这一原则。也就是说要根据学生的阅读习惯和喜好,抓住他们的兴奋点,和他们一起选择与实际生活贴近或最受关注的文本来学习,使"要我读"变为"我要读",而且拓展内容要适度。出示的材料不能过多,把文本内容丢到一边,漫无边际的拓展往往会本末倒置,得不偿失。

九年级下册第二单元的写作训练是"审题立意",流行音乐是学生喜闻乐见的媒体内容,每个学生在开心无比的时候都会情不自禁地哼唱歌曲,那我们就可以利用歌词对学生作文的立意发挥积极作用:例如帮助学生开阔写作思路,寻找写作灵感,寻找更好的写作角度等。因此我在课前引导学生可以利用自己熟悉的正面积极向上的歌词来帮助作文立意,制作了文本拓展微课《歌词与作文立意》。

【设计内容】

作文的立意,就是写作角度的选择,就是确定文章的主体与核心。通常情况下我们在正确理解了作文题意后,就要根据题意选择一个角度来完成作文了。一个作文题目通常会有几个最佳写作角度可以选择,写作角度的选择主要受阅读经历、生活经历、情感倾向等几个方面的影响。刚刚我们已经叙述了流行音乐歌词对我们写作时写作角度的选取的影响,影响既有正面的也有负面的。同样,我们也可以在写作过程中积极发挥流行音乐歌词对写作角度选择的积极正面的影响。

流行音乐歌词对我们作文的立意主要可以从以下几个方面发挥其积极作用:第一就是帮助我们开阔写作思路。当我们对所要写的作文毫无头绪时,如果可以寻找到相关的帮助我们寻找写作灵感,是可以起到很好的写作效果的。第二个作用就是帮助我们寻找一个更好的写作角度。一篇优秀的作文通常要求立意要小要有针对性,立意要有深刻性、立意要有新意。也许关于立意要有深刻性我们很难通过流行音乐歌词去传达,但通过流行音乐我们可以使自己的作文立意更新颖。

下面我们通过一个例子看一下流行歌曲在写作立意教学中具体的是如何运用的,某作文材料如下:

小蜗牛问妈妈:为什么我们从生下来,就要背负这个又硬又重的壳呢?

蜗牛妈妈:因为我们的身体没有骨骼的支撑,只能爬,又爬不快。所以要这个壳的保护!

小蜗牛:毛虫姐姐没有骨头,也爬不快,为什么她却不用背这个又硬又重的壳呢?

蜗牛妈妈:因为毛虫姐姐能变成蝴蝶,天空会保护她啊。

小蜗牛:可是蚯蚓弟弟也没骨头爬不快,也不会变成蝴蝶他什么不背这个又硬又重的壳呢?

蜗牛妈妈:因为蚯蚓弟弟会钻土,大地会保护他啊。

小蜗牛哭了起来:我们好可怜,天空不保护,大地也不保护。

蜗牛妈妈安慰他:所以我们有壳啊!我们不靠天,也不靠地,我们靠自己。

216

根据材料,自拟题目,写一篇不少于 600 字的作文。

这是一篇材料作文,对象是初中生,这种略带哲理思想的作文题目,读懂材料对我们来说是小菜一碟,但到底要写什么内容对我们来说就有一些困难了。原本我认为这是一个简单的作文题目,可是上交的习作却超出了我的意料。很多同学把作文材料进行了扩写,最后得出结论,"靠山山会塌,靠树树会倒,万事只能靠自己"。在这里我们不能说这个写作立意不正确,但是这个立意确实过于简单和片面。还有几位学生的作文中心思想是我们要扬长避短,通过阅读可以得知这则材料与扬长避短的关系并不是很大,蜗牛的壳谈不上是蜗牛的长处。

因此,我们需要一个新的写作角度,就是我们要靠自己克服困难,保护自己。材料中又硬又重的壳就是困难,这些困难需要我们自己来背负,那我们为什么要背负?因为它能让我们成长,让我们自己保护自己。

在写作之前,我们可以回忆一下《蜗牛》这首歌曲,思考表达一下对这首歌曲的感想,之后再试着对比一下这首歌曲和所给的作文材料有什么相同之处或者有什么不同之处。思考这样几个问题:蜗牛的壳沉重吗?那蜗牛为什么要背着它?我们应该向蜗牛学习什么?再从自己的头脑中搜罗出几个像蜗牛一样负重前行、自力更生的例子,这样就能在愉快轻松的氛围中确立这篇文章最佳的立意角度了。

第四章　文本拓展阅读课程的评价系统研究

第一节　文本拓展阅读课程评价系统研究的
背景与意义

一、研究背景

进入 21 世纪,世界发达国家普遍开始了课程改革,在推进素质教育的过程中,课程教学评价表现出鲜明的特点和功能。美国、英国、瑞士等发达国家的教育质量评价,从评价主体、评价动因、评价的侧重点等方面均表现出多样性的特点。国外有关课程评价的研究过程,主要体现出四个变化特点:由对量化的客观性评价转向对过程性评价标准的研究;评价方式从单一化转向多元化;评价理念从关注整体转为关注评价的个性化发展;评价技术由注重对测量工具研究成果的分析,转为以建构主义为基础,注重评价过程的开放性、辩证性,强调积极发挥评价对象的主动参与。国外有关课程评价的研究成果给本课题研究提供了充分的理论与实践基础,对于研究"活动态"语文教学文本拓展课程建设与实施评价体系,具有指导意义。

我国的基础教育课程评价在二十多年的发展过程中,积累了一定的经验,取得了很大的进步,在有些方面发展得并不比发达国家逊色。从宏观层面看,国家逐步建立与完善了教育督导与评价制度,教育评价的法律法规日益健全;从微观层面看,评价的内容日益全面,评价的方式不断走向多样。《基础教育改革纲要(试行)》明确指出:"为保障和促进课程适应不同地区、学校、学生的要求,实行国家、地方和学校三级课程管理。"在课程评价方面,纲要中也明确规定:"要建立促进学生全面发展的评价体系。评价不仅要关注学生的学业成绩,而且要发现和发展学生多方面的潜能,了解学生发展中的需求,帮助学生认识自我,建立自信,发挥评价的教育功能,促进学生在原有水平上的发展。"可见,我国的课程建设评价体系也已经从以考试为指挥棒的教育行政管理中分离出来,进一步强调评价的激励与发展功能,评价已经开始走向促进人全面发展的新样态。

在天津,各级教育行政部门也非常重视学科课程群的建设与实施,从语文学科的角度看,天津市教科院课程教学研究中心把建设具有天津特色的课程体系和评价体系定为中学语文学科重点工作项目。同时,本着"把更多的课程设置权交给学校,把更多的课程选择权交给学生,把更多的课程开发权交给老师"的教研理念,在充分研究、积极实践的基础上,于2016年申报了天津市教科院"十三五"重点科研课题"基于生态适应的阅读课程建设与实施"。在此基础上,又申报了中国教育学会"十三五"规划课题"'活动态'语文教学课程建设与实施策略研究"。全市整体化设计,一体化发展,推进课程的三级建设与管理,把市区校的教研力量统筹起来,引领全市师生充分利用教育信息化资源,创建形成了具有天津特色的"基于生态适应的"课程体系和教学体系。到目前为止,两个重点课题均已结题,伴随着课程建设专题论文评选、课程建设主题论坛、特色课程评选等一系列大型活动的举行,推动了全市初中语文学科课程群的建设与实施,构建形成了体系完备、内容多元、地域特色鲜明、结构严谨、基础性与选择性并重的学科课程体系。武清区中学语文教师积极参与课程建设与实施,参与的天津市教育科学学会"十三五"教育科研课题《统编教材背景下文本拓展课程建设与实施的研究》课题,也于 2020 年 9 月结题。

我们在课程建设与实施层面取得了一定的成绩,但是在课程评价层面多集中于终结性评价,而过程性评价相对简单或缺乏,评价体系还不是特别完备,还需要完善。课程建设与课程实施就像船和桨,缺少任何一个都会丧失实用性,而评价就是行船的规范,按规行船才会平稳致远。因此,课程评价的建构与实施是实现学生发展核心素养的有效载体,是实现文本拓展课程建设与实施的有效途径。规范评价才能进一步完善课程建设与实施体系,最终促进学生全面发展。

在这样的背景下,我们在充分研究、积极实践的基础上,提请了"'活动态'语文教学文本拓展课程建设与实施评价体系构建研究"课题研究。力争借此完善课程评价体系。全区整体化设计,一体化发展,推进课程的建设与管理,把区、校的教研力量统筹起来,引领全区师生充分利用教育信息化资源,创建具有区域特色的"活动态"语文教学文本拓展课程建设与实施评价体系,促进教育均衡,推动全区师生有计划、系统性、广视域,开展有效的文本拓展课程建设与实施评价,从而全面落实素质教育与核心素养发展目标,促进区域学科教学质量的提高。

二、研究综述

"文本拓展"课程建设,是基于语文学科国家课程基础上的特色课程。"活动态"语文教学文本拓展课程建设与实施是基于提高学生的语文素养,语文课程研究中的一个创新点,需要构建一个完整的评价体系来促进学生的学习,改善教师的教学。如果说课程建设与课程实施像船和桨,那么评价就是行船的规范,按规行船才会平稳致远。规范评价才能形成统一的价值认同,进一步完善课程建设与实施体系,最终促进学生全面发展。

　　建设"活动态"语文教学文本拓展课程建设与实施评价体系,填补该领域空白。在课程建设评价方面,构建课程评价的量表,确定适宜的课程监测标准,确立课程建设多维评价体系。在课程实施评价方面,强调教学内容选择的针对性和教学过程的情境性、动态生成性和发展性。强调评价主体应多元参与、评价视角应多维交叉、评价标准与方法应多元、评价结果应具有多项发展价值。在评价方法上,我们强调以自评为主,定性评价与定量评价相结合。强调多元评价,倡导评价对象的多元化、评价主体的多元化、评价标准的多元化和评价方法的多元化。

　　在区域范围内构建"活动态"语文教学文本拓展课程建设与实施评价体系,是国家和地方课程的有益补充,是课程改革新的推手,有助于凸显学校办学特色,促进语文课程和谐有序发展。在强化教师课程建设意识,引导教师充分整合课程资源,灵活运用课内外教学内容,积极参与、统筹安排课程开发,培养学生健全人格等方面有着不可替代的价值和意义。

三、研究意义

(一)体现了课改精神

　　课程改革提出了要建立促进学生全面发展的评价体系。评价不仅要关注学生的学业成绩,而且要发现和发展学生多方面的潜能,发挥评价的育人功能。"活动态"语文教学文本拓展课程建设与实施评价体系的构建顺应了教育发展的需要,有利于准确反映学生的文本拓展学习状况,全面落实语文课程目标。

(二)有利于完善学校"文本拓展"课程的建设

　　"文本拓展"课程的建设,是基于语文学科国家课程基础上的特色课程。统编教材"三位一体"的阅读教学设计,把自读与课外阅读提升到一个显著位置,学生阅读途径的选择,阅读内容的确定等变得更加灵活,更加丰富。这也为开展拓展教学创造了条件。我们系统地研究文本拓展课程建设与实施评价,有利于完善学校"文本拓展"课程的建设。

（三）有利于全面提升学生核心素养

本课题研究可以有效地革除学校教学评价单一、狭隘的弊端,丰富学生的知识面,使学生形成良好的思想道德素质和科学文化素质,为终身学习和有个性地发展奠定基础。

（四）有助于提升教师专业化素养

"文本拓展"课程建设为教师提供了更大的开放性、创造性空间。教师可以在使用统编教材完成国家课程的基础上,充分整合有效资源,对课内外教学内容灵活运用,统筹安排,构建统编教材背景下的"文本拓展"课程体系。本课题研究有利于促进教师在"活动态"语文教学文本拓展领域的研究与专业提升。

（五）推动优质教育资源的互联互通,共建共享,促进教育均衡

本课题为全区教师搭建了一个共同研究的平台,研究成果将共建共享,充分发挥优质课程资源的示范引领作用,推动教育均衡发展。提高学校"文本拓展"课程开发、实施与评价的能力。

（六）有利于依托信息化条件,提高教研工作效率

本课题不断创新教研工作机制与方式,加强教师间合作与交流,提高教研工作效率,促进全区语文课程实施水平的提高。

本课题将依托天津基础教育教研网络平台,建立区、校两级交流研讨机制,真正实现"研训"对接,构建新的教研生态。

第二节　文本拓展阅读课程评价系统的主要内容

一、研究内容

为了深入推进校域、区域两个层次语文课程评价的发展,我们确立了课程建设过程性评价与课程实施过程性评价的双系统评价结构,具体研究"活动态"语文教学文本拓展课程建设与实施评价对语文教学的积极引领与促进作用。

（一）关于课程建设过程中评价体系的研究

关于课程建设过程中评价体系的研究,我们的总体设计是五个研究维度:

1. 评价文本拓展课程建设过程是否能够依据学情分类、分层设计与实施等标准,为学生开展学习活动而奠定基础,是否能够体现国家课程的校本化实施。

2. 评价文本拓展课程建设过程是否能够以国家课程内容为基础,从深度和广度两方面进行拓展,进而建设开阔学生视野,提高学生核心素养,广泛发展学生选择性学习的课程。

3. 评价文本拓展课程建设过程中是否能够根据学情关注学生的个性差异,课程体系建设是否能够符合学生的认知规律,体现科学性、序列化与可操作性。

4. 评价文本拓展课程建设过程是否能够体现出实践活动课程化的特点,是否在区域校域特色发展、系统指导等方面体现出文本拓展课程的研

223

究价值,并引领学生自觉转化为由课内向课外延伸的研究性学习的行为。

5. 评价文本拓展课程建设过程是否能够体现对学生学术性及专业发展的引领,以促进学生个性化得到充分发展。

(二)关于课程实施过程中评价体系的研究

关于课程实施过程中评价体系的研究,我们的总体设计是三个层次,九个发展维度。

1. 第一个层次,关于随文拓展的评价研究,有四个发展维度:

从文本作者处拓展,提高阅读兴趣的维度,评价在教学前是否能引导学生了解、认识作者以及与课文内容相关的知识链接,是否能归纳作者简介、写作背景等,是否能有效激发学生的学习兴趣,唤起学生的阅读体验。

从教学重点处拓展,助推文本解读的维度,评价在课程实施的过程中,是否能够依据教学目标,选择有助于理解课文重点、突破教学难点的内容进行拓展补充,是否能使学生对文本的解读更准确、更深入。

从情感升华时拓展,感受人格魅力的维度,评价课程实施是否能够借助文本拓展,感染学生的情绪,激发学生共鸣,让学生对文本的情感体验更加深刻、更加丰满,从而达成情感态度与价值观的教学目标。

从教学收束后拓展,拓宽阅读视野的维度,评价课程实施是否能够有针对性地向孩子们推荐拓展阅读书目,使阅读向课外、课后延伸,从而引导学生大量阅读,拓宽自己的知识面和视野,丰富自己的修养,评价是否能够在拓展阅读中培养学生的自主阅读能力与鉴赏能力。

2. 第二个层次,关于单元拓展阅读课程的评价研究,有两个发展维度:

从单元拓展阅读课程推荐内容的维度,评价教师是否能够紧密依托教材单元教学进行推荐,推荐阅读篇目是否能够符合学生的认知规律,调动学生的阅读积极性;评价学生小组推荐篇目是否能够与文本主题或写作风格相关联;评价师生推荐拓展阅读篇目是否能够紧密融合,从而给文本阅读搭建更为广阔的平台。

从单元拓展阅读课程形式的维度,评价课程实施过程中对于教读课文的拓展篇目是否能够根据教学课时的充裕与否,灵活采用课上指导阅读和课下自主阅读相结合的拓展阅读方式;评价对于自读课文的拓展篇目,是否能够采用比较阅读的方式,能否尽可能做到充分利用课上时间实施;评价单元拓展阅读教学完成后是否能够采用研讨或汇报方式,对学生的阅读效果进行验收。

3. 第三个层次,关于文本相关的专题拓展的评价研究,有三个发展维度:

从基于作家的专题拓展阅读的维度,评价课程实施过程是否能够指导学生选取比较感兴趣的作家,拓展此作家的其他作品指导学生阅读,是否能够通过一个阶段的拓展阅读,让学生进一步了解作家的经历人生、创作风格及其精神世界,从而呈现出既收获了知识,又启迪心灵的效果。

从自选主题的研究性阅读拓展的维度,评价课程实施过程是否能够引导学生自主确定主题,进行专题性阅读,是否能够给出明确导向,从而杜绝学生盲目阅读随意拓展的现象。

从以古诗文为载体的经典阅读拓展的维度,评价课程实施过程中教师对教材选文是否能够进行有效整合,在有关文本内容、文本特色、同一作者作品等方面做合理的拓展。

二、研究方法

(一)采用区、学校双层推进的方式

我们将强化双层级的科研管理。区、校双级课程建设与实施,各有分工,又密切合作。区级负责校本化课程评价的指导,进行区域资源的开发,

以及教师教学的指导。校级负责学校课程的建设与实施评价体系的构建，进行教学的研究，提高课程实施的效果和质量。

（二）采用"科研线和教研线"双线推进的方法

1. 科研线工作推进

科研线体现为核心组的整体研究与推进，以及区县和学校的具体研究。目前，武清区已经构建了由教研员和骨干教师组成的初中语文学科课题研究的核心团队。课题组主要成员选自初中学段，既有区教研员也有基层骨干教师，结构合理，研究能力强。

同时，我们在构建课题核心研究团队的基础上，积极鼓励全区中学语文教师以不同方式参与到这项研究中来，争取在理论研究和实践研究两方面皆取得成果。

2. 教研线工作推进

教研线则体现为线上与线下多种教研方式的结合，注意整合优势教师资源，力争全区语文教师都参与到课程建设与实施评价体系的构建中来。

（三）采用多种方式相结合，多维合作推进的方法

我们将构建教研员和骨干教师组成的核心课题研究团队，全力做好课题申报工作。目前武清区遴选了14位语文老师都将以不同方式参与到这项研究中来。我们将以调查为主要途径，了解学生的具体需求，为构建课程开发与实施的评价体系提供实践导向，综合运用文献研究法、调查研究法、行动研究法和经验研究法，力争试点校，教研人员和师生多维合作，汇编"活动态"语文教学文本拓展课程建设与实施评价体系。

1. 文献研究法

通过对文献资料的查阅与学习，了解研究前沿的最新动态，提升教师教育教学的理论素养，提高课题研究的针对性与实效性。

2. 调查研究法

在项目研究过程中,我们将设置学生问卷,分析研究项目研究的方向,让项目研究切实地为教育教学服务。

3. 行动研究法

在研究中我们将采取互动研究的方式,在研究中行动,在行动中研究,让"教研"与"项目研究"有机结合,提高研究的效益。

4. 经验研究法

在研究中我们将及时总结成功和失败的经验,不断对行为进行反思,及时调整工作思路,保证工作有序、有效地开展。

三、研究过程

第一阶段:准备阶段。

1. 开展研究前的动员工作并组建课题组,确定实验校。

2. 确定研究内容("活动态"语文教学文本拓展课程建设与实施评价体系构建研究)。

3. 发放调查问卷,对不同学校的调查数据进行统计分析。

4. 对参与研究的人员做好任务分工,制订详细的课题实施计划。

5. 加强对"课程建设与实施评价理论"的学习与研究。

6. 外出学习观摩他人的先进经验。

第二阶段:实施阶段。

1. 按计划开展研究与实验。研究重点为"活动态"语文教学文本拓展课程建设与实施评价体系构建。

2. 收集积累资料,力求丰富。

3. 阶段性的理论及实践成果展示交流。

第三阶段:总结验收阶段。

1. 收集整理优秀的"活动态"语文教学文本拓展课程建设与实施评价

体系的相关论文、论著等材料。

2. 完成课题报告。

3. 成功经验在全市范围内推广。

四、预期的研究成果

（一）阶段性目标

1. 力争使每个成员和课题组都在研究中找到自己的主攻方向，并研究出初步成果。

2. 课题的建设与实施评价体系充分展现各校特色，真正实现对学生个体适应特征的关照。

3. 完成对"活动态"语文教学文本拓展课程建设与实施评价体系优秀和典范的课程评价的征集展示工作。

4. 完成课程实施评价过程中，学生的优秀阅读、习作成果的征集、展示工作。

（二）终极性成果

1. 在理论研究上，有突破性的成果，编制论文研究成果集，撰写课题研究总结报告。

2. 在实验中形成一批"活动态"语文教学文本拓展课程建设与实施评价方案，出版专著或系列电子书，并召开经验推介会。

3. 实验与教研工作统筹，把有效的经验和成果转化为具体教学实践，形成具有地域特色的"活动态"语文教学文本拓展课程建设与实施评价体系。

4. 征集和优选一批学科课程的建设与实施评价方案及校本化和区本化的学科课程评价系统。

第三节　文本拓展阅读课程评价量表

表 4-1　文本拓展课程建设与实施(从评价文本拓展课程标准的维度)评价量表

评价项目		评价要素	评定等级					
一级指标	二级指标		A⁺	A	A⁻	B⁺	B	B⁻
为学生开展活动奠定基础	依据学情分类	1. 了解学生学情,研究学生的最近发展区,并将课程建设放在最近发展区,以学定教。2. 准确把握学生的年龄特征、认知水平以及知识建构的过程。 3. 在学生需要的基础上,精心选择文本拓展的内容与组织形式。 4. 利于学生积极主动的发展。						
	分层设计与实施	1. 合理分层,以人文本。 2. 从培养能力、发展智力、全面提高素质等方面,确定与各层次学生学习实际水平相适应的教学目标。 3. 因材施教,设计好分层教学的全过程。 4. 采取灵活有效的教学方法,使不同层次的学生能够一步达标。						

评价项目		评价要素	评定等级					
一级指标	二级指标		A⁺	A	A⁻	B⁺	B	B⁻
体现国家课程的校本化实施	学生的发展是课程建设的核心	1.努力把学生培养成为具备人文底蕴、科学精神、学会学习、健康生活、责任担当和实践创新的全面发展而富有个性的人。 2.实现育人模式由知识传授向培养学生核心素养的转变。 3.激发学生学习兴趣,服务学生能力提升,引导学生全面且有个性的发展。 4.激励、引导学生夯实基础,养成良好的阅读习惯,形成正确的价值观、人生观、世界观。						
	坚持紧扣课程标准原则	1.体现工具性与人文性的统一。 2.面向全体学生,使学生获得基本的语文素养。 3.培养良好的语感和整体把握文本的能力。 4.关注学生的个体差异和不同的学习需求,爱护学生的好奇心、求知欲,充分激发学生的主动意识和进取精神,倡导自主、合作、探究的学习方式。						

表 4-2　文本拓展课程建设与实施(从评价文本拓展课程的深度和广度的维度)
评价量表

评价项目		评价要素	评定等级					
一级指标	二级指标		A⁺	A	A⁻	B⁺	B	B⁻
以国家课程内容为基础,进行有效拓展,开阔学生视野,提高学生的核心素养。	从深度方面拓展	1. 拓展应有利于学生掌握课文中多种表达方式的综合运用。 2. 拓展需要补充和深化课本内容,贴近作品,有助于学生了解文学作品中运用了多种创作手法。 3. 拓展形式灵活多样,拓展要使学生进一步感受到语言的魅力。 4. 拓展能激发学生情感共鸣,使学生更为真切地体悟作家情感。 5. 拓展要有利于学生深入挖掘作品主题思想,启迪智慧净化心灵。						
	从广度方面拓展	1. 立足课堂,拓展须满足课堂教学需求,选取恰切的角度。 2. 立足课本,拓展方向明晰,拓展内容合理,拓展时机准确。 3. 课前、课中、课后三个环节的拓展延伸设计巧妙,相互补充,相互配合。 4. 激发学生阅读兴趣,充分体现"1+X"海量阅读理念。 5. 拓展形式灵活多样,促进学生阅读能力的提升,提高学生知人论世的能力。						

表 4-3　文本拓展课程建设与实施(从评价文本拓展课程的学情差异维度)评价量表

评价项目		评价要素	评定等级					
一级指标	二级指标		A⁺	A	A⁻	B⁺	B	B⁻
关注学生个体差异评价	学生个性差异	1. 能深入钻研教材,根据学生的实际,拓展内容开放、容量适量、层次分明。学生能够自主选择,满足学生兴趣需要。 2. 拓展阅读内容适合学生知识和能力水平,根据学生年龄特点安排拓展阅读。 3. 体现课程趣味性,用课程的趣味性激发学生学习兴趣,促进学生的个性发展,提高学生的各方面素质。 4. 阅读课程能够让学生运用多种方法进行阅读,从而提高学生学习能力、语言表达能力、展示审美能力和审美情趣。 5. 课程设计联系实际且具有较强的启迪性,突出语文核心素养的培养。						
	学生认知规律	1. 课程拓展阅读内容有利于学生语言能力、思维能力、文化品位、审美情趣的提高。 2. 课程阅读设置遵循从具体到抽象,再到具体的顺序,螺旋式上升。 3. 课程实施中注重德育渗透和情感熏陶,注重活动目标的达成。 4. 拓展阅读与学习生活、社会生活相联结,实现学习性阅读向体验式阅读转移,将阅读拓展到相关领域,拓宽学生视野,培养学生社会情怀。						

续表

评价项目		评价要素	评定等级					
一级指标	二级指标		A^+	A	A^-	B^+	B	B^-
体现国家课程科学性评价	课程科学性	1. 课程适合灵活运用多种教学方法进行教学,重点和难点有新意,且效果好。 2. 课程安排体现教为主导、学为主体、疑为主轴、读为主线的教学原则。 3. 课程内容能激发并维持学生对拓展阅读活动的兴趣,学生评价良好。 4. 阅读活动能面向全体学生,因材施教,学生情绪高涨,阅读无"闲"人,学生阅读收获较大。 5. 课程安排能够指导学生开展一定范围的展示活动,能及时收集、整理学生学习的过程性资料。						

表4-4　文本拓展课程建设与实施(从评价文本拓展课程的特点及价值的维度)
评价量表

评价项目		评价要素	评定等级					
一级指标	二级指标		A⁺	A	A⁻	B⁺	B	B⁻
文本拓展课程建设过程能够体现出实践活动课程化的特点	课程开发主体的多元性、自律性	1. 文本拓展的主体是否单一。 2. 不同的主体对拓展内容是否有不同的见解和经验。 3. 是否能够将经验见解汇集,取其精华去其糟粕。						
	课程内容选择的生活性、综合性	1. 文本拓展的内容是否能够连接到课内课程。 2. 文本拓展的内容是否和生活息息相关,能够将课程联系生活实际,对学生有教育意义和各类品质的培养作用。						
	课程实施方式的自主性、探索性	1. 文本拓展的课程实施中是否充分发挥了学生的自主性。 2. 文本拓展的课程实施中是否对文本进行了深入探索。 3. 是否在实践的过程中培养了学生的能力(思维能力、自主解决问题的能力、组织能力等)。						
	教学组织形式的个性化	1. (学习集团的个性化弹性化)是否对学生进行个性化分组。 是否发挥了团队中个体个性的作用?如何进行分工合作。 2. (指导形式个别性、合作性)教师是否能针对学生小组制订个性化的实践课程,是否能引导各小组合作互助,取长补短。						
	课程实施环境的开放性、灵活性	1. 学习空间是否能达到多样性(课堂教学活动化,课外活动课程化,闲暇活动教育化)。 2. 学习时间是否灵活。						

评价项目		评价要素	评定等级					
一级指标	二级指标		A⁺	A	A⁻	B⁺	B	B⁻
能在区域校域特色发展、系统指导等方面体现出文本拓展课程的研究价值	正确处理均衡发展与以人为中心的教育关系。	文本拓展的内容是否和生活息息相关,能够将课程联系生活实际,对学生有教育意义和各类品质的培养作用。 是否在实践的过程中培养了学生的能力(思维能力、自主解决问题的能力、组织能力等)。						
	正确处理个性与共性的关系。	1.(学习集团的个性化弹性化)是否对学生进行个性化分组。 是否发挥了团队中个体个性的作用?如何进行分工合作。 2.(指导形式个别性、合作性)教师是否能针对学生小组制定个性化的实践课程,是否能引导各小组合作互助,取长补短。						
可以引领学生自觉转化为由课内向课外延伸的研究性学习的行为	文本拓展方式(根据文本拓展、依据情节拓展、利用语言拓展、感受形象拓展……)	1.能否采用多种多样的拓展方式进行拓展。 2.拓展内容与文本的关联是否可以进行提炼总结。						

表 4-5　文本拓展课程建设与实施(从关注学生专业与个性发展的维度)评价量表

评价项目		评价要素	评定等级					
一级指标	二级指标		A⁺	A	A⁻	B⁺	B	B⁻
对学生学术性及专业发展的引领	教与学过程体现学生学术性逐步深化趋势	1. 设计具有创新性、合作性、探究性的文本拓展的内容与组织形式,持续促进学生能力发展。 2. 通过多种方式展示文本拓展的学习内容,注重学生的兴趣培养和学科综合能力的形成。 3. 在课堂拓展过程中,能够不断激活与学生已有的相关知识、经验和情感。						
	解决问题过程引领学生专业化发展	1. 文本拓展课程的问题设置符合学生思维发展,引起学生足够的兴趣与参与探究的欲望,使不同层次的学生能够异步达标。 2. 从培养能力、发展智力、全面提高素质等方面,确定与各层次学生学习实际水平相适应的教学目标。 3 学生从文本拓展课程中获得初步的社会性意识或解决现实问题的初步方法,体现解决问题的能力。						

236

续表

评价项目		评价要素	评定等级					
一级指标	二级指标		A⁺	A	A⁻	B⁺	B	B⁻
促进学生个性化发展	倡导教学个性化	1. 为学生创设良好的自主学习情境,尊重学生的个体差异,鼓励学生选择适合自己的学习方式。 2. 改变以应试为主要目的的教学现状,实现以培养学生核心素养,开启学生智慧、彰显学生个性的现代课堂教学。						
	体现语文教学的人文性	1. 激发学生学习兴趣,注重培养学生自主学习的意识和习惯,引导学生全面有个性化的发展。 2. 尊重学生独立人格、认同学生的主体地位,引导学生全面且有个性的发展。 3. 激励、引导学生夯实基础,养成良好的阅读习惯,形成正确的价值观、人生观、世界观。						

表 4-6　文本拓展课程建设与实施（从文本作者处拓展的维度）评价量表

评价项目		评价要素	评定等级					
一级指标	二级指标		A⁺	A	A⁻	B⁺	B	B⁻
提高阅读兴趣	介绍作品创作时代和背景	1. 介绍时代背景要准确。 2. 要与课文紧密相连。 3. 引导学生了解并归纳作品所处时代背景。						
	了解作者生平经历	1. 了解作者生平简介。 2. 拓展作者生平经历。 3. 与课文具有相关性。						
	了解作者成长环境	1. 拓展作者的成长环境。 2. 理解作者创作时的心境。 3. 感受作者的情感表达。						
	介绍作者其他作品	1. 介绍作者其他作品。 2. 了解作品间异同点。						
	了解与作者同时代的作家作品	1. 了解与作者同时代的作家作品。 2. 比较同时代作家作品的异同。 3. 感受作家通过作品创作时,情感的抒发。						

表 4-7　文本拓展课程建设与实施(从教学重点处拓展的维度)评价量表

评价项目		评价要素	评定等级					
一级指标	二级指标		A^+	A	A^-	B^+	B	B^-
能为学生开展活动奠定基础	立足课本开拓视野	1. 与课文联系紧密,紧扣教学目标,过渡合理,自然和谐,不喧宾夺主。 2. 选文符合学生思维发展规律,能引起学生阅读的兴趣、开拓学生的阅读视野。 3. 学生可以借助课文习得的语文经验和生活经验展开学习活动。						
	重点突出逻辑清晰	1. 学习内容重点突出,有一定的广度和深度,重点突破合理,能通过多种语文学习活动理解课文重点,能使学生对文本的解读更准确,更深入。 2. 教学过程引导学生思维逐步深化,解决重点问题的逻辑性强,关联紧密。						
	注重活动分享交流	1. 学生可以在教师的引导下能通过自主、合作、探究等多种活动方式有效开展语文学习活动。 2. 学生在理解、交流、分享、运用的过程中,能够习得重要学习经验,学习效果显著。 3. 教师对拓展文本重点的解读清晰明确,能够持续促进学生文本解读能力的发展。						

续表

评价项目		评价要素	评定等级					
一级指标	二级指标		A⁺	A	A⁻	B⁺	B	B⁻
体现语文与生活的关系，有突破和创新	关联生活融合提升	1. 课堂教学中能够不断激活学生已有的相关知识、经验和情感，明白所学知识运用的情境或能够解决的问题。 2. 教师能够引导学生理解感悟学习活动，注重规律与方法的总结，能够实现知识的迁移与拓展。 3. 能提高学生的语文学习能力，注重思维方法的引领和思维品质的提升，能促进"知、行、情、意"的深度融合，注重培养学生的语文学习素养。						
	语文性强特色突出	1. 能够较好地体现了语文学科特色，选文拓展重点与课文重点有机融合，始终走在语文的路上。 2. 教学过程中能体现教师独特的教学主张或教学风格，能与地域文化紧密结合，有时代性、创新性。						

表4-8　文本拓展课程建设与实施(从情感升华时拓展的维度)评价量表

评价项目		评价要素	评定等级					
一级指标	二级指标		A⁺	A	A⁻	B⁺	B	B⁻
拓展过程	根植文本 紧扣目标	1.拓展的内容能激活学生对文本的体验和感受,升华学生的情感。 2.从情感升华时的拓展要能更好地落实情感态度与价值观的目标,围绕目标,果断取舍,有序安排。						
	遵循特点 关注差异	1.从情感升华时拓展,要遵循学生的认知特点和生活体验,根据学生接受能力的高低、基础的好坏诸多因素安排考虑文本的拓展内容以及拓展的宽度和深度。 2.(限于生活体验的不同,同学们对文本表达情感的理解程度不同)针对个别学生的差异,使不同层次的学生都能加深理解和体验,有所感悟和思考,受到情感的熏陶,获得思想启迪。						
	适时融入 适度拓展	1.要把握时机,适时地将能促进学生对文本的感悟,升华学生的情感的材料融入教学的环节中。 2.情感升华时的拓展,有助于加深学生对文本的领悟,升华学生的情感。适度拓展能激活学生对文本的体验和感受的材料,避免喧宾夺主的无度拓展。						
拓展效果	激活体验 感受 感悟深刻 丰满	文本的拓展帮助学生激活对文本的体验和感受,使学生对文本的感悟更加深刻、丰满。						

241

表 4-9 文本拓展课程建设与实施(从教学收束后拓展的维度)评价量表

评价项目		评价要素	评定等级					
一级指标	二级指标		A⁺	A	A⁻	B⁺	B	B⁻
课内外文本衔接	推荐阅读书目横向广度	1. 关注教学文本的文体特点,推荐书目与其相同或近似。 2. 相同背景条件下,表现手法的相似度。 3. 写作切入点"多元化",以触发广泛思考。 4. 推荐书目与课内文本内容的互补性。						
	推荐阅读书目纵向深度	1. 推荐书目层次清晰、内容深刻。 2. 推荐书目体现作者思想渐入成熟。 3. 筛选精读与泛读文本的科学性。 4. 符合学生的认知规律——循序渐进、逐步深入。						
培养学生能力	培养阅读兴趣	1. 激发阅读兴趣,促进整本书阅读。 2. 课内外文本对比阅读,认识深入。 3. 养成阅读习惯,获得收获和启迪。						
	丰富自身修养	1. 树立正确的世界观、人生观、价值观。 2. 助力提高语文素养。 3. 促进提高自主阅读、鉴赏等多种学习能力。						
知识面视野	拓展知识面	1. 推荐书目内容丰富,有着鲜明的时代特色。 2. 推荐书目观点深刻,发人深思,增长见识。						
	拓宽视野	1. 文本内容对现实生活有深刻意义。 2. 课内外文本阅读促进看待问题角度变化。						

表 4-10 文本拓展课程建设与实施(从单元拓展阅读课程推荐内容的维度)评价量表

评价项目		评价要素	评定等级					
一级指标	二级指标		A⁺	A	A⁻	B⁺	B	B⁻
紧密依托教材单元教学进行推荐的能力	依据单元教学深度拓展	1.学生是否通过教材单元学习对阅读课程有了更深入的理解。 2.是否通过单元教学提升学生的阅读兴趣。 3.是否通过单元教学使学生感悟到阅读文章的情感变化。						
	依据单元教学延伸拓展	1.是否通过单元教学引入其他阅读知识。 2.是否通过单元教学建立起阅读教材与课外知识之间的联系。 3.是否通过单元教学提升学生对阅读素材的探索积极性。						
	依据单元教学拓展	1.是否通过单元教学形成阅读课程的拓展推荐。 2.是否在单元教学中拓展了与教育学内容关联的阅读文章。 3.学生是否通过单元学习获得更多的阅读资源。						

续表

评价项目		评价要素	评定等级					
一级指标	二级指标		A⁺	A	A⁻	B⁺	B	B⁻
推荐篇目是否能够符合学生的认知规律	依据阅读情感认知拓展	1. 是否通过阅读推荐的作品感受到其中的情感表达。 2. 是否通过推荐作品的阅读了解作品的创作背景。 3. 是否通过推荐作品阅读掌握作品的情感价值。						
	依据表达技巧认知拓展	1. 是否在课堂中通过作品阅读,掌握其中的情感表达技巧。 2. 是否通过阅读作品体会到其中的语言艺术。 3. 是否通过阅读作品体会到修辞表达的艺术性。						
	依据作品含义认知拓展	1. 是否通过作品阅读体会到其中的创作深意。 2. 是否通过作品阅读联想到创作社会背景。 3. 是否能够通过作品阅读,掌握作者的整体创作风格。						

续表

评价项目		评价要素	评定等级					
一级指标	二级指标		A⁺	A	A⁻	B⁺	B	B⁻
是否能够通过阅读推荐调动学生的阅读积极性	依据阅读兴趣拓展	1.学生是否通过阅读推荐对阅读的兴趣更浓厚。 2.学生是否通过阅读推荐感受到文学的魅力。 3.学生是否通过阅读推荐有明确的作品风格喜好。						
	依据阅读时间判断	1.通过阅读推荐,养成了每天阅读的习惯。 2.通过阅读推荐,养成了定期阅读的习惯。 3.通过阅读推荐,制订了详细的阅读计划。						
	依据阅读效率判断	1.通过阅读推荐,能够更快速地对作品风格进行把握。 2.通过阅读推荐提升了阅读效率。 3.通过阅读推荐,提升了阅读理解速度。						
学生小组推荐篇目与文本主题或写作风格的关联评价	依据风格关联性拓展	1.学生小组推荐的篇目与教师推荐的阅读风格相近。 2.学生小组推荐的阅读篇目与教师推荐的作品背景相似。 3.学生小组推荐的阅读篇目与教师推荐的阅读作品题材类型相近。						
	依据主题关联性拓展	1.学生小组推荐的篇目在主题风格上与教师推荐的作品相似。 2.学生小组推荐的篇目在主题情感表达上与教师推荐的作品相近。						

评价项目		评价要素	评定等级					
一级指标	二级指标		A+	A	A-	B+	B	B-
师生推荐拓展阅读篇目是否能够紧密融合	依据篇目内容拓展	1. 学生小组推荐的篇目是否在主题情感表达上与教师推荐的作品相近。 2. 师生推荐的阅读作品是否在表达含义上相互融合。 3. 师生推荐的拓展阅读篇目在鉴赏角度上是否互补。						
	依据篇目语言艺术拓展	1. 师生推荐拓展阅读篇目在语言风格上是否相互融合。 2. 师生推荐阅读拓展篇目在写作技巧上是否相互补充更加完善。						
阅读推荐对阅读平台的搭建推荐	依据阅读篇目搜索拓展	1. 是否通过阅读平台搭建提升了学生的阅读篇目搜索能力。 2. 是否通过阅读推荐增强学生的篇目风格确定能力。 3. 是否通过阅读推荐提升学生的搜索目标确定能力。						
	依据阅读资源整合拓展	1. 是否通过阅读推荐增强学生的阅读资源搜集能力。 2. 是否通过阅读推荐使学生较零散的阅读资源整合集中。 3. 是否通过阅读推荐提升学生的阅读资源运用能力。						

表 4-11　文本拓展课程建设与实施(从单元拓展阅读课程形式的维度)评价量表

评价项目		评价要素	评定等级					
一级指标	二级指标		A^+	A	A^-	B^+	B	B^-
拓展过程	教读课文拓展篇目	1. 课时充裕时,课上能针对课文不同特点采取相应的阅读指导。 2. 课时紧张时,课下自主阅读安排能根据学生的个体差异,设计不同层次的阅读要求。 3. 能够调动激发学生主动阅读的兴趣。						
	自读课文拓展篇目	1. 对比阅读能选准比较范围和比较角度。 2. 灵活运用多种阅读方法对照、分析、鉴别,深化思维的条理性。 3. 充分利用课上时间,减轻学生课下负担。						
	单元拓展阅读教学	1. 采用研讨、汇报方式验收效果,交流阅读感受,加深对作品的理解。 2. 使个性化阅读和合作化阅读相融合,增强了阅读的针对性、时效性。						
拓展效果	围绕单元主题	1. 培养良好的阅读习惯,丰富阅读方法,培育学生情感价值观,形成人文素养,传承优秀中国文化。						

表 4-12 文本拓展课程建设与实施(从基于作家的专题拓展的维度)评价量表

评价项目		评价要素	评定等级					
一级指标	二级指标		A⁺	A	A⁻	B⁺	B	B⁻
拓展过程	活动中评价	丰富多彩的活动是激发学生阅读兴趣的有效方法。1. 诵读活动,手抄报、黑板报活动。2. 征文竞赛活动、书画活动以及讲故事比赛等。形式多样的活动,进一步激发了学生的阅读欲望。						
	测试中评价	1. 举行背诵竞赛活动,测试阅读积累情况 2. 撰写读书心得,使学生的感性、被动思维转向理性、主动思维,检测了学生多方面的语文能力。						
	成果展示中评价	1. 利用学校微信平台展示学生优秀作文,实现资源共享;2. 在学校走廊上张贴学生写的名家名言等,促进校园文化建设;3. 编排小话剧,发挥学生才华能力;刊出相关研究小论文,展示学生深度思维。4. 阅读的成果,也可以是 PPT、思维导图、读书报告、创作集、音视频等多种方式。						
拓展效果	基于作家的专题拓展阅读,对于学生具有更深刻的意义。	1. 发展语言。丰富的语言材料,有利于学生根据自己的喜好进行吸收。2. 锻炼思维。同一作者不同作品的比较,不同作品中某类人物的比较,学生能通过对比,做出新的思考和判断,使思维更加深入。3. 丰富体验。作家的作品,负载着丰富的文化信息,在阅读的过程中,学生自然会受到文化的熏染。						

表 4-13　文本拓展课程建设与实施(从自选主题的研究性阅读拓展维度)评价量表

评价项目		评价要素	评定等级					
一级指标	二级指标		A⁺	A	A⁻	B⁺	B	B⁻
自选主题研究性阅读能力指标	自选主题研究性阅读定向能力	1.准确掌握学生自身的阅读需求和阅读能力。 2.明确学生自身阅读的最终目的和根本方向。 3.依据客观实际条件,制定切实可行的阅读计划。 4.集体确定阅读主题,有效开展研究性阅读,做好思维导图和阅读笔记。						
	自选主题研究性阅读专题性	1.根据学情和目标,确定阅读专题。 2.寻找专题性阅读文本,并与专题建立必然联系。 3.开展专题阅读,做好专题笔记。 4.小组进行专题汇总,汇报专题性阅读成果。						
自选主题研究性阅读价值指标	自选主题研究性阅读主题价值	1.研究性阅读主题明确、合理,难度适中。 2.符合整体主题目标价值,实现自选主题与整体主题的一致性要求。 3.激发学生学习兴趣,遵循学生个性发展需求,引导学生有个性地发展。 4.阅读主题价值能够推动整体阅读的有效性发展,全面提升学生学科核心素养。						
	自选主题研究性阅读导向性价值	1.阅读导向性目标明确,研究性阅读完美实现预期目标。 2.面向全体学生,养成良好的阅读习惯,提高学生阅读能力。 3.培养良好的语感和整体把握文本的能力。 4.全面提高学生语文学科核心素养。						

表4-14 文本拓展课程建设与实施(从以古诗文为载体的经典阅读拓展维度)
评价量表

评价项目		评价要素	评定等级					
一级指标	二级指标		A⁺	A	A⁻	B⁺	B	B⁻
古诗文拓展阅读有效性	在以"学为中心"的基础上,不断激发、调整、提升学生阅读期待,积淀阅读素养。	1. 是否从学生实际出发,立足学生认知心理,关注学生年龄特点,和学生兴趣期待点。依据学生实际需要和已有的生活经验,对古诗文教学拓展量的把握,时机的选择,难度的确定,内容的选择是否精心设计,从而提高教学效率,提升学生的阅读和鉴赏能力。						
		2. 是否从教学实际出发,研究教法改革、学法指导,通过"创意拓展",使古诗文教学拓展形式多样,并以此激发学生自主选择拓展学习材料和拓展学习方式,培养学生参与意识,增加学生文言积累。						
		3. 古诗文拓展阅读是否立足文本,让文本解读得到有效延伸与补充。						
		4. 通过多样化的课后评价方式及反馈,了解拓展阅读是否有效。古诗文拓展能否提高学生对古典诗词的热爱,提高文学素养,提高对中国优秀传统文化的自信。						
		5. 古诗文拓展阅读是否注重整体性、连续性和序列性,以实现古诗文拓展阅读教学的循序渐进地合理开展。